本書出版得到國家古籍整理出版專項經費資助
全國高校古籍整理研究工作委員會直接資助項目

新編諸子集成續編

慎子集校集注

許富宏 撰

中華書局

圖書在版編目(CIP)數據

慎子集校集注/許富宏撰. —北京:中華書局,2013.8
(2025.3 重印)
(新編諸子集成續編)
ISBN 978-7-101-09354-4

Ⅰ.慎… Ⅱ.許… Ⅲ.慎到-哲學思想-研究
Ⅳ.B226.35

中國版本圖書館 CIP 數據核字(2013)第 107991 號

責任編輯:石　玉
封面設計:周　玉
責任印製:韓馨雨

新編諸子集成續編
慎子集校集注
許富宏 撰
*
中 華 書 局 出 版 發 行
(北京市豐臺區太平橋西里 38 號　100073)
http://www.zhbc.com.cn
E-mail:zhbc@zhbc.com.cn
三河市宏盛印務有限公司印刷
*
850×1168 毫米 1/32 · 10⅞印張 · 2 插頁 · 260 千字
2013 年 8 月第 1 版　2025 年 3 月第 7 次印刷
印數:9801-10600 册　定價:48.00 元

ISBN 978-7-101-09354-4

新編諸子集成續編出版緣起

新編諸子集成叢書，自一九八二年正式啟動以來，在學術界特别是新老作者的大力支持下，已形成規模，成爲學術研究必備的基礎圖書。叢書原擬分兩輯出版，第一輯擬目三十多種，後經過調整，確定爲四十種，今年將全部出齊。第二輯原來只有一個比較籠統的規劃，受各種因素限制，在實施過程中不斷發生變化，有的項目已經列入第一輯出版，因此我們後來不再使用第一輯的提法，而是統名之爲新編諸子集成。

隨着新編諸子集成這個持續了二十多年的叢書劃上圓滿的句號，作爲其延續的新編諸子集成續編，現在正式啟動。它的立意、定位與宗旨同新編諸子集成一脈相承，力圖吸收和反映近幾十年來國學研究與古籍整理領域的新成果，爲學術界和普通讀者提供更多的子書品種和哲學史、思想史資料。

續編堅持穩步推進的原則，積少成多，不設擬目。希望本套書繼續得到海内外學者的支持。

中華書局編輯部

二〇〇九年五月

目録

序言

慎子是先秦諸子中十分重要的一家，這不僅是由於他代表了當時新興地主階級的思想願望，主張法治的觀念在社會發展中具有進步性，還因他的立法理論特别重視廣大人民羣衆的生活習慣、重視社會現實與事物的發展規律，對漢初無爲而治、休養生息的政策産生了直接影響。過去一些學術著作論述慎子，只提出他的思想特徵爲重「勢」，是韓非法家思想法、術、勢三個重要思想的來源之一。籠統言之，這固然没有錯，但就慎子思想言之，則忽略了一些很重要的因素。慎到所講的勢的理論是同他的整個法治理論體系聯繫在一起的，對「勢」的理解同韓非並不完全相同，將他的思想作簡單化理解，会忽略他在秦漢社會發展史上的意義，不能看到他在學術史上的重要地位。有的影響很大的哲學史著作只在論述韓非思想的來源時才提到他（如上世紀六十年代初人民出版社四卷本中國哲學史，上世紀八十年代初出版的中國哲學發展史先秦卷）。中華書局於上世紀六十年代初出版的中國歷代哲學文選先秦部分連楊朱都從淮南子氾論和韓非子顯學中條摘出兩小節文字列入，但没有慎到。

當然，這當中還有一個重要原因，就是學界對慎子這部書的真僞尚存在争論。清姚際恒古今僞書考云：「漢志法家有慎子四十二篇，唐志十卷，崇文總目三十七篇，今止五篇，其僞可知。」姚氏僅從今存慎子一書卷數與漢書藝文志和舊唐書經籍志、新唐書藝文志及北宋國家藏書目崇文總目不一致這一點，便斷定是僞書，過於輕率。當疑古風氣之下，一人傳虚，萬人傳實，慎子自然成不可靠之書。近人黄雲眉先生古今僞書考補證以近千言補證之。但黄氏補證，也並未舉出可信的論據。我們認爲，傳世慎子的篇章及佚文，並没有較可靠的材料能證明是後人所僞託；而且，慎子注重法和勢而不重術，他所謂「勢」又包括當時所具備的各方面條件，並不是僅僅指王權之類，因而，從社會發展的理論指導上説，慎到比申、韓法家更重視社會實際，因而也更具科學性。

下面試對慎到的法治思想加以歸納，談幾點個人看法。

首先，慎到重視法、强調法的作用，是同他進步的社會政治理論聯繫起來的。慎子威德篇云：

法雖不善，猶愈於無法，所以一人心也。……故著龜，所以立公識也；權衡，所以立公正也；書契，所以立公信也；度量，所以立公審也；法制禮籍，所以立公義也。

凡立公，所以棄私也。

他認爲立法是爲了使作爲社會生活一份子的人在認識上、行爲準則上一致起來，是爲了「立公義」，以之與「立公識」、「立公正」、「立公信」、「立公審」並列，都是爲了限制不合公共要求與願望的個體行爲（「私」）。可以看出，他在法治上有深刻、透徹的思考，已形成比較完整的思想體系，而且，他的法治理論不只是從維護君權考慮，還是建立在對廣大老百姓社會權力認識的基礎上。他所謂「公」，主要指廣大人民；所謂「私」，也包括天子、君王在內。他主張「明君動事分功必由慧，定賞分財必由法」，所以他說：

古者，立天子而貴之者，非以利一人也。曰：天下無一貴，則理無由通，通理以爲天下也。故立天子以爲天下，非立天下以爲天子也；立國君以爲國，非立國以爲君也；立官長以爲官，非立官以爲官長也。

孟軻「民爲貴，社稷次之，君爲輕」的觀點，說明了在制定政策和處理重大事件中應該首先考慮什麽、重視什麽的問題，慎到則從國家機制着眼說明天子、天下、諸侯王、諸侯國、官長、一般官吏、老百姓這幾者之間的關係，更具體明確，更具有理論性。以往對孟軻的「民爲貴」思想比較重視，評價也很高（也應該這樣），但對慎到的社會政治思想少有人論及。實際上，慎到的法制思想在今天也是很有價值的思想資源。它是建立在上面所說這種政治理論基礎之上的，因此，有利於社會的和諧發展，接近於現代的政治理念。

其次，慎到認爲立法要上合於國家利益，下合於百姓習俗。這在莊子天下篇所引述慎子的那段文字中也説得很明白，上文已作了論述。「棄知去己而緣不得已，泠汰萬物以爲道理」，即立法要避免主觀武斷，不以一己之意爲天下法，要重客觀實際，重社會現實。這當中具有一定的唯物史觀成份，是應予注意的。因循篇説的「天道，因則大，化則細。因也者，因人之情也，人莫不自爲也」、民雜篇説的「民雜處而各有所能，所能者不同，此民之情也」等，表現了同樣的思想。

再次，在法律的推廣實行上，慎到主張先進行引導，讓人熟知，形成人們行爲的準則，然後堅持以法辦事。其「推而後行，曳而後往」等，正是講此。顯然，在慎到看來，法令公佈之初，在人們不太熟悉的情況下，應有一個昭示期或過渡期，不主張一公佈即雷厲風行據以定罪，陷多人於法網之中。這雖是細微之處，也可以看出其法制思想的系統與成熟。

第四，他的法治觀是徹底的、完善的法治觀。他認爲上至天子，下至庶民，都應依法行事，反對心治。他主張法治觀念應體現在執政的各方面，嚴格執法。這樣，君王的藉「勢」，也便有了較明確的範圍，有了一定的限制，不是藉勢爲所欲爲，而更多的是指順應時勢，憑藉其地位，根據大家認可的規程行事。因而法不僅對庶民起着一定的約束作用，也對天子王侯起着一定的約束作用。他説：

君人者，舍法而以身治，則誅賞予奪，從君心出矣。然則受賞者雖當，望多無窮；受罰者雖當，望輕無已。君舍法而以心裁輕重，則同功殊賞，同罪殊罰矣。怨之所由生也。是以分馬者之用策，分田者之用鉤，非以鉤策爲過於人智也，所以去私塞怨也。故曰：大君任法而弗躬，則事斷於法矣。法之所加，各以其分，蒙其賞罰而無望於君也。是以怨不生而上下和矣。（慎子君人篇）

文中説的「身治」，即自身設法治之，也即今所謂「心治」。不以身治，即胡蘊玉周秦諸子書目所引第二段説的「任法而弗躬」。這段文字中的每一層意思都可以寫一篇論文。其論事之深刻，體會文意即知。

慎子中多次講到嚴格守法的問題，如説：「定賞分財必由法」，「故欲不得干時，愛不得犯法，貴不得踰親，禄不得踰位」（慎子威德篇）。又君臣篇説：「爲人君者不多聽，據法倚數，以觀得失。無法之言，不聽於耳；無法之勞，不圖於功；無勞之親，不任於官。官不私親，法不遺愛，上下無事，唯法所在。」所謂「據法倚數，以觀得失」，即依據法律和規律判斷是非；「無法之言，不聽於耳」，言任何違反法律規定的話都不聽從；「無法之勞，不圖於功」，即不合於法制的建築、土功都不能興；「無勞之親，不任於官」，言没有功勞的親人、親近之人不能給他以官職。這些全是對執政任事者的要求，更多的是針對君王的權力提出的。「官不私親，法不遺愛」，言任官不能對親近之人有所偏私，執法不能因是親愛者而置於法外。古代所謂「法」，也包含着制度在内。慎到的法治思想實際包含着古代政治的各個方面。

慎到同商、韓法治學説不同處在於他不主張嚴刑酷法，而特別强調嚴格執法。藝文類聚卷四十五引佚文云：

法之功，莫大使私不行……今立法而行私，是私與法争，其亂甚於無法。……故有道之國，法立則私議不行。……民一於君，事斷於法，是國之大道也。

事實證明，在此後的兩千多年中，嚴格執法一直是個大問題。可以這樣説，每一個朝代所立的法，除個别昏君、暴君的亂政峭法、曲法之外，大體上都是可行的，最大的問題在於執法，上自天子，下至小吏，差不多都是目無法紀，爲所欲爲，有法等於無法。慎到認爲這種狀況「其亂甚於無法」。爲此，他甚至提出吏應「以死守法」。歷史上多少正直剛毅的清官循吏爲此四字置身家性命於不顧，演出了一幕幕可歌可泣的悲壯戲劇，讓人們至今讚歎、懷念、敬仰，而我們很多研究政治思想史的人卻對提出了這四字的人漠然置之，實在是不應該的。我們由這四字即可以看出慎到法治思想的深刻性。

第五，他認爲法在執行過程中應根據社會現實的發展變化而有所調整變化，不能一成不變。藝文類聚卷五十四引慎子佚文云：

故治國無其法則亂，守法而不變則衰。有法而行私，謂之不法。以力役法者，百姓也。以死守法者，有司也。以道變法者，君長也。

他的變法思想是同他認爲法應該與社會現實相適應這種思想一致的。他認爲社會在發展變化，不是一成不變的。這一點同商鞅、荀況、韓非等法家人物和具有法家思想的人物是一致的。聯繫慎到的其他法治思想，如主張制定法律要合於社會現實、要考慮到歷史的原因和老百姓的生活習俗以及「以死守法」等思想來看，慎到在法治思想上有相對穩定和適時而變兩個要點，似乎慎到已意識到社會發展中量變與質變的問題。

關於慎到的法治思想，談了以上五點。當然，慎到思想中除法治理論外還有些哲學理論等也都值得深研，這裏不再多説。主要是因爲此前大部分研究政治思想史和哲學史的學者不太關注慎到，而且有的學者因此而疑及慎子其書的真僞，因而略抒己見。無論怎樣，我以爲慎到是先秦時代一位重要的法家人物，一位傑出的思想家。

關於慎到思想的淵源，史記孟荀列傳中稱慎到「學黄老道德之術」，這恐怕是因爲漢代重黄老之學，有黄帝四書與老子並行，故以黄附老言之。慎到受老子影響，老子爲其思想來源之一，是没有問題的；它同黄帝四書的關係，則有待深入研究。就漢人所説的「黄老之術」言之，我以爲它不但不是慎到思想的上源，恐是由慎到思想而來，因爲先秦之時並無「黄老」這個名稱，也没有所謂「黄老之學」。所謂「黄老」，就是黄帝、老子（論衡自然篇：「黄者，黄帝也；老者，老子也」）。黄老之學興起於漢初，它同老子一書的思想有些關係，但同黄帝毫不相關，不過是當時人經過春秋戰國長期紛争和强秦的暴政之後，選了傳説中名聲最大、威望最高的一位古帝，以體現大一統形勢下的仁政思想，是藉黄帝以立言。淮南子修務中就説：「世俗之人，多尊古而賤今，故爲道者必託於神農、黄帝而後能入説。」因爲在經歷長期的諸侯並立、争雄稱霸、强兵力征後，禹、湯、文、武都已失去感召力，夏桀、商紂、周幽王以及春秋戰國時勢力尚不及有些諸侯國的周天子，已使夏以來帝王俱黯然失色，而且商之代夏、周之代商等本身就是以昏暴始而以征戰終，只有黄帝可以成爲天下共祖的聖君偉帝，因此，才將黄帝同老子聯結起來，以體現一種社會政治理想同哲學思想的結合。所以，史記中多言「黄老」，將很多道家、法家人物都歸「黄老之學」的體系之中。老莊申韓列傳中除記慎到、田駢、接子、環淵「皆學黄老道德之術」以外，還説「申子之學，本於黄老」，韓非也是「喜刑名法術之學，而其歸本於黄老」。實際上，申不害、韓非同漢初黄老之學雖有相同之處，但總的説來距離較大，而真正同漢初黄老之學相近的，是慎到的學說。今存慎子一書不全，所存篇章也多只是片斷，看不到慎到論及黄帝或「黄德」的文字，而商鞅、申不害、韓非都曾論及之，如商君書畫策：「黄帝作爲君臣上下之儀，父子兄弟之禮，夫婦妃匹之合，内行刀鋸，外用甲兵，故時變也。」藝文類聚卷五八引申不害語：「黄德之沉天下，置法而不變，使民安樂其法也。」韓非子揚權：「黄帝有言曰：上下一日百戰。下匿其私，用試其上；上操度量，以割其下。」就其思想實質來説，漢初的黄老之學與慎到最接近，研讀全書可知。

慎子學説中，除法治思想之外，還有些其他内容，如關於天人關係的看法，關於國家政務與社會分工的論述，都很值得深入探討。

所以我説，慎到的思想是法家各派中積極意義最大，且在歷史上起到了很大作用的一派，應予充分重視。

當然，以上只是個人看法，慎子一書，還有很多問題需要作深入的探討，如其思想的來源與組成部分，其思想體系的完整狀況及其與其他各家之異同，同黄老之學的關係，在後代的傳播與被接受的情況，它的歷史意義與在今天的現實意義等等。

由於以上原因，知悉富宏同志作慎子集校集注，十分高興。中華書局有關同志選定這個課題出版，反映了不凡的學術眼光。富宏以清錢熙祚守山閣本慎子爲底本，又廣爲收集今存各種版本，作了集校；同時收集佚文，加以考訂，附於其後，給學者們的研究提供了一個完整可靠的文本；又集古今各家之注，使對原文的解讀與研究有一個基本依據，也給學人的思考、探研提供全面的參考。書末的七個附録將古今關於慎子一書的重要文獻皆納入其中。我以爲無論作一般閱讀，還是作深入研究之用，都是具有參考價值的。富宏進行此項目的過程中，我們也通過一些電話。今即將出版，要我寫序。寫出以上看法，請學界朋友批評指正。

趙逵夫

二〇一二年九月七日於西北師範大學滋蘭齋

前言

近年來，隨着先秦哲學研究之不斷深入，以及大量出土文獻的涌現，人們越來越關注先秦時期稷下諸子的學術與思想，慎到即爲其中的傑出代表之一。慎子，即爲慎到著作，最早見載於史記孟子荀卿列傳。此後漢書藝文志、隋書經籍志、舊唐書經籍志、新唐書藝文志、宋史藝文志、崇文總目、陳騤中興書目、晁公武郡齋讀書志、尤袤遂初堂書目、鄭樵通志藝文略、陳振孫直齋書録解題、馬端臨文獻通考經籍考、張之洞書目答問等歷代官私書志均有記録，爲先秦典籍中淵源有自、流傳有序之書，至今仍能見到其部分篇章，實屬難得。然長久以來，有關慎到其人之名字、生平、活動地域、學術思想等一直存在争議。慎子一書既有古注，也有今注，同時也積累了不少校勘成果，但一直缺乏一個當代權威的整理本。最近，上海博物館從香港市場購入一批楚竹書，其上海博物館藏戰國楚竹書(六)中有慎子曰恭儉一篇，有學者認爲當爲慎子或慎子後學之作品，應歸爲慎子一書。這就使得對慎子進行系統整理顯得更加迫切與必要。筆者近來研讀此書，廣泛搜集有關資料，撰成慎子集校集注，在彙聚總結前人研究成果的基礎上，提出一些個人的看法，以便於人們的進一步研究與利用。

一、慎到生平及活動年代

慎子生平及活動年代，由於歷史久遠，史料闕誤，語焉不詳。然就現有材料看，戰國時期有三慎子。

一爲齊稷下學士，名到，即慎到。莊子天下篇曰：「公而不黨，易而無私，決然無主，趣物而不兩；不顧於慮，不謀於知，於物無擇，與之俱往，古之道術有在於是者。彭蒙、田駢、慎到聞其風而悦之。」荀子非十二子篇亦曰：「尚法而無法，下修而好作，上則取聽於上，下則取從於俗。終日言成文典，及糾察之，則倜然無所歸宿，不可以經國定分。然而其持之有故，其言之成理，足以欺惑愚衆。是慎到、田駢也。」此慎到與稷下學士田駢、彭蒙等並稱，亦爲稷下學士之一。史記孟子荀卿列傳曰：「慎到，趙人。田駢、接子，齊人。環淵，楚人。皆學黄老道德之術，因發明序其指意。」史記田敬仲完世家曰：「宣王喜文學遊説之士，自如騶衍、淳于髡、田駢、接予、慎到、環淵之徒七十六人，皆賜列第，爲上大夫，不治而議論，是以齊稷下學士復盛，且數百千人。」張守節正義：「慎到，趙人，戰國時處士，藝文志作慎子四十二篇也。」漢書藝文志法家：「慎子四十二篇。名到，先申、韓，申、韓稱之。」呂氏春秋慎勢篇高誘注：「慎子，名到，作法書四十一篇，在申不害、韓非前，申、韓稱之。」

據上引史記文，慎到爲趙人。明慎懋賞慎子傳更確指曰：「趙之邯鄲人也。」然未知何據。淮南道應高誘注爲齊人，蓋因慎子嘗客於齊，而有此説。後世中興書目稱作瀏陽人，未知何據。陳振孫駁之曰：「瀏陽在今潭州，吴時始置縣，與趙南北不相涉。」要之，慎到之籍貫，當以史記所載爲準。

慎到之家世，史料缺失，不可考。慎懋賞以爲其父爲慎清。羅根澤先生指出乃慎懋賞僞慎潰氏爲慎清，以攀附孔子，實與慎到無干（詳見文後附慎懋賞慎子傳疏證）。

慎到雖爲趙人，然其主要活動地域卻在齊。前引史記文，慎到爲齊宣王時期稷下學士。其生平大部分歲月在齊度過，至湣王末年離開稷下。據史記田敬仲完世家載，「燕、秦、楚、三晉合謀，各出鋭師以伐，敗我濟西。王解而卻。燕將樂毅遂入臨淄，盡取齊之寶藏器。湣王出亡，之衛」。就在這一年，齊湣王被楚淖齒所殺。史記燕世家載，燕昭王二十八年，「以樂毅爲上將軍，與秦、楚、三晉合謀以伐齊。齊兵敗，湣王出亡於外。燕兵獨追北，入至臨淄，盡取其寶，燒其宮室宗廟。齊城之不下者，獨惟聊、莒、即墨，其餘皆屬燕，六歲」。燕昭王二十八年，即齊湣王十七年，田敬仲完世家云爲湣王四十年，當誤。在這次燕攻齊的戰争中，稷下恐亦被燕軍所燒，稷下學士四散逃亡。慎到大約此時離開稷下。漢桓寬鹽鐵論論儒篇曰：「及湣王奮二世之餘烈，南舉楚淮北，併巨宋，苞十二國，西摧三晉，卻强秦，五國賓從。鄒魯之君，泗上諸侯，皆入臣。矜功不休，百姓不堪，諸儒諫不從，各分散，慎到、接予亡去，田駢如薛，而孫卿適楚。」自齊稷下散後，慎到不知所歸。通志氏族略五「慎氏」下引風俗通佚文云：「慎到爲韓大夫，著慎子三十篇。」則慎到似乎去齊之韓。慎懋賞慎子傳曰：「慎子知其道之不行也，迺與其徒許犯、環淵、田繫之屬，退老於邯鄲之上，著書八千言。」此則曰慎到晚年回趙邯鄲著書，未知何據。太平寰宇記卷十三謂「慎子墓在濟陰縣西南」，則慎到似應未之韓回趙。若慎到之韓或回趙，則鹽鐵論與風俗通同時，似應指明，若田駢如薛、孫卿適楚。要之，慎到隱處於齊，以終老矣。

慎到的活動年代主要在齊宣王、湣王時期。齊宣王於公元前三一九年即位，齊湣王出亡時間爲公元前二八四年。慎到在齊的時間約爲前三一九年至前二八四年之間。如果以其時慎到三十歲至稷下的話，則其生年大致爲前三五〇年。至齊湣王出亡時，慎到已經近七十歲。其後幾年慎到離世比較可信。由此，慎到生卒年約爲前三五〇年至前二八〇年之間。錢穆先生定爲前三五〇年至前二七五年（先秦諸子繫年），白奚先生考訂慎到的生卒年月爲前三五〇年至前二八三年（稷下學研究稷下諸子生卒約數年表），李鋭先生定爲前三五九年至前二七五年（上博簡慎子曰恭儉管窺，中國哲學史二〇〇八年第四期），均相差不大。

二爲魯將，名曰滑釐。孟子告子下篇曰：「魯欲使慎子爲將軍，孟子曰：『不教民而用之，謂之殃民。殃民者，不容於堯舜之世。一戰勝齊，遂有南陽，然且不可。』慎子勃然不悦曰：『此則滑釐所不識也。』」趙岐、朱熹注皆曰：「滑釐，慎子名。」但趙岐注慎子亦曰：「善用兵者。」焦循疏曰：「故趙氏不以爲到，而以其使爲將軍，則以爲善用兵者。」此慎子乃魯國將軍。

三爲楚太傅，名則未知。戰國策楚策二曰：「楚襄王爲太子之時，質於齊。懷王薨，太子辭於齊王而歸。齊王隘之：『予我東地五百里，乃歸子。』」襄王退而問傅慎子。傅慎子曰：「獻之地，所以爲身也；愛地不送死父，不義，臣故曰獻之便。」太子入，致命齊王曰：「敬獻地五百里。」齊王歸楚太子。戰國策此段爲概説。據史記楚世家，楚懷王三十年，懷王參加武關之會，被秦挾持至咸陽，三年後逃亡而死。太子在懷王入秦被扣之後即歸楚，是爲頃襄王。楚懷王三十年，即公元前二九九年，齊湣王二年。這裏以爲慎子爲頃襄王傅。此段事實，渚宫紀事載此曰：「懷王留秦時，太子横質齊請歸。齊湣王曰：『與我東地則歸子。』太子用太傅慎子計，許之。太子既即位，是爲襄王。齊使車五十乘來求東地。王患之，以告令尹慎子。慎子對曰：『王朝羣臣而問之。』」此亦言及慎子任楚太傅之職（慎子任楚令尹，恐牽附爲説）。

上三慎子，關係頗爲複雜，學界多有争論。

甲，或混三慎子爲一人者。明慎懋賞作慎子傳，搜集趙慎到、魯慎滑釐、楚慎子事混爲一書，名慎子内外篇。清嚴可均、繆荃孫皆認可之，贊爲「驚人秘笈」，羅根澤已駁之。三慎子爲一人，已爲學界所不取。

乙，或混趙慎到與魯慎滑釐爲一人者。清焦循孟子正義認爲慎子字到，滑釐其名也。錢穆贊同之。張岱年先生曰：「此慎子名滑釐，不是慎到。有人認爲是一人，那是錯誤的。慎到是齊稷下學士，那裏能作魯國的將軍舉兵伐齊呢！」（中國哲學史史料學先秦哲學史料下）李學勤先生也駁之説：「其實這位名滑釐的慎子顯然是武人，同法家學者慎到全不相侔，焦説並不足信。」（談楚簡慎子，中國文化第二十五、二十六期）陳偉先生亦認爲魯慎滑釐非趙慎到（張光裕、黄德寬古文字學論稿慎子曰恭儉初讀）。

丙，或以爲趙慎到與楚慎子爲一人。戰國策楚策二載慎子事，周季編略引此文慎子即作慎到。李學勤先生亦持此看法。他通過對上海博物館藏戰國楚竹書（六）中慎子曰恭儉的分析，認爲：「慎到，齊宣王時已在稷下，楚襄王爲太子而質於齊，聘他爲傅，一段時間到楚國，後來再回到齊，是完全可能的。楚簡中慎子曰恭儉一篇的發現，更增加了這種可能性。」（談楚簡慎子，中國文化第二十五、二十六期）李鋭先生贊同之（慎子曰恭儉學派屬性初探，中國哲學史二〇〇八年第四期）。齊湣王二年及以前，稷下尚繁榮，慎子亦在稷下。楚太子質於齊，請稷下學士爲傅亦有此可能，且時間上也是符合的。現楚地發現慎子遺文，確實增加了可能性。然此亦有未盡合理之處，就常理而言，慎到曾爲齊稷下學士，享齊俸禄，現爲楚太子獻策，使齊湣王要挾楚太子求東地未成，則齊必不容矣，慎子欲再回齊稷下亦無可能，此與慎子晚年尚在稷下、湣王末年亡去相抵觸。李鋭先生則認爲慎子晚年回齊當在湣王亡去之後，可備一説。另，慎子曰恭儉一篇流傳楚地，未必證明慎子一定在楚地。錢熙祚慎子佚文未收戰國策楚策二慎子的這段文字，則錢氏蓋亦以爲楚慎子非趙慎到也。梁玉繩人表考云：「戰國策有慎子，爲襄王傅。此與莊惠並列，則非此人也。」亦以國策之慎子非指慎到。阮廷焯贊同之（先秦諸子考佚）。今人陳偉先生亦以爲慎到非楚慎子也（張光裕、黄德寬古文字學論稿）。

丁，或以爲魯慎滑釐與楚慎子爲一人。蔣伯潛曰：「孟子至魯，在平公時，約當周赧王四年。戰國策楚策記慎子爲楚襄王策守東地。楚襄王於周赧王十七年即位，此慎子當即見於孟子之慎滑釐。」（諸子通考諸子人物考）魯慎滑釐爲「善用兵者」，楚慎子所獻之策即爲「兵謀」，此二人時間上亦相合，或爲一人。

二、慎子的流傳與真僞

慎到居稷下，與稷下學士相與論列。史記孟子荀卿列傳曰：「自騶衍與齊之稷下先生，如淳于髡、慎到、環淵、接子、田駢、騶奭之徒，各著書言治亂之事，以干世主，豈可勝道哉！」慎到所著書即慎子。又曰：「故慎到著十二論，環淵著上下篇，而田駢、接子皆有所論焉。」漢書藝文志：「慎子四十二篇。」有學者以爲史記所言「十二論」爲「十二篇」，因引風俗通姓氏篇云「慎到爲韓大夫，著慎子三十篇」，以足「四十二篇」之數。如姚振宗隋書經籍志考證云：「除去十二論，正合三十篇之數，或漢時有兩本。」金德建贊同之，並云應劭曾見過一部三十篇的慎子，曰：「但此書向來無所謂三十篇者，此三十之數，剛巧是史記十二論與漢志四十二之間的差。於此可證漢志的慎子，實併合二書爲一。史記的確是十二論，漢志加了其時另外有部三十篇，纔併成四十二。」（司馬遷所見書考慎子流傳與真僞）

以史記所言「十二論」爲「十二篇」，恐爲誤解。文心雕龍論説云：「論也者，彌綸羣言，而研精一理者也。」司馬遷所言「十二論」乃就慎子一書所論之十二理者，非十二篇也。

史記稱之十二論，與漢書藝文志著録之四十二篇，阮廷焯云「殆同實而異名」（先秦諸子考佚愼子考佚），則頗爲接近事實。史記集解引徐廣曰：「今愼子，劉向所定，有四十一篇。」據此，則今本愼子最早由劉向所編訂。阮氏説：「愼子十二論經劉氏校訂之後，離析篇第，定著爲四十二篇，班氏志藝文，遂據之著録。」

又，吕氏春秋審分覽愼勢篇高誘注：「愼子名到，作法書四十一篇。」此又見荀子修身篇楊倞注，則愼子又有四十一篇之説，較漢志所録少一篇。劉向校書，每於書後作敘録一篇，「較漢志所載，少一篇者，殆不及敘録一篇」（愼子考佚），此亦爲古書之通例。如此，愼子原本四十一篇，加之劉向敘録一篇，此漢志所録之四十二篇也。

隋書經籍志法家：「愼子十卷。」舊唐書經籍志法家：「愼子十卷，愼到撰，滕輔注。」新唐書藝文志法家：「愼子十卷，愼到撰，滕輔注。」愼子，漢志稱四十二篇，至隋志稱十卷，滕輔注，則四十二篇合爲十卷，或爲滕輔所爲。另意林載愼子十二卷，滕輔注。意林所載與隋唐志多不同。如鬼谷子，意林載五卷，而隋志、新舊唐志均載三卷。燕丹子，意林載三卷，而隋志、新唐書藝文志均載一卷，意林所載均多出「二卷」，則意林所據或與隋唐志不同，不足據。

宋史藝文志法家：「愼子一卷，愼到撰。」崇文總目：「愼子一卷。」（直齋書録解題云崇文總目言三十七篇)陳騤中興書目:「慎子一卷。」晁公武郡齋讀書志:「慎子一卷。……唐藝文志云:慎子十篇,慎到撰,滕輔注。蓋法家云。」由此可知,到了宋代,慎子只一卷,已亡佚了九卷。至於亡佚的具體篇數,一般認爲爲三十七篇。鄭樵通志藝文略法家曰:「慎子一卷,戰國時處士慎到撰。舊有十卷,漢有四十二篇,隋唐分爲十卷,今亡九卷三十七篇。」陳振孫直齋書録解題:「慎子一卷,趙人慎到撰。漢志四十二篇,先於申韓,稱之。唐志十卷,滕輔注。今麻沙刻本纔五篇,固非全書也。……崇文總目言三十七篇。」王應麟漢藝文志考證云:「漢志四十二篇,今三十七篇亡,惟有威德、因循、民雜、德立、君人五篇,滕輔注。」這就是説,今所見之慎子五篇,乃宋佚失之殘本。慎子雖大量佚失,然不僞也。

金德建慎子流傳與真僞云:「但三十七篇加上五篇,剛巧等於慎子的原有篇數四十二篇。這很可注意。依我看,原本慎子四十二篇,估計其時一定已經給人家拆散分拆成爲兩个本子:一本是三十七篇,一是五篇,前者崇文總目所見,後者陳振孫所見。經過如是拆散,於是兩種本子分别流傳。其中五篇本似乎通行,諸家均見;三十七篇本較少,故僅著録於官家的崇文總目。據此,通行的自然可永流傳,少見的易於亡逸,所以到了後來就一存一亡,崇文本亡逸,只有五篇尚流傳後世。這就使今本慎子只存五篇了。」(司馬遷所見書考）所論甚是。

到了明代，慎子五篇本盛行，如明陶宗儀説郛本、明萬曆五年刊子彙本、明萬曆五年緜眇閣刻本、明萬曆間刊且且庵初箋十六子本等，歸有光諸子彙函還對慎子作了評點。

但是慎子流傳卻受到了嚴重的干擾。明萬曆六年，吴興人慎懋賞雜引戰國策、孟子、韓非子、墨子、鬻子等諸子，正如錢基博所謂「凡國語、國策、鬻子、管子、莊子、列子、韓非子以及漢賈誼新書、韓詩外傳、劉向新序、孔子世家諸書，罔不剽竊」（名家五種校讀記），僞爲慎子内外篇，内篇三十六事，外篇五十三事。近人張鈞衡忽得明萬曆間吴人慎懋賞刻本慎子，以爲「高出各本之上，而各藏書目亦未著録」（按：楝亭書目著録此書），載入適園藏書志卷八。江陰繆荃孫藏慎懋賞本慎子内外篇之鈔本，歎爲「驚人秘笈」（見藝風堂文漫存卷四）。涵芬樓假繆氏本刻入四部叢刊，附補遺、校記、孫毓修跋，稱「慎子善本當推此也」。中國學會又影慎刻本入慎子三種合帙。於是，慎子内外篇出現一時之盛，幾欲取代五篇通行本。然慎懋賞自言：「因此書闕略頗多，奔走四方，自書肆以及士大夫藏書之家索之甚勤，全書卒不可得，故輯其可知者。」（見慎子考）則其書乃慎氏自輯之者，本非沿襲原書。其書甫出，梁任公先生即訟言其僞（見古書真僞及其年代卷一），而羅根澤先生又作辨僞一篇（燕京學報第六期），慎懋賞本出於依託殆成定論。

到了清代，慎子的流傳出現了轉機。羣書治要被發現於日本，嚴可均據羣書治要新輯出兩篇，並對慎子進行了校勘。嚴氏曰：「余所見明刻本亦皆五篇，今從羣書治要寫出七篇，有注，即滕輔注。其多出之篇，曰知忠，曰君臣，其威德篇多出二百五十三字。雖亦節本，視陳振孫所見本爲勝。」（鐵橋漫稿）錢熙祚慎子跋謂亦「以治要爲主，更據唐宋類書所引，隨文補正」，並附輯佚文，見守山閣叢書。續修四庫全書收錢熙祚校本。

民國初期，關於慎子的真僞一直争論不休。王斯睿以爲慎懋賞本可信，並據江陰繆荃孫藕香簃叢書影印慎懋賞本爲底本，作慎子校正。蔡汝堃以爲慎子可信者惟子彙本，並以子彙本爲底本，作慎子集説。今人徐漢昌以錢熙祚守山閣本爲底本，作慎子校注及其學説研究。所據均不同。慎子之本，至今仍缺一錘定音者。

三、慎子的版本

從現有的資料看，慎子傳世最早的文本爲唐初貞觀年間羣書治要所引七篇，有滕輔注。唐貞元年間馬總意林亦保留有慎子要語十三條，無注。綜合起來看，現流傳下來的慎子版本，主要有四個系統：

（一）子彙本系統

慎子子彙本，明萬曆五年刊，四周雙欄，半頁十行，行二十一字，花口，雙魚尾，一卷。首行上署「慎子」，下署「法家一」，次行下署「趙人慎到」。分威德一、因循二、民雜三、德立四、君人五，計五篇。子彙本系統又可細分爲三種：

甲，以子彙本、百子全書本、中國學會慎子三種合帙影印本爲代表。僅因循篇文「天道因則大」、「化則細」兩處有注，注文雙行附於其下，其他無注。篇末附意林引十二則慎子佚文。文末附潛菴子跋。

乙，以緜眇閣刻本爲代表。緜眇閣本慎子，左右雙欄，半頁十行，行二十字，白口，單魚尾。明萬曆三十年壬寅刊先秦諸子合編十六種，與子彙本全文正同。從時間上看，緜眇閣本晚於子彙本，故屬於子彙本系統。但此本與子彙本有兩處不同：其一，子彙本文後有「丁丑夏日潛菴子志」一段跋文，緜眇閣則放在正文之前，成爲敘，署「萬曆丁丑夏日余有丁志」。關於子彙的編者，按照王重民先生中國善本書提要的説法，當始自余有丁，成於周子義，則慎子子彙本編纂刻印之功當歸余有丁。其二，緜眇閣本因循篇文「天道因則大」、「化則細」兩處無注。其三，緜眇閣本「意林引載十二條附後」單獨成行，而子彙本則以雙行小字附於佚文「小人食於力，君子食於道」之下，作「以下十二條載意林」。

丙，以且且庵本、文淵閣四庫全書本、墨海金壺本爲代表。且且庵本爲明方疑於萬曆年間刊。版式特點爲單欄，半頁九行，行十九字。佚文較子彙本有較大增加。該本在五篇後附意林引十二則佚文，增十九則佚文。其中所增第一則佚文「以力役法者，百姓也；以死守法者，有司也；以道變法者，君長也」下，有「以下載文獻通考」。自分内外篇，不知何本，而五篇止載第一之半」一語，交代這十九則佚文乃據文獻通考。其中「小人食於力，君子食於道」二句、「孝子不生慈父之家，忠臣不生聖君之下」二句重見，既見意林，又見文獻通考。

（二）羣書治要本系統

羣書治要，唐魏徵等撰。其慎子以滕輔注本爲底本，節録威德、因循、民雜、知忠、德立、君人、君臣諸篇文字。首篇篇名「威德」二字脱佚，雙行夾注。該本與子彙本不同之處有四：其一，篇數不同。羣書治要本有七篇，而子彙本只有五篇，前者比後者多出知忠、君臣兩篇。其二，羣書治要本有滕輔注，而子彙本只有兩句有滕輔注，其他則無。其三，威德篇文不同。羣書治要威德篇比子彙本威德篇文多出「飛龍乘雲」至「其得助博也」一段一百六十四字。其他各篇，文字亦間有差異。其四，羣書治要本威德篇無篇名，子彙本作「威德一」。羣書治要爲唐本，子彙上源爲宋本，故羣書治要本別爲一個系統。

清嚴可均曾自羣書治要輯出七篇。鐵橋漫稿曰：「余所見明刻本亦皆五篇，今從羣書治要寫出七篇，有注，即滕輔注。其多出之篇，曰知忠，曰君臣。其威德篇又多出二百五十三字。雖亦節本，視陳振孫所見本爲勝。因刺取各書引見之文，校補譌脱，其遺文短段不能成篇者凡四十四事，附於後。」嚴可均輯慎子七篇本，清嘉慶二十年刊，但筆者至今未見。

羣書治要本系統最有代表性的是錢熙祚守山閣叢書本。道光十三年，錢熙祚得常熟張海鵬墨海金壺殘版五十八種，加以校勘，其中即有慎子。錢氏校勘語，常曰「原刻」如何，依「治要」如何。「原刻」即指墨海金壺本。所以有人以爲錢本的底本是墨海金壺本，非也。錢氏在文後慎子跋中説：「通志藝文略慎子舊有十卷四十二篇，今亡九卷三十七篇，是宋本已與今本同。羣書治要有慎子七篇，今所存五篇具在，用以相校，知今本又經後人删節，非其原書。今以治要爲主，更據唐宋類書所引，隨文補正。其無篇名者别附於後。雖不能復還舊觀，而古人所引，搜羅略備矣。」在這段文字中，錢熙祚明示「以治要爲主」，而以「今所存五篇」「用以相校」，則守山閣本即以羣書治要爲底本。嚴靈峰曰：「以羣書治要殘存七篇本爲底本，更據唐宋類書所引，隨文補正。」（周秦漢魏諸子知見書目）所言合乎事實。從正文内容來看，守山閣本有七篇，與五篇本之子彙本系統有很大不同，確屬羣書治要系統。

守山閣本，左右雙欄，半頁十一行，行二十三字，粗黑口，版心刻書名、頁數。首題「周慎到撰，金山錢熙祚錫之校」。前有四庫全書提要，末附慎子佚文及道光己亥錢熙祚跋。正文删滕輔注，增輯慎子佚文，計六十條。據輯之書，有淮南子、尚書疏、後漢書注、荀子注、莊子釋文、長短經、意林、北堂書鈔、藝文類聚、初學記、六帖、文選注、太平寰宇記、雲笈七籤、太平御覽諸書。道光二十四年金山錢氏刊本。後四部備要及續修四庫全書亦據影印。

（三）説郛本系統

以説郛本爲代表。説郛本慎子，上海商務印書館民國十九年刊行。此本即涵芬樓一百卷本。篇首題「慎子。慎到（趙人，字滑釐），滕輔注」。全文五篇，署威德一、因循二、民雜三、德立四、君人五。滕輔注以雙行夾注形式置於正文下。

説郛本與子彙本不屬一個版本系統，主要差異有三：其一，説郛本有滕輔注，而子彙本無。説郛本所録之滕輔注與羣書治要基本相同，故其注可信。説郛乃元末明初陶宗儀所鈔，則説郛本在子彙本之前。其中子彙本因循篇「天道因則大」、「化則細」兩句下注文與説郛本基本相同，説明説郛本與子彙本共有一個祖本，即宋末通行本。陶宗儀鈔説郛時連注文一併鈔録，而子彙本刻者或未見陶宗儀鈔本，故只保存下兩則注文。若子彙本是以説郛本爲底本，則會全部保留滕輔注。故我們不將子彙本上繫説郛本，而將兩者並列。其二，説郛本在文後引周氏涉筆一段話，而子彙本末附意林十二則佚文。周氏涉筆云：「稷下能言者，如慎到，最爲屏去繆悠，剪削枝葉，本道而附於情，主法而責於上，非田駢、尹文之徒所能及。五篇雖簡約，而明白純正，統本貫末，而云天下無一貴，則理無由通。故立天子以爲天下君。又曰：『不擇其下則爲下易，爲下易則下莫不容，故多下。多下之謂大上。』又曰：『人不得其所以自爲也，則上不取用焉。化而使之爲我，則莫可得而用矣。』自古論王政者，能及此者，鮮矣。又云：『君舍法而以身治，則誅賞予奪從君心出。』又曰：『法雖不善，猶愈於無法。』今通指慎子爲刑名家，亦未然也。孟子言王政不合。慎子述名法不用，騶忌一説遇合，不知何所明也。」周氏涉筆這段話，子彙本無，而子彙本則有意林引十二則佚文。這説明，子彙本後之意林佚文當爲余有丁、周子義所加。其三，部分文字有差異。説郛本威德篇中「所以一人心也」六字作注，而子彙本作正文。説郛本單獨流行，直至涵芬樓藏明鈔殘存九十一卷本和玉海樓藏明鈔本十八册校理成書，於民國十六年由上海商務印書館排印出版。這裏將説郛本單獨羅列，自爲一系。

説郛本保留了滕輔注，十分可貴，可與羣書治要本相校。然其與羣書治要本亦不同，二者不屬於一個版本系統，主要差異有三：其一，篇數不同。羣書治要本慎子有七篇，而説郛本僅五篇，闕知忠、君臣二篇。其二，威德篇文字不同。説郛本威德篇同子彙本，無「飛龍乘雲」與「騰蛇遊霧」兩段文字。其三，滕輔注，兩本文字差異甚大。羣書治要滕注相對完整，而説郛本滕注文字缺略甚多，部分注文不能卒讀。以此，説郛本當别有源頭，自成系統。

（四）慎懋賞本系統

明萬曆六年，吴興慎懋賞作慎子内外篇。其自序曰：「今纔數篇，闕略頗多。予走四方，自書肆以及士大夫藏書之家，索之勤矣。全書卒不可得，故爲輯其可知者，而其不可考者，闕焉以俟博洽君子。」則其書爲慎懋賞自纂之書。無論篇數、正文、注文、附録，均另成體系，而與子彙本、羣書治要本、説郛本不同。慎本系統可細分爲以下二種：

甲，以慎懋賞本爲代表。慎懋賞注慎子内外篇，明萬曆七年慎氏耕芝堂刊本，左右雙欄，半頁九行，行十六字，花口，雙魚尾。全文分内外兩篇。内篇四十事，其中前五事分别爲子彙本五篇，但無篇名。慎懋賞将子彙本五篇保留，另從諸書中輯出三十五事。外篇五十六事。首題戰國趙人慎到撰，明吴人慎懋賞解。雙行順文作解，不採他説。前有萬曆戊寅自序、萬曆己卯王錫爵序、慎子傳、慎子考、慎子評語，皆慎懋賞所輯。内外篇末並附慎子直音。末卷附傳補，萬曆戊寅湯聘尹序。

乙，以四部叢刊本慎子内外篇爲代表。該本爲上海涵芬樓借江陰繆氏蕅香簃寫本影印。内篇三十六事，外篇五十六事。無慎懋賞注、萬曆戊寅自序、萬曆己卯王錫爵序、慎子傳、慎子考、慎子評語、慎子直音、傳補與湯聘尹序等。外篇末附繆荃孫補知忠、君臣二篇，繆荃孫輯慎子佚文，孫毓修慎子内篇校文及孫毓修跋。四部叢刊本内篇數量與慎懋賞本出入較大。兩本前二十八事相同，從第二十九事開始後十事，四部叢刊本較慎懋賞本多三事，而少七事。

多出三事，分别爲：其一，「禮從俗，政從上，使從君。國有貴賤之禮，無賢與不肖之禮也。故孔子言於魯哀公曰：『人之所以生，禮爲大，非禮無以辨君臣之位』」。其二，「小人以耳目導心，聖人以心導耳目。夫德精微而不見，聰明而不發，是故外物不累其内」。其三，「兩貴不相事，兩賤不相使。家富則疎族聚，家貧則兄弟離。不聰不明不能王，不瞽不聾不能公。海與山争水，海必得之」。

所少七事，分别爲：其一，「桀紂逆天暴萬物，故天棄之，故民去之。湯武從天理萬物，故天欲之，故民歸之。紂昏昏以亡，武王謌謌以昌」。其二，「昔者天子手能依而宰夫設服，足能行而相者導進，口能言而行人稱辭，故無失言失禮也」。其三，「慎子曰：有勇不以怒，反與怯均也」。其四，「慎子曰：公輸子巧用材也，不能以檀爲瑟」。其五，「折券契，屬符節，賢不肖用之。券契不爲人信，人自用之」。其六，「慎子曰：世高節士」。其七，「厝鈞石，使禹察錙銖之重，則不識也。懸於權衡，則氂髮之於權衡，則不待禹之智。中人之智，莫不足以識之矣」。從「小人食於力，君子食於道」一事至文末，則兩本文相同。兩本比較，可以發現慎懋賞本内篇中間有十篇發生了佚失與錯亂。如果兩本所存内篇皆可信的話，慎懋賞原輯慎子内篇則計有四十三事。慎懋賞本闕三事，四部叢刊本闕七事。

慎子其他重要的版本有：明天啓五年歸有光輯慎子評點。此本題歸有光輯，文震孟參訂，節録威德、因情、德立諸篇原文，其中因情篇爲因循、君人二篇之合。無注。嚴靈峰周秦漢魏諸子知見書目謂雙行簡注，誤。原文多加圈點。評點由眉評與尾評組成。眉評雜引沈君典、莊定山、祝石林、敖清江、張東沙、熊悦之、胡可泉、王羡陂、薛方山諸家説；尾評引楊升菴、董中峰、鄧定宇諸家説，不注出處。前有慎到傳略，於文字訓詁無有發明。在諸子彙函内。另有清末民初王仁俊輯慎子佚文一卷，在經籍佚文内。

四、慎子的注本與校本

慎子的注本，最早見之於羣書治要，然羣書治要未録注者姓氏。意林載慎子云：「孝子不生慈父之家，忠臣不生聖君之下。」下注云：「六親不和有孝慈，國家混亂有忠臣。」其與羣書治要所載慎子知忠篇文與注正同。意林署慎子注者爲滕輔，則羣書治要載慎子注爲滕輔注。又舊唐書經籍志法家：「慎子十卷，慎到撰，滕輔注。」新唐書藝文志法家：「慎子十卷，慎到撰，滕輔注。」則慎子古注爲滕輔注無異議。滕輔注還見於說郛。

東漢、東晉皆有人名曰滕輔。嚴可均云：「滕輔，東漢人。藝文類聚六十有漢滕輔祭牙文，亦作滕撫，又作騰撫。後漢書有傳。元和姓纂『騰』本『滕』氏，因避難改爲騰氏。後漢相騰撫。蓋滕、騰一姓，輔、撫一聲，故二文隨作矣。東晉亦有滕輔。隋志：『梁有晉太學博士滕輔集五卷，録一卷。』新唐志皆五卷。慎子注爲漢爲晉未敢定之。」

後漢書張法滕馮度楊列傳云：「滕撫，字叔輔，北海劇人也。初仕州郡，稍遷爲涿令，有文武才用。太守以其能，委任郡職，兼領六縣。風政修明，流愛與人，在事七年，道不拾遺。」建康二年，「廣陵賊張嬰等復聚衆數千人反，據廣陵。朝廷博求將帥，三公舉撫有文武才，拜爲九江都尉，與中郎將趙序助馮緄合州郡兵數萬人共討之」，結果「大破之，斬馬勉、范容、周生等千五百級」。戰後，滕撫被拜爲「中郎將，督揚徐二州事」。後滕撫「復進擊張嬰，斬獲千餘人」。滕撫還是一位愛兵的武將，「撫所得賞賜，盡分於麾下」，同時爲人「性方直，不交權勢」。後漢書僅言其有「文武才」，所載事蹟亦止於武事，未言及其文。藝文類聚六十有滕輔祭牙文，其曰：「恭修太牢，潔薦遐靈，推轂之任，實討不庭，天道助順，正直聰明。」五禮通考録其文還有：「敬建高牙，神武攸託，雄戟推鋒，龍淵灑鍔。」按五禮通考所録，祭牙文亦只有區區四十字。又，藝文類聚卷六十曰：「牙旗者，將軍之精。凡始竪牙，必以剛日。剛日者，謂之上尅下也。立牙之日，吉氣來應大勝之徵。」則「牙」即軍旗。在藝文類聚中，「牙」列爲兵器部。野客叢書曰：「凡軍出，立牙必令堅完。若折，將軍不利。是以古兵法，擇吉日，祭牙。後漢滕輔、晉袁宏、顧愷之、宋王誕皆有祭牙文。」滕撫乃一位武將，屢出兵討逆，必重祭牙。善作祭牙文，實乃統兵者本職。滕撫有文武才，自作祭牙文，非請文士者也。以此亦不能高估其文才。要之，其爲一武人也，當非注慎子者。

晉書經籍志：「太學博士滕輔集五卷，録一卷，亡。」此滕輔，晉書未見，生平事蹟不詳，然著有滕輔集五卷，又身爲太學博士，注慎子更可信也。故嚴靈峰云：「東漢滕撫爲武人，當以東晉太學博士滕輔爲是，兹暫屬之。」

劉黄老注。晉書劉波傳：「劭族子黄老，太元中爲尚書郎，有義學，注慎子、老子，並傳於世。」劉黄老慎子注，丁國鈞、文廷式、秦榮光、吴士鑑、黄蓬元五家補晉書藝文志，並見收録。然劉黄老慎子注不見隋唐史志，則亡佚已久。

慎懋賞注。慎懋賞，浙江吴興人，號雲臺子，生卒年不詳。慎懋賞在子彙本五篇基礎上廣泛搜求，較子彙本增内篇三十五事、外篇五十六事，成慎子内外篇。注文隨正文雙行附於其下。有明萬曆七年慎氏耕芝堂刊本。慎懋賞注慎子内外篇，因内篇前五事與子彙本五篇同，故其注也是有價值的。内篇第六事以後各事，因部分爲慎子佚文，其注也不可忽視。然其中夾雜真僞問題，須慎重對待。

注本之外，慎子尚有單純校本者。因慎子散佚甚多，佚文複雜，故校勘工作十分繁重。在慎子的校本中，目前可見比較有影響的有孙毓修校本。以明人慎懋賞刻鈔本爲底本，署「慎子内篇校文」，截取慎子内篇第一、二、三、四、五、七、十八、三十節部分文字，慎子外篇第二十二節文字。校語雙行小字附於下。文後附跋。四部叢刊本據以影印。其校語數量甚少，然其跋文交待慎懋賞本文末所附知忠、君臣二篇乃繆荃孫所附，對瞭解今四部叢刊本各篇内容之來源甚有幫助。

錢基博校本。錢基博，江蘇無錫人，撰名家五種校讀記，分别對尹文子、鄧析子、慎子、惠子、公孫龍子正文作校勘。其中，慎子校讀記以守山閣本爲底本，由標題、校勘、提要組成。録需校勘者文字正文，不録全文，校勘雙行夾於其下。校本涉及慎懋賞本、羣書治要本、百子全書本，後附提要，提要以關鍵詞出之，後附原文，體例獨特。錢基博將慎懋賞本内篇第六事以後二十九事與前五篇同等對待，命提要以標題，加以校勘，或作提要。廣文書局一九七一年出版。

此外，英人譚樸森（P. M. THOMPSON）有慎子逸文（*THE SHEN TZU FRAGMENTS*），頗值得注意。該書由牛津大學出版社（OXFORD UNIVERSITY PRESS）於一九七九年出版，全書以英文著之。作者將慎子全文以句爲單位作劃分，加上佚文，共析出一百二十三則，及疑似慎子佚文五則，計一百二十八則佚文。正文下有校語，校勘以英文敘述，所述異文仍以漢字標出。無篇名，佚文順序據己意編排，結構自爲一體。慎子逸文最爲可貴的是作者雖見到繆荃孫蕅香簃鈔慎懋賞本，但未以此本爲底本，而是在參考羣書治要、説郛本、方疑十二子本、錢熙祚守山閣本等基礎上，自己作出的獨立判斷。該書後附録有作者所見之慎子圖版，以示其所言有據，頗爲可貴。

近年來，出土文獻中屢見慎子。上海博物館藏戰國楚竹書（四）中有曹沫之陣，學者即認爲其與慎子佚文有關。上海博物館藏戰國楚竹書（六）中有慎子曰恭儉一篇，更加引起了學術界的廣泛關注。該批簡由李朝遠先生整理，被認爲是出土文獻中除儒、道之外，首次出現的法家文獻。李朝遠、陳偉等先生則認爲其思想傾向於儒家，李學勤先生及其弟子李鋭先生均認爲此爲慎到作品，思想傾向與慎到接近。我們認爲，慎子曰恭儉的思想傾向接近於黄老道家，主題爲守柔、虚静、斥仁等，可與馬王堆帛書經法諸篇對讀。帛書經法道法篇主題爲「道生法」，慎子曰恭儉篇主題亦與此有關。

慎子曰恭儉在中國哲學史上地位十分重要。學術界一般認爲，黄老之學大體分爲以稷下爲代表的北方黄老之學與以馬王堆帛書爲代表的南方黄老之學。慎到爲稷下學士，其作品内容卻與南方馬王堆帛書内容相近，反映了南北黄老之學之間的分際並不明顯，其間存在着十分密切的内在聯繫，揭示這種内在聯繫對研究黄老之學以及法家的起源與早期的理論都有着重要的意義。

爲了更好地研究利用慎子曰恭儉，我們在參考時賢編聯考訂的基礎上，重新做了編聯與集注，單獨作爲一篇，附在慎子佚文之後。

本書所輯之校勘成果，主要包括錢熙祚校、錢基博校、王斯睿校、方國瑜校等；所集之「注」，主要包括滕輔注、慎懋賞注、蔡汝堃注、徐漢昌注。整理者在「校」和「注」方面都有些自己的淺見，以「按」的形式寫出，各家之説有所不同或某些地方需要疏説者，也寫於按語之中。

附録分爲七種，方便讀者作進一步研究與參考。這些資料皆爲數年來花了很大精力所搜集，有的雖然依據的是前人所提供的線索，但也糾正了一些錯誤，或有所補充。如第三部分，參考了嚴靈峰先生周秦漢魏諸子知見書目，並做了部分修訂。王仁俊慎子佚文，嚴氏署「未見」，後上海古籍出版社影印出版，現據以補充訂正。方國瑜慎懋賞本慎子疏證，嚴氏亦署「未見」，後雲南教育出版社出版了整理本，現亦據以訂正。慎懋賞本慎子內外篇有湯聘尹序，嚴書之「湯聘尹」誤作「湯賓尹」，今回改。限於見聞，可能有一些重要的材料没有被採入，按語也會有不精確甚至謬誤之處，懇請讀者批評指正，以便今後修訂補充。

台灣徐漢昌慎子校注及其學説研究由香港中文大學陳煒舜先生、台灣輔仁大學王基倫先生提供。阮廷焯慎子考佚由北京師範大學李鋭先生複印提供。

例言

一、本篇各節均由慎子原文、校語、集注三部分組成。

二、慎子原文以清錢熙祚守山閣叢書本（清道光二十四年金山錢氏刊本）爲底本，簡稱「守山閣本」。

校勘參考採用慎子的舊本有：

（一）唐羣書治要本（叢書集成初編本），簡稱「治要本」；

（二）元陶宗儀説郛本（涵芬樓一百卷，民國十九年上海商務印書館排印本），簡稱「説郛本」；

（三）明萬曆四年刊子彙本，簡稱「子彙本」；

（四）明慎懋賞注慎子内外篇，明萬曆間刊本，簡称「慎懋賞本」；

（五）明萬曆三十年緜眇閣刻本，簡稱「緜眇閣本」；

（六）明萬曆間刊且且庵初箋十六子本，簡稱「且且庵本」；

（七）清文淵閣四庫全書影印本，簡稱「四庫本」；

（八）清嘉慶十三年張海鵬校刊墨海金壺本，簡稱「墨海金壺本」；

（九）民國八年上海掃葉山房百子全書石印本，簡稱「百子全書本」；

（十）四部叢刊景印藕香簃寫本，簡稱「四部叢刊本」。

其中，子彙本、緜眇閣本、且且庵本、四庫本、墨海金壺本、百子全書本屬同系統，凡所校文字相同者，不再一一列出，統稱子彙諸本；文字有異者，則單獨列出。

採集前人及今人的校注、評點包括：

（一）晉滕輔注；

（二）明慎懋賞注，一九七五年台灣廣文書局慎子三種合帙影印本；

（三）明歸有光、文震孟慎子評點，明天啓五年刊本；

（四）民国王斯睿慎子校注，民國二十三年上海商務印書館排印本；

（五）民国方國瑜慎懋賞本慎子疏證，民國二十三年東方文化書局排印本；

（六）民国蔡汝堃慎子集説，民國二十九年上海商務印書館排印本；

（七）民國錢基博慎子校讀記，台灣廣文書局一九七〇年初版；

（八）徐漢昌慎子校注及其學説研究，台湾嘉新水泥公司文化基金會一九七六年印行；

（九）譚樸森慎子逸文，英國牛津大學出版社一九七九年版；

（十）阮廷焯慎子考佚，台灣鼎文書局一九八〇年版；

（十一）王叔岷慎子佚篇義證，中華書局二〇〇七年版。

還有個别不見上列諸書的，則隨文注明出處。錢熙祚校語有選擇地採用。諸家校語言及較多異文者，一併作注文處理。

三、校改之字，衍文用〖 〗，脱文用［ ］補出，補注文字用（ ）加以説明。可以確定爲誤字者，予以改正，校改理由在校記中加以説明；有些異文不能斷定原文是否有誤，則只在校記中加以説明，原文不改。校記放在每篇之後，先集校，後集注。

四、清以前注文有明顯錯誤者，亦加以校改，其改由在校記中加以説明。無關文意理解者，不加改動，亦不出校記。

五、原文句子單位劃分，視文義及校、注、評之多寡有無而定；原文異讀處斷句，多從滕注，注文序號以滕注文爲單位，個别地方作了調整。

六、清以前各家注説、評論性文字，儘量多加羅列，以便參考；所引各家注説、評點，一般按時代先後排列；民國及當代的注説，擇善而從。

七、各家引文，一般均與原書作了覈對。

八、鄙見加「按」字綴於各家注説之後。

威德①

楊升菴曰：此篇以「威德」立題，以「道法」二字作眼目，以「聖人無事」作骨子，而均天下，齊風俗，不出論中矣（歸有光諸子彙函卷九）。◎徐漢昌曰：本篇要旨説明賢不足以服不肖，而勢位足以屈賢，故得助則成，釋助則廢。助即勢位也。國事日非，因國無常道，官無常法也；又因立天子乃爲天下，爲免國之政要出一人之心，故必要有法。法者，所以一人心也，所以立公議也，所以棄私也。明君言行皆須合法，而官吏以能受事，以事受利，上下守法，則私心不起，而怨不生，國家自然太平。◎王叔岷曰：治要本缺篇名，明陶宗儀説郛本、周子義子彙本並標「威德一」三字，清張海鵬墨海金壺本、錢熙祚守山閣叢書校本並標威德篇名。孫毓修慎子内篇校文第一節亦標威德篇名，校云：「題依治要補。」不知治要本無題（篇名）。其校文多本錢熙祚之説，錢氏標威德篇名之後，即據治要校此篇首句，孫氏蓋誤以錢氏所據治要有威德篇名，遂未檢原書而臆説耳。錢本之有篇名，蓋據明本補之也。**按**：此篇名曰「威德」，意即有德自威。本篇爲慎子具有代表性的一篇，深入闡述了其慎勢張法之思想。全篇大致由三個部分組成：其一，慎勢。文云「騰蛇遊霧，飛龍乘雲，雲罷霧霽，與蚯蚓同，則失其所乘也」，以日常生活之現象論「勢」之作用。「堯爲匹夫，不能使其鄰家。至南面而王，則令行禁止」，闡述在政治生活中「權勢」之重要，有「勢」自「威」。其二，貴公。慎子認爲，權勢出於爲公，而不謀於私利。「古者，立天子而貴之者，非以利一人也」，天子非天命，而爲民命，民立天子非利天子一人，而利萬民者。「故立天子以爲天下，非立天下以爲天子也；立國君以爲國，非立國以爲君也；立官長以爲官，非立官以爲官長也」，此慎子之勢治要義。其三，張法。勢自重要，然掌勢無德，則爲萬民之危。爲防掌勢之人依私意肆意行事，必須立法，故曰「法雖不善，猶愈於無法，所以一人心也」。以法約束權勢，確保勢之運用出於公，所謂「法制禮籍，所以立公義也。凡立公，所以去私也」，則勢得其用矣。

【校】

①説郛本、子彙諸本作「威德一」。治要本脱此篇目。慎懋賞本、四部叢刊本作内篇第一事，無題。

天有明，不憂人之暗也①；地有財，不憂人之貧也②〔一〕；聖人有德，不憂人之危也③〔二〕。天雖不憂人之暗④，闢户牖必取已⑤明焉，則天無事也〔三〕。地雖不憂人之⑥貧，伐木刈草必取已富焉，則地無事也〔四〕。聖人雖不憂人之危⑦，百姓準上而比於下，其必取已安焉，則聖人無事也〔五〕。故聖人處上，能無害人，不能使人無已害也，則百姓除其害矣〔六〕。聖人之有天下也，受⑧之也，非取⑨之也〔七〕。百姓之於聖人也，養之也，非使聖人養己也，則聖人無事矣⑩〔八〕。

【校】

①「暗」，治要本作「闇」，御覽一八四亦引作「闇」。「也」，説郛本、子彙諸本、慎懋賞本、四部叢刊本脱，錢熙祚據治要本補。②「也」，説郛本、子彙諸本、慎懋賞本、四部叢刊本脱，錢熙祚據治要本補。③「不」字前，治要本有「而」字。「危」，且且庵本、墨海金壺本作「厄」。④「之」，説郛本、子彙諸本、慎懋賞本、四部叢刊本脱，錢熙祚據治要本補。「暗」，治要本作「闇」。⑤御覽一八四引作「以」。⑥「之」，説郛本、子彙諸本、慎懋賞本、四部叢刊本脱，錢熙祚據治要本補。⑦「危」，墨海金壺本作「厄」。⑧「受」，説郛本、子彙諸本、慎懋賞本、四部叢刊本作「愛」。⑨「取」上，説郛本、子彙諸本、慎懋賞本、四部叢刊本衍「敢」字。⑩「矣」，説郛本、子彙諸本、慎懋賞本、四部叢刊本脱，錢熙祚據治要本補。

【注】

〔一〕慎懋賞曰：天之明無私照，而何憂於暗；地之利足以養民，而何憂於貧。◎王斯睿曰：「暗」下、「貧」下，孫毓修據羣書治要補「也」字。睿按：四句見文子符言篇，「暗」作「晦」。◎蔡汝堃曰：四句見文子符言篇。按：此句意謂天有日月，其光明普照，人則不必擔憂晦朔的變化。土地能有豐富的物産，若有地，人們則不必擔憂陷入貧困。又見文子符言，曰：「天有明，不憂民之晦也；地有財，不憂民之貧也。」◎譚樸森曰：文子符言：「老子曰：天有明，不憂民之晦也；地有財，不憂民之貧也。」徐靈府注：「天之道，昭明大闕，至幽能察。地之利，育於萬物，廣濟無違也。」杜道堅纘義：「聖人照明四海而民不昏，富藏天下而民不貧。順天地之自然，任萬物之自生，不私與，故無公取；不輕賞，故無重刑。視富貴如浮雲，乃可以全其真。」李定生注曰：「明，指日月光明。晦，暗也。天有光明，能照至幽，地有財物，富藏天下。天地之自然，萬物之自生，民能順因，不憂晦貧。」淮南子詮言：「天有明，不憂民之晦也，百姓穿户鑿牖，自取照焉。地有財，不憂民之貧也，百姓伐木芟草，自取富焉。」馬王堆帛書經法稱：「天有明，而不憂民之晦也，［百］姓辟（闢）其户牖而各取昭焉；天無事焉；地有［財］，而不憂民之貧也，百姓斬木艾新（薪）而各取富焉，地亦無事焉。」孫毓修據治要補字，皆襲自錢熙祚校，王斯睿不言錢氏校，是乃失考。此例下文多見。

〔二〕慎懋賞曰：聖人輔世，長民之德，足以安天下，而何憂於危。按：此依託聖人立論，乃先秦諸子立論之常法，如鬼谷子亦借聖人張論。王世貞曰：「凡刑名游説、諸家立説，必牽扯聖人以駭世。大率如此。」（諸子彙函卷六）王説指出戰國諸子立説之慣例。儒家以聖人爲人格最高標準，道家以聖人爲順應自然規律而不妄爲，縱横家所稱聖人與諸家不同，乃爲掌握自然界和社會的本質及規律，並善於利用矛盾，從事政治鬥争。此處聖人，指理想中能够完全實現慎子主張的人。危，一本作厄。危厄，危險困難。吕氏春秋報更：「見人之急也，若自在危厄之中。」

〔三〕慎懋賞曰：明在於天，開闢户牖以受明者，人也，天何所事之有。◎譚樸森曰：淮南子詮言訓：「天有明，不憂民之晦也；百姓穿户鑿牖，自取照焉。」 **按**：此言天有明，而人取之，非天予之，故曰無事。

〔四〕慎懋賞曰：財出於地，伐木刈草以致富者，人也，地何所事之有。◎沈君典曰：以天地無事照下聖人無事（歸有光諸子彙函卷九）。◎譚樸森曰：淮南子詮言訓：「地有財，不憂民之貧也；百姓伐木芟草，自取富焉。」◎王叔岷曰：古佚書稱亦云：「天有明，而不憂民之晦也，[百]姓辟其户牖而各取昭焉，天無事焉；地有[財]，而不憂民之貧也，百姓斬木艾新（薪）而各取富焉，地亦無事焉。」又淮南子詮言篇：「天有明，不憂民之晦也，百姓穿户鑿牖，自取昭焉。地有財，不憂民之貧也，百姓伐木芟草，自取富焉。」以此驗之，慎子三「人」字蓋本作「民」，唐人避太宗諱以「人」代「民」也。據稱，慎子三「不憂」上皆當有「而」字，今僅「不憂人之危」上有「而」字，説郛本、子彙本、慎懋賞本、墨海金壺本、守山閣叢書本皆略此「而」字，與淮南子合，非其舊也。御覽一八四引慎子「已明」作「以明」，義同。　按：此言地有財，而人自取之，非地予之，故亦曰無事。

〔五〕慎懋賞曰：德在聖人，準其法而治，比於下則風俗醇和，四境無虞，而百姓自安其生矣，聖人何所事之有。　◎王斯睿曰：淮南子覽冥篇高誘注：「準，望也。」荀子不苟篇楊倞注：「比，謂昵狎。」言百姓取合上意，而相比周於下也。　◎王叔岷曰：自「天有明不憂人之闇也」至此「則聖人無事矣」，蓋發明老子「聖人處無爲之事」（二章）及「事無事」（六十三章）之義。司馬遷謂慎到「學黄老道德之術，因發明序其指意」，此其驗矣。　按：此言聖人有德，人自準之，非聖人强之，故聖人無事。

〔六〕慎懋賞曰：聖人有安百姓之心，其或自底部類而己害者，不得不爲民以除其害也，非爲己而害人也。　按：百姓，庶民。論語憲問：「修己以安百姓，堯舜其猶病諸。」疏：「百姓謂衆人也。」此句意謂聖人居上，不傷害人民，然亦因其居於上，故不能阻止庶民之間的相互傷害，而庶民之間的相互傷害，亦只能由庶民彼此之間自行解決。

〔七〕滕輔曰：有光明之德，故百姓推而與之耳，豈其心哉？　◎慎懋賞曰：聖人有光明之德，故百姓推而與之耳，非以征誅取之而害人也。　◎王斯睿曰：孫毓修依治要改「愛」爲「受」，删「敢」字。　◎徐漢昌曰：説郛本滕注曰：「有光明之德，故有百姓，權而與之耳，其取之哉？」　**按**：句謂聖人享有天下，非以力取，而以德昭，百姓推與之耳。滕、慎説皆是。

〔八〕慎懋賞曰：百姓之於聖人，則養之以安己，非使人養一己而不爲民也。上下各得其所，各安其分，而天下平，是以聖人無事。　**按**：此言百姓與聖人之間的關係。百姓需要供奉聖人以準人格，非依託聖人而取利也。

毛嬙、西施，天下之至姣也〔一〕。衣之以皮倛①，則見②者皆走〔二〕；易之以玄③緆，則行者皆止〔三〕。由是觀之，則玄緆，色之助也。姣者辭之，則色厭矣。走背跋踚窮谷，野走千④里，藥也。走背辭藥，則足廢〔四〕。

【校】

①「倛」，治要本作「䫏」。太平御覽三百八十一引作「褐」。藝文類聚十八「倛」上衍「褐」字。　②「見」下，治要本有「之」字。　③「玄」，原作「元」，爲避康熙諱改。今據文選宋玉神女賦注、太平御覽三百八十一引回改。下「玄」同。　④「千」，原作「十」，誤，據治要本改。

【注】

〔一〕慎懋賞曰：莊周曰：「毛嬙、西施，魚見之深潛，鳥見之高飛。」　◎錢熙祚曰：文選神女賦注、四子講德論注引此文，「西」並作「先」。按，二字古通。◎徐漢昌曰：毛嬙、西施，二人皆古美女。毛嬙，一曰越王美姬。**按**：毛嬙，古美女名。莊子齊物論：「毛嬙，麗姬，人之所美也。」戰國策齊四作「毛廧」。西施，春秋越苧蘿人。一作先施。先、西古音同。又稱西子。傳説越人敗於會稽，命范蠡求得美女西施進於吴王夫差，吴王許和。越王吸取教訓，終得滅吴，西施歸范蠡，從遊五湖而去。其事散見於吴越春秋句踐陰謀外傳、越絶書、吴地記等。後常用作絶色美女的代稱。此句慎懋賞本作「子慎子曰：毛嬙、西施，天下之至姣也」，爲外篇第二十二事。

〔二〕滕輔曰：荀卿曰：「仲尼之狀，面若蒙僛。」◎徐漢昌曰：倛，假面也。四目方相，兩目爲倛。荀子注：「倛，方相也。」方相，古之像神以逐疫者，送葬亦用之。◎王叔岷曰：僛，説文作䫏，云：「䫏，醜也。今逐疫有䫏頭。」段注：「此舉漢事以爲證也。周禮方相氏注云：冒熊皮者，以驚敺疫癘之鬼，如今魌頭也。」藝文類聚十八、長短經是非篇、文選宋玉神女賦及王子淵四子講德論李善注引此文，僛皆作倛。荀子非相篇：「仲尼之狀，面若蒙倛。」楊倞注：「倛，方相也。」並引慎子此文，亦作倛。此文滕注引荀子作䫏，蓋依此正文作䫏改之也。僛乃倛、䫏之合體，別體又作魌也。守山閣本此文作倛，疑據藝文類聚、長短經、文選注改之。**按**：倛，醜惡，也寫作「䫏」。淮南子精神：「是故視珍寶珠玉，猶石礫也。……視毛嬙、西施，猶䫏醜也。」因爲假面，故醜惡也，徐説是。此句慎懋賞本作「衣以皮褐倛，則見者走；易以玄楊，則行者皆止」，爲外篇第二十二事。

〔三〕滕輔曰：緆謂細布。 **按**：玄，黑中帶紅之色。詩豳風七月：「載玄載黃，我朱孔陽。」傳：「玄，黑而有赤也。」緆，細麻布。文選漢司馬長卿子虛賦：「被阿緆，揄紵縞。」注：「緆，細布也。」玄緆，這裏指經過染色等加工修飾的麻布衣服。

〔四〕滕輔曰：理有相須而作，事有待具而成。故雖資傾城之觀，必俟衣裳之飾；雖挺越常之足，必假藥物而疾。故有才無勢，將顛墜於溝壑；有勢無才，亦騰乎風雲。萬動云云，咸皆然耳。 ◎徐漢昌曰：跋，説文：「蹎，跋也。」與沛通，又可假借爲茀，草行也，言行路難也。踚，登也，行也。 ◎王叔岷曰：背，借爲奔北字。踚，説文作趯，云：「趯，趠趯也。」繫傳：「趯猶躍也。」集韻十八藥，趯下引説文云云，並云：「謂疾走。」廣雅釋詁：「踚，拔也。」然則「跋踚」猶「拔踚」也。 **按**：走背，負物而跑。跋，踏草而行或越山過嶺。踚，疑即踰，跳過。

故騰蛇①遊霧，飛龍乘雲，雲罷霧霽②，與蚯蚓同，則失其所乘也〔一〕。故賢③而屈於不肖者，權輕④也；不肖而⑤服於賢者，位尊⑥也〔二〕。堯爲匹夫，不能使其鄰家⑦。至南面而王，則令行禁止〔三〕。由此觀之，賢不足以服不肖，「而勢位足以服不肖」⑧，而勢位足以屈賢矣〔四〕。故無名而斷者，權重也；弩弱而矰高者，乘於風也；身不肖而令行者，得助於衆也〔五〕。故舉重越高者，不慢於藥；愛赤子者，不慢於保⑨；絶險歷遠者，不慢於御⑩〔六〕。此得助則成，釋助則廢矣。夫三王五伯之德，參於天地，通於鬼神，周於生物者，其得助博也〔七〕。

【校】

①「蛇」，治要本、慎懋賞本作「虵」。②「霽」，後漢書張奂傳注、太平御覽九百三十三引作「散」。後漢書隗囂傳注、太平御覽九百四十七引作「除」。③「賢」，慎懋賞本作「賢人」。④「權輕」，慎懋賞本、韓非子難勢引並作「權輕位卑」。⑤「而」，慎懋賞本作「而能」。⑥「位尊」，慎懋賞本、韓非子難勢引並作「權重位尊」。⑦太平御覽六百三十八引此句作「不能使隣家」。慎懋賞本、韓非子難勢引此句作「不能使三人」。此句下「至南面而王，則令行禁止」一句，譚樸森校作「而桀爲天子，能亂天下」。⑧「而勢位足以服不肖」，原脱，據治要本補。⑨「愛赤子者，不慢於保」，意林引作「愛赤子，不慢其保」。⑩「絶險歷遠者，不慢於御」，意林引作「絶險者，不慢其御」。

【注】

〔一〕慎懋賞曰：飛龍乘雲，水虵乘霧，物必有所乘而勢始大。◎王斯睿曰：「騰虵」，淮南主術訓作「螣蛇」。荀子勸學篇「螣蛇無足而飛」，楊倞注引爾雅曰：「螣，螣蛇。」郭璞曰：「龍類，能興雲霧而遊其中也。」事類賦九十一注引此，作「螣蛇遊霧龍乘雲」。◎徐漢昌曰：罷，弱也，散也。霽，雲霧開也，明朗也。◎譚樸森曰：後漢書隗囂列傳：「神龍失勢，即還與蚯蚓同。」◎王叔岷曰：韓非子難勢篇引愼子此文「雲罷霧霽」，王先愼集解云：「初學記二、御覽十五、事類賦三引霽作散。」與御覽九三三引此文同。惟影宋本御覽九四七引此文「霽」作「除」，與後漢書注引同。後漢書注、御覽九四七引「乘」下並有「故」字。**按**：騰蛇，也寫作螣蛇，傳説中的神蛇。荀子勸學：「螣蛇無足而飛，梧鼠五技而窮。」注：「爾雅云：『螣，螣蛇。』郭璞云：『龍類，能興雲霧而遊其中也。』」螣與騰通，爾雅釋魚：「螣，螣蛇。」釋文「螣」字下云：「字又作騰。」韓非子難勢：「愼子曰：飛龍乘雲，騰蛇遊霧，雲罷霧霽，而龍蛇與螾螘同矣。」

〔二〕權，權勢。莊子天運：「親權者不能與人柄。」位，地位。

〔三〕譚樸森曰：淮南子主術訓：「堯爲匹夫，不能仁化一里；桀在上位，令行禁止。」◎王叔岷曰：御覽六三八引此作「不能使鄰家」，僅略其字。**按**：鄰，周時基層組織單位之一。周禮地官遂人：「五家爲鄰，五鄰爲里。」令行禁止，有令即行，有禁即止。韓非子八經：「君執柄以處勢，故令行禁止。」

〔四〕譚樸森曰：淮南子主術訓：「由此觀之，賢不足以爲治，而勢位可以易俗，明矣。」◎王叔岷曰：御覽引此無「而勢位足以服不肖」句，乃涉上下文而衍，守山閣本略此句，是也。韓非子難勢篇引愼子作「賢智未足以服衆，而勢位足以缶賢者也」（缶爲屈或御之壞字），亦其證。淮南子主術篇亦云：「賢不足以爲治，而勢位可以易俗，明矣。」　按：自「堯爲匹夫」至此，與韓非子難勢篇意義相近而文多異。韓非子難勢曰：「堯爲匹夫，不能治三人；而桀爲天子，能亂天下。吾以此知勢位之足恃，而賢智之不足慕也。夫弩弱而矢高者，激於風也；身不肖而令行者，得助於衆也。堯教於隸屬，而民不聽，至於南面而王天下，令則行，禁則止。由此觀之，賢智未足以服衆，而勢位足以缶賢者也。」王叔岷曰「而勢位足以服不肖」一句似涉上下文而衍，錢基博亦有此説，誤。上文曰「賢不足以服不肖」，本句曰「而勢位足以服不肖」，則「勢位」甚於「賢」也，此正合慎子重「勢」之思想，故下文曰：「而勢位足以屈賢矣。」如無此句，則「勢位足以屈賢」句突兀而不甚連貫。

〔五〕錢熙祚曰：自「騰蛇遊霧」至此，又見韓非子難勢篇，文多異。古人引書，每不屑屑字句。既於大義無關，可置不論。◎徐漢昌曰：矰，説文：「谁射矢也。」箭也。　按：名，名聲。孫子地形：「故進不求名，退不避罪，唯民是保。」斷，決斷、決事。禮樂記：「臨事而屢斷。」注：「斷，猶決也。」無名而斷，没有名譽聲望而能擔任決斷大事的職責。弩，用機械發射的弓，也叫窩弓，力强可以及遠。六韜豹韜林戰：「弓弩爲表，戟楯爲裏。」矰，古代繫生絲以射鳥雀的箭。史記老子傳：「走者可以爲罔，游者可以爲綸，飛者可以爲矰。」

〔六〕徐漢昌曰：慢，惰也，怠惰，疏忽。　按：舉重越高，意即背負重物翻越高山。御，駕馭車馬。論語子罕：「執御乎？執射乎？」慢，輕忽。商君書墾令：「上不費粟，民不慢農，則草必塈也。」

〔七〕錢熙祚曰：自「毛嬙、西施」至此，凡二百四十五字，原刻並脱，依治要補。◎錢基博曰：「毛嬙、西施」以下二百四十五字，慎懋賞本、百子全書本並無。此依治要補。惟「十里藥也」，治要「十」作「千」；「賢不足以服不肖，而勢位足以屈賢也」，治要「而勢位」下多「足以服不肖而勢位」八字，似衍。**按**：三王，夏禹、商湯、周文王，亦稱禹、湯、文王。五伯，即五霸，稱諸侯中勢力强大稱霸一時的人，説法不一：其一，據左傳成公二年注、吕氏春秋先己篇注，爲昆吾、大彭、豕韋、齊桓公、晉文公。其二，據荀子王霸爲齊桓公、晉文公、楚莊王、吴王闔閭、越王勾踐。其三，據班固白虎通號爲齊桓公、晉文公、秦穆公、楚莊王、吴王闔閭。其四，據漢趙岐孟子告子下注爲齊桓公、晉文公、秦穆公、宋襄公、楚莊王。參，下拜上。參於天地，即德通於天地之道。周，遍及，普及。易繫辭上：「知周乎萬物，而道濟天下。」

古者，工不兼事，士不兼官。工不兼事則事省，事①省則易勝；士不兼官則職寡，職②寡則易守〔一〕。故士位可世，工事可③常〔二〕。百工之子，不學而能者，非生巧也，言有常事也〔三〕。今也國無常道，官無常法，是以國家日繆。教雖成，官不足；官不足，則道理匱[矣]④〔四〕；道理匱，則慕賢智；慕賢智，則國家之政要在一人之心矣⑤〔五〕。

【校】

①「事」，説郛本、子彙諸本、慎懋賞本、四部叢刊本脱。錢熙祚據治要本補。②「職」，説郛本、子彙諸本、慎懋賞本、四部叢刊本脱。錢熙祚據治要本補。③「可」，四部叢刊本誤作「何」。④「矣」，原脱，據説郛本、子彙諸本、慎懋賞本、四部叢刊本補。⑤自「道理匱則慕賢智」至此，説郛本、子彙諸本、慎懋賞本、四部叢刊本脱。錢熙祚據治要本補。

【注】

〔一〕滕輔曰：古之宰物，皆用其一能，以成其一事，是以用無棄人，使無棄才。若乃任使於過分之中，役物於異便之地，則上下顛倒，事能淆亂矣。◎莊定山曰：孟子云：「一人之身而百工之所爲備，是率天下而路。」故工不兼事。周公云：「無求備於一人。」故士不兼官（歸有光諸子彙函卷九）。◎王斯睿曰：孫依治要「寡」上補「職」字，是也。淮南主術篇曰：「職寡則易守。」◎徐漢昌曰：説郛本滕注曰：「古之宰物，皆用其一，以成其事，是以用無棄人，使無棄才。若任使於過分之中，役物於易使之地，則上下顛倒，豈能濟亂？」按：工，古代指從事手工業的勞動者，即工匠。論語衛靈公：「工欲善其事，必先利其器。」手工業者按行業分類，故有百工之稱。各工種技藝不同，一般不兼作，此即「工不兼事」。省，節約，這裏指簡約、簡單。工匠做工僅限單一工種，做事則簡單而容易勝任。士，這裏指官吏的通稱。管子八觀：「卿毋長遊，里毋士舍。」注：「士，謂里尉。」禮雜記：「士次於公館。」注：「士，謂邑宰也。」滕注是。官，官職。禮王制：「論定，然後官之。」士不兼官，意謂一個人不可以同時兼任多個官職。

〔二〕慎懋賞曰：士位可世，以其賢也；工事可常，以其專也。◎祝石林曰：有常事，即專門也。世，業也（歸有光諸子彙函卷九）。◎王斯睿曰：「何」當爲「可」。「工事可常」與「士位可世」對文。守山閣本作「可」，宜據改。**按**：世，繼承，世襲。漢書賈誼傳：「賈嘉最好學，世其家。」注：「言繼其家世。」常，恒久。易繫辭上：「動静有常，剛柔斷矣。」慎懋賞言「工事可常，以其專也」，甚是；言「士位可世，以其賢也」，則牽强爲説也。

〔三〕慎懋賞曰：觀工有常而事集，則官人者可類推也。**按**：生，本性。商君書開塞：「民之生，不知則學。」言，此指百工之言。

〔四〕慎懋賞曰：繆，猶差也。官不足以任其事，雖教何補；官所以明道理，事兼官則衆職廢而道理匱矣。◎王叔岷曰：韓非子飾邪篇：「語曰：國有常法，雖危不亡。」**按**：繆，乖錯。禮經解：「易曰：君子慎始，差以豪氂，繆以千里。此之謂也。」官無常法，意謂授予官職没有恒久固定的法令，有可能會出現士兼官現象。官不足，意爲爲官之單純性不足，不能做到一人一職。道理，國家治理的理論主張。

〔五〕滕輔曰：人之情也，莫不自賢，則不相推。政要在一人，從一人之所欲，不必善，則政教陵遲矣。◎王斯睿曰：此下，錢氏據治要補「道理匱則慕賢智，慕賢智則國家之政要在一人之心矣」。◎王叔岷曰：莊子天下篇稱慎到「笑天下之尚賢」，又引慎到云：「無用賢聖。」荀子解蔽篇謂「慎子蔽於法而不知賢」。慎到固不慕賢智也。按：一人之心，指君主之心。滕說是。

古者，立天子而貴之①者，非以利一人也〔一〕。曰：天下無一貴，則②理無由通，通理以爲天下也〔二〕。故立天子以爲天下③，非立天下以爲天子也〔三〕；立國君以爲國④，非立國以爲君也；立官長以爲官⑤，非立官以爲長⑥也〔四〕。

【校】

①「之」，説郛本、子彙諸本、慎懋賞本、四部叢刊本脱。錢熙祚據治要本補。②「則」字，治要本無。③「下」字下，治要本有「也」字。④「國」字下，治要本有「也」字。⑤「官」字下，治要本有「也」字。⑥「長」，説郛本、子彙諸本、慎懋賞本、四部叢刊本前衍「官」字。錢熙祚據治要本删。

【注】

〔一〕慎懋賞曰：立天子而尊貴之，非以利其身也。**按**：貴，尊位。易繫辭上：「卑高以陳，貴賤位矣。」慎説是。

〔二〕慎懋賞曰：兩貴不相事，兩賤不相使。無天子之貴，天下無由而理。理即治也。按：理，治理。詩大雅江漢：「于疆于理，至于南海。」通，到達。國語晉二：「道遠難通，望大難走。」理無由通，即國家的治理無法達到。通理，即達到治理。慎説是。

〔三〕慎懋賞曰：以一人治天下，非以天下奉一人。◎敖清江曰：見以一人治天下，不以天下奉一人（歸有光諸子彙函卷九）。◎王叔岷曰：商君書修權篇云：「堯、舜之位天下也，非私天下之利也，爲天下位天下也。」（位乃莅之省）義亦相近。按：呂氏春秋貴公曰：「天下非一人之天下也，天下之天下也。」六韜文韜文師亦曰：「天下非一人之天下，乃天下之天下也。」又武韜發啓篇也説：「天下者非一人之天下，乃天下之天下也。」

〔四〕慎懋賞曰：官長、宰，庶官者也。立之使衆職兼舉，非徒盛其任使也。◎王斯睿曰：錢氏據治要、御覽二百六十六删「官」字。睿按：有「官」字者是也。呂氏春秋恃君篇：「置官長，非以阿官長也。」意與此同。◎譚樸森曰：呂氏春秋恃君：「置君非以阿君也，置天子非以阿天子也，置官長非以阿官長也。」按：官長，長官的通稱。墨子尚賢中：「賢者，舉而上之，富而貴之，以爲官長。」國語齊語：「桓公令官長期而書伐。」韋昭注：「官長，長官也。」

法雖不善，猶愈於無法，〖所以一人心也〗①〔一〕。夫投鉤以②分財，投策以③分馬，非鉤策爲均也〔二〕。使得美者，不知所以德④；使得惡者，不知所以怨⑤，此所以塞願⑥望也⑦〔三〕。故著龜，所以立公識也；權衡，所以立公正也；書契，所以立公信也；度量，所以立公審也；法制禮籍，所以立公義也。凡立公，所以棄私也⑧〔四〕。

【校】

①「所以一人心也」，治要本、説郛本作注文。錢熙祚本與子彙諸本、慎懋賞本、四部叢刊本皆訛爲正文，當删。②「以」，治要本、説郛本無。③「以」，治要本、説郛本無。④「德」，治要本作「賜」，説郛本、子彙本、緜眇閣本、百子全書本作「美」。⑤「怨」，子彙本、緜眇閣本、百子全書本作「惡」。⑥「願」，治要本作「怨」。⑦「也」字上，治要本有「使不上」三字。⑧自「故著龜」至此，凡五十一字，治要本、説郛本、子彙諸本脱，慎懋賞本、四部叢刊本有此一段，惟少「度量，所以立公審也」一句。錢熙祚依類聚二十二、御覽四百二十九引此文補。

【注】

〔一〕滕輔曰：所以一人心也。◎慎懋賞曰：立法以一人心，雖有不善，民亦懼法而不敢越也。

按：愈，勝過。孟子告子下：「白圭曰：『丹之治水也愈於禹。』」一，統一。韓非子五蠹：「法莫如一而固。」滕注守山閣本訛爲正文，譚樸森亦持此看法，甚是。

〔二〕王斯睿曰：錢氏曰：御覽四百二十九引此文，「非」下有「已」字，「已」與「以」通。◎徐漢昌曰：投鉤猶言拈鬮也。洪武正韻：「鉤與鬮同，投鉤猶云拈鬮。」荀子君道：「探籌投鉤者，所以爲公也。」投策，擲棄馬箠也，與投鉤意同，皆所以爲公也。宋黄震黄氏日鈔：「子華子曰：分財賄而投鉤策，非以夫鉤策者爲能均也，使善惡多寡無所歸怨也。蓋當時之論已然矣，殆以戒人情之任私者耶？」又注曰：「世俗分物析其物爲曲，折而藏其中，以折數之多寡爲説而探取之，此鉤也。今易以鬮字，當考。」◎王叔岷曰：藝文類聚二二、御覽四二九、六三八引「非」下皆有「以」字。君人篇作「非以鉤策爲過人智也」，亦有「以」字。荀子君臣篇：「探籌投鉤者，所以爲公也。」劉子去情篇：「使信士分財，不如投策探鉤。」**按**：鉤，賭博器具之一。荀子君道：「探籌投鉤者，所以爲公也。」策，占卜用的蓍草。楚辭屈原卜居：「詹尹乃釋策而謝曰：『……用君之心，行君之意，龜策誠不能知此事。』」徐説投策爲擲馬鞭決勝負，亦通。

〔三〕王斯睿曰：錢氏曰：「願」，治要作「怨」，與御覽六百三十八引此文合。◎譚樸森曰：子華子曰：「今之人分財賄而投鉤策馬，非以夫鉤策者爲能均也，使善惡多寡無所歸怨也。」◎王叔岷曰：藝文類聚、御覽引「賜」並作「德」，四部叢刊本、守山閣本亦並作「德」，疑據藝文類聚、御覽改之。古佚書稱云：「得焉者不受其賜，亡者不怨。」説郛本「所」作「可」，義同。又略「使不上」三字。子彙本、慎懋賞本、墨海金壺本、守山閣本皆作「此所以塞願望也」。「怨望」

複語，史、漢中習見，「願」字誤。守山閣本此句下，補入「故著龜，所以立公識也；權衡，所以立公正也；書契，所以立公信也；度量，所以立公審也；法制禮籍，所以立公義也。凡立公，所以棄私也」五十一字。錢校云：「自『故著龜』至此，凡五十一字，原刻並脱，依類聚二十二、御覽四百二十九引此文補。」慎懋賞本此句下，已補入「故著龜，所以立公識也；權衡，所以立公正也；書契，所以立公信也；法制禮籍，所以立公義也。凡立公，所以棄私也」四十二字。「公信也」下蓋脱「度量，所以立公審也」八字。**按**：此處「得美」、「得惡」乃就賭博或占卜之結果而言，「得美」言贏，「得惡」則言輸也。或贏或輸，均依規則而由天定。法即如此也。此所以能塞民怨望也。馬王堆帛書稱云：「得焉者不受其賜，亡者不怨。」

〔四〕慎懋賞曰：言能立法，則人安於美惡而無願外之心，正猶鉤策無私，人自信之如著契而不疑也。◎王斯睿曰：「所以立公信也」下，守山閣本有「度量，所以立公審也」句，宜據補。◎錢基博曰：故「著龜」至「棄私也」五十一字，治要及百子全書本無，慎懋賞本有之，而脱「度量，所以立公審也」八字。此依藝文類聚、太平御覽補。◎徐漢昌曰：著龜，著，草名。說文：「蒿屬，生千歲三百莖，易以爲數。」著所以筮，龜所以卜，皆神物。權衡，皆稱物之具。稱上謂之衡，稱鎚謂之權。**按**：著龜，指用來占卜的著草與龜甲。權衡，稱量物體輕重之具。權，稱錘；衡，稱杆。書契，契約之類的文書憑證。周禮地官質人：「掌稽市之書契。」鄭司農注曰：「書契，取予市物之券也。其券之象書兩札刻其側。」法制禮籍，記載法令、制度、禮儀的文書。

明君動事分功①必②由慧③，定賞④分財必由法，行德制中必由禮〔一〕。故欲不得干時〔二〕，愛不得犯法〔三〕，貴不得踰親⑤〔四〕，禄不得踰位，士⑥不得兼官，工不得兼事〔五〕。以能受事，以事受利。若是者，上無羨賞，下⑦無羨財〔六〕。

【校】

①「分功」，治要本無，愼懋賞本、四部叢刊本作「分理」，説郛本、百子全書本作「分官」。緜眇閣本、且且庵本作「分職」，子彙本爲佔一字之墨丁，四庫本注「缺」字。　②「必」字，與下二句「定賞分財必由法，行德制中必由禮」中二「必」字，子彙諸本、愼懋賞本、四部叢刊本無。　③「慧」，治要本作「惪」。　④「賞」，治要本作「罪」。愼懋賞本、四部叢刊本作「鼎」。　子彙本爲佔一字之墨丁，緜眇閣本作「功」，且且庵本作「禄」，四庫本注「缺」字。　⑤「親」，治要本作「規」。　⑥「士」，治要本作「惠」，愼懋賞本、四部叢刊本作「慧」。　⑦「下」，治要本作「民」。

【注】

〔一〕滕輔曰：法者，所以愛民；禮者，所以使事。　◎愼懋賞曰：君必聰明智慧而後能理天下之事。財者，民所共趨，法令既一，則無爭鬥之患；禮無過不及者也，由乎禮，則德教制度自無不中。　◎張東沙曰：至末暢言威德（歸有光諸子彙函卷九）。　◎王叔岷曰：說郛本、子彙本、慎懋賞本、墨海金壺本、守山閣本「惠」皆作「慧」，下文「惠不得兼官」，慎懋賞本亦作「慧」，古字通用。上文「聖人有德」，「三王、五伯之德」，德、惠爲儒家所重。法家如商鞅之「天資刻薄」（史記商君傳贊），韓非之「慘礉少恩」（史記韓非傳贊），皆反對德厚者也。即管子法法篇：「惠者，民之仇讎也。法者，民之父母也。」亦重法而反惠。然則慎到重法兼重德惠，誠可貴矣。「制」借爲折，廣雅釋詁：「制，折也。」淮南子詮言篇：「聽獄制中者，皋陶也。」尸子仁意篇「制」作「折」。並制、折通用之證。　**按**：動事，舉辦事業。史記秦始皇紀：「應時動事，是維皇帝。」分功，分擔工作。史記平原君傳：「今君誠能令夫人以下編於士卒之間，分功而作，……士方其危苦之時，易德耳。」定，規定，制定。荀子正論：「圖德而定次，量能而授官。」行，傳播，流佈。易乾象：「雲行雨施。」行德，推廣道德。制中，適中，恰當處理。禮仲尼燕居：「夫禮，所以制中也。」清孫希旦禮記集解：「過不及之義。」淮南子詮言：「聽獄制中者，皋陶也。」

〔二〕滕輔曰：必於農隙也。　◎慎懋賞曰：必於農時。　◎王斯睿曰：「不」下當有「得」字，與下五句文法一律。守山閣本有「得」字，宜據補。　◎徐漢昌曰：說郛本滕注曰：「必於農隙。」　**按**：欲，逞欲。干，干犯，抵觸。左傳文公四年：「君辱貺之，其敢干大禮以自取戾。」

干時，違背農時。踰，超越。國語吴語：「亦令右軍銜枚踰江五里以須。」

〔三〕滕輔曰：當官而行。　按：愛，愛護，加惠。商君書更法：「法者，所以愛民也。」

〔四〕王叔岷曰：説郛本、子彙本、慎懋賞本、墨海金壺本、守山閣本「規」皆作「親」。「規」乃「親」之誤。陶淵明桃花源記：「聞之，欣然規往。」俗本「規」誤「親」，亦二字相亂之例。後君臣篇「官不私親，法不遺愛」（又見管子君臣篇），文義與此相符。　按：王説是。

〔五〕王斯睿曰：「慧」字誤，孫依治要改「士」字是也。上文凡兩言「士不兼官」，是其明證。守山閣本不誤，宜據改。　◎王叔岷曰：説郛本、子彙本、慎懋賞本、墨海金壺本、守山閣本「惠」皆作「士」，當從之。「惠」字涉上文「必由惠」而誤，上文「工不兼事，士不兼官」，韓非子用人篇：「使士不兼官。」淮南子主術篇：「工二無伎，士不兼官。」（又見文子下德篇）皆作士。又韓非子難一篇：「明主之道，一人不兼官，一官不兼事。」　按：此言當守法而不踰矩。

〔六〕滕輔曰：羨，猶溢也。　◎慎懋賞曰：羨，猶餘也。用法之善，則人安於法；上之賞下，下之事上，各當其則而不過也。　◎徐漢昌曰：説郛本滕注曰：「羨，謂爲盜也。」　按：此言據其才能而授任職事，據其所做之事而授其財利。如此，則上下皆得其所賞，皆無羨不義之財。

因循①

董中峰曰：主張正大，口氣婉轉，可作治安策（歸有光諸子彙函卷九）。◎錢基博曰：慎懋賞本内篇第二條無題。◎徐漢昌曰：此篇由天道「因則大，化則細」之理，論用人之法，只在「因人之情」四字，而人之情，則是「莫不自爲」也。人之私心不可改變壓制，只能因，如此則無不可用之人矣。◎王叔岷曰：司馬談論道家要指：「其術以因循爲用。」慎子因循篇正發明道家因循之用者也。按：人各爲主體，有各自的目的，不要擺佈天下以遂一人之欲之志。此篇名曰「因循」，蓋即因百姓之情，遂自然之性。文字簡短，多有殘缺。

【校】

①説郛本、子彙諸本作「因循二」。慎懋賞本、四部叢刊本作内篇第二事，無題。

天道，因則大，化則細〔一〕。因也者，因人之情也〔二〕。人莫不自爲也，化而使之爲我，則莫可得而用矣①〔三〕。是故先王〖見〗②不受禄者不臣，禄不厚③者不與入難④〔四〕。人不得其所以自爲也，則上不取用焉〔五〕。故用人之自爲，不用人之爲我，則莫不可得而用矣。此之謂⑤因〔六〕。

【校】

①「矣」，子彙諸本、慎懋賞本、四部叢刊本脱。錢熙祚據治要本補。②「見」，諸本皆無，錢熙祚據長短經是非篇補，誤。王叔岷曰：「長短經引慎子『先王』下有『見』字，乃涉彼下文『見魯仲子』而衍，不足據。」王説合理，當删。③「禄不厚」，説郛本、子彙諸本、慎懋賞本、四部叢刊本作「不厚禄」。④「難」，治要本作「雜」，説郛本、子彙諸本、慎懋賞本、四部叢刊本脱。錢熙祚據長短經是非篇補。錢曰據治要補，誤。⑤「之謂」，説郛本、子彙諸本作「謂之」。

【注】

〔一〕滕輔曰：因百姓之情，遂自然之性，則其功至高，其道至大也。化使從我，非物所樂，其理偏狹，其德細小也。◎熊悦之曰：因是道理甚大，如禹之治水，亦只是因之耳，故曰行其所無事（歸有光諸子彙函卷九）。◎蔡汝堃曰：僞滕注「其理禍狹」，「禍」疑爲「褊」字之誤。

◎徐漢昌曰：子彙、説郛下均注曰：「因百姓情，遂自然性，則功高而道大。」治要本滕注曰：「化使從我，物所樂，其理禍狹，其德細小也。」禍疑偏字之誤。説郛本滕注曰：「化民從我，非物所樂，其理偏狹，其德細小。」子彙本之注與説郛同，而無「其德細小」四字。◎譚樸森曰：淮南子泰族訓：「故因則大，化則細矣。」文子道原：「故能因則大，作既細。」按：因，先秦時期哲學術語之一，原意指順應自然，不加干涉，也即人應該認識、尊重、服從外界變化的規律，順應事物發展的必然趨勢。同時「因」也强調人應該發揮主觀能動性，利用客觀事物的性質、規律，因勢利導，取得成功。如吕氏春秋貴因：「禹通三江五湖，決伊闕，溝回陸，注之東海，因水之力也。」化，原義即變化。老子：「我無爲而民自化。」這裏「化」与「因」相对，「因」为顺应人情，「化」为违背人情。若违背人情，则天道之德则細小。滕説是。此句滕注，又見子彙本、説郛本，而文字多異。治要本滕注「其理禍狹」之「禍」字，疑「偏」字之誤，徐説是。

〔二〕王叔岷曰：趙蕤長短經是非篇引孟子佚文：「天道因則大，化則細。因也者，因人之情也。」與慎子此文全同。是否誤引，存疑。淮南子泰族訓：「聖人之治天下，非易民性也，拊循其所有而滌蕩之，故因則大，化則細。」（文子自然篇「滌蕩」作「條暢」）發明慎子之説者也。按：此句意謂天道最大的要求即順應人之本性。

〔三〕滕輔曰：違性矯情，引彼就我，則忿戾乖違，莫有從之者矣。◎慎懋賞曰：言人情莫不有欲爲上者，拂其性而引之，就我則不爲之用。化，猶教令也。◎徐漢昌曰：治要本滕注曰：「違性矯情，引彼就我，則忿戾乖違，莫有從之者矣。」說郛本滕注「忿」上無「則」字，末句作「莫有以者」。 **按**：自爲，即爲自，爲自己。此言人皆爲己，有自私自利之心，順應其心，則可爲我所用；若違背人情强而使之爲我，則必不爲我所用也。滕說是，慎懋賞曰「化」猶「教令」，非是。

〔四〕慎懋賞曰：不拂其高尚之志而强臣之。 ◎王斯睿曰：「入」下，孫依治要補「難」字是也，「不」下當有「可」字。業師王儀臣先生尹文子集解引錢熙祚據治要補脱文，語曰「禄薄者不可與經亂，賞輕者不可與入難」。「不」下有「可」字，宜據補。 ◎譚樸森曰：尹文子：「禄薄者不可以經亂，賞輕者不可以入難。」長短經是非：「語曰：禄薄者不可以入亂，賞輕者不可以入難。」管子法法：「爵不尊禄不重者，不與圖難犯危，以其道爲未可以求之也。」 **按**：此言人皆有自私愛利之心，先王對待没有接受俸禄的人，不任用其爲臣；賞賜不豐厚者，不能讓其赴難。馬王堆帛書經法稱曰：「不受禄者，天子弗臣也。禄泊（薄）者，弗與犯難。」

〔五〕滕輔曰：夫君上取用，必須天機之動，性分之通，然後上下交泰，經世可久耳。故放使自爲，則無不得；仕而使之，則無不失矣。 ◎慎懋賞曰：人不遂其欲爲之情，則上不能取用之矣。 ◎徐漢昌曰：治要本滕注曰：「夫君上取用，必須天機之動，性分之通，然後上下交泰，經世可久耳。故放使自爲，則無不得；仕而使之，則無不失矣。」說郛本滕注「君上」下有「者」字，「須」作「惟」，「通」作「適」，「耳」作「爾」，「放使」無「放」字，「仕」作「化」。 **按**：自爲，即爲自，爲自我。此言人若無私心，則不能用。

〔六〕慎懋賞曰：順其情也，拂其情也，人人樂爲之用也。◎王叔岷曰：長短經引慎子「先王」下有「見」字，乃涉彼下文「見魯仲子」而衍，不足據。古佚書稱云：「不受禄者，天子弗臣也；禄泊（薄）者，弗與犯難。故以人之自爲，□□□□□□□□。」末所缺八字，據本文及慎子文驗之，前六字當是「不以人之爲我」，以，猶用也。管子法法篇亦略有類此之文：「爵不尊、禄不重者，不與圖難犯危，以其道爲未可以求之也。」長短經是非篇亦引語曰：「禄薄者不可與入亂，賞輕者不可與入難。」又淮南子兵略篇：「善用兵者，用其自爲用也；不能用兵者，用其爲己用也。用其自爲用，則天下莫不可用也；用其爲己用，則其所得者鮮矣。」（末句「則其」二字，據日本古鈔卷子本補）是善用兵者，亦本於因循之道也。**按**：此言人君只能利用人的自私愛利之心，使其不是給人君奉獻而是給自己謀利，如此任用之，而不能指望對方會爲己方作無償的奉獻。若能如此，則没有什麼人不被所用。此乃用人之因也。

民雜①

錢基博曰：慎懋賞本内篇第三條，無題。◎徐漢昌曰：此篇首言人民各有所能，且各不同，君上兼包并畜之，則不能限制某一方面求人才。所容既多，能力即廣，以人民之能爲資本，引爲己用，則君主萬能矣。次言君臣之順，在不可倒逆易位，否則上下失序，必亂。臣逸君勞，非人君之道。故慎子以爲「臣事事，而君無事；君逸樂，而臣任勞；臣盡智力以善其事，而君無與焉，仰成而已」。如此則事無不治，此乃爲治之正道也。**按**：此篇名曰「民雜」，取篇首二字名之，與他篇不類。此篇文字簡短，多有殘缺。然慎到所論之「君」尚無神化色彩，僅爲人之在上者而已，其智「未必最賢於衆也」。君不得不有之一職位，君臣當各司其職，各負其責。

【校】

①説郛本、子彙諸本作「民雜三」。慎懋賞本、四部叢刊本作内篇第三事，無題。

民雜處而各有所能①，所能者不同，此民之情也〔一〕。大君者，太②上也，兼畜下者也〔二〕。下之所能不同，而皆上之用也〔三〕。是以大君因民之能爲資，盡包而畜之，無能去取③焉〔四〕。是故不設一方④以求於人，故所求者無不⑤足也〔五〕。大君⑥不擇其下，故足⑦〔六〕；不擇其下，則易爲下⑧矣。易爲下，則莫不容。莫不⑨容，故多下。多下之謂⑩太上〔七〕。

【校】

①「所能」，説郛本、子彙諸本、慎懋賞本、四部叢刊本均脱。錢熙祚據治要本補。　②此與下文「多下之謂太上」之「太」字，説郛本、子彙本、緜眇閣本、且且庵本、四庫本作「大」，「太」、「大」古通用。

③「去取」，子彙諸本、慎懋賞本、四部叢刊本均乙倒作「取去」。　④「不設一方」，説郛本作「不設于方」，子彙諸本、慎懋賞本、四部叢刊本均作「必執於方」。　⑤「不」，説郛本、子彙諸本、慎懋賞本、四部叢刊本均作「一」。　⑥「大君」下，慎懋賞本、四部叢刊本有「者」字。　⑦「足」字下，治要本有「也」字。　⑧「易爲下」，説郛本、子彙諸本、慎懋賞本、四部叢刊本均訛作「爲下易」。

⑨「莫不」，子彙諸本、慎懋賞本、四部叢刊本皆脱，錢熙祚據治要本補。　⑩「之謂」，慎懋賞本倒作「謂之」。

【注】

（一）滕輔曰：故聖人不求備於一人也。　◎慎懋賞曰：情即理也。賢愚不同，自然之理，故聖人不求備於一人也。　◎徐漢昌曰：説郛本滕注「故」作「然」，「於」作「于」。　按：雜，聚集。呂氏春秋仲秋：「四方來雜，遠鄉皆至。」注：「雜，會也。」此句意謂民衆即使聚集在一處，生活在一起，他們的能力也是各有差別的。每個人所擅長的能力不同，這是人的本性。

（二）慎懋賞曰：太上者，無以尚之也。　按：大君，即天子。易師：「大君有命，開國承家。」太上，最上。　韓非子説疑：「是故禁奸之法，太上禁其心，其次禁其言，其次禁其事。」

（三）慎懋賞曰：民之賢能不同，而皆聽上所取用也。　按：下，指民。上，指天子。此言民之所能不同，皆當爲天子所用。

（四）滕輔曰：夫人君之御世也，皆曲盡百姓之能，兼羅萬物之分，因其長短就而用之，使能文者爲文，能武者爲武，聾者使其聽，盲者使其視，故理有盡用，物無棄財。　◎慎懋賞曰：君子小人，皆資於用也。　◎徐漢昌曰：日人校正治要云：「『聾者使其聽，盲者使其視』，當作『聾者使其視，盲者使其聽』。」按：此説是，用其長之意也。　説郛本滕注曰：「君之御世也，皆曲盡百姓短就之能，文者文，武者武，能者能，兼羅萬物之分。因長使聽育者，使視理有無棄財。」此文必有脱誤，不可讀。　◎王叔岷曰：末句「能」，猶「得」也。　老子云：「聖人常善救人，故無棄人。」（二十七章）大君常善用人，亦無棄人也。　按：無能，原指没有才能、能力，這裏指失能，失去某種能力。無能取去，意即失去某種能力，對此則「去之」，但尚未失去的其他能力，則可讓其充分發揮，此則「取之」。正如聾者雖失其聽，而其視則可，取其視也；盲者雖失其視，而其聽則可，取其聽也。如此則理有盡用，物無棄財。此「盡包」之意也。滕注「聾者使其聽，盲者使其視」未得真意。日人所校甚是。

〔五〕慎懋賞曰：方，類也。人君執己見以求備，則所求者，無一足用也。**按**：方，與圓對立，原指形體正直者。周禮考工記輿人：「圜者中規，方者中矩。」這裏指規矩。不設一方，不預設一個規則，意即任人之能應不作任何限制。慎說亦通。

〔六〕慎懋賞曰：賢愚皆備，任使也。◎王斯睿曰：「者」字疑涉「大君者，太上也」之「者」字而誤衍。上文「大君因民之能爲資，盡包而畜之」，「大君」下無「者」也，是其證。守山閣本無「者」字，宜據刪。**按**：山不擇土，故能成其高；海不辭流，故能成其深；天子不擇下民，故所用之人足。

〔七〕滕輔曰：其下既多，故在上者大。◎慎懋賞曰：君子易事，人皆樂從也。其下多，故在上者大也。**按**：此言天子不擇其下，則民易爲其下。民易爲其下，而天子莫不容納；莫不容納，則下民多矣。天子治下民愈多，則天子爲最上也。此所謂「海納百川，有容乃大」也。

君臣之道：臣事事①〔一〕，而君無事②〔二〕；君逸樂，而臣任勞；臣盡智力以善其事，而君無與焉，仰成而已。故③事無不治，治之正道然也④〔三〕。人君自任而務⑤爲善以先下，則是代下負任蒙勞也，臣反逸矣〔四〕。故曰：君人者，好爲善以先下，則下不敢與君争爲⑥善以先君矣〔五〕，皆私其⑦所知以自覆掩〔六〕；有過則臣反責君，逆亂之道也〔七〕。

【校】

①「事事」，説郛本、子彙諸本、慎懋賞本、四部叢刊本作「有事」。②「事」字下，説郛本、子彙諸本、慎懋賞本、四部叢刊本有「也」字。③「故」，説郛本、子彙諸本、慎懋賞本、四部叢刊本脱，錢熙祚據治要本補。④「治之正道然也」，此句治要本無。⑤「務」，四庫本、墨海金壺本作「獨」。⑥「爲」，説郛本、子彙諸本、慎懋賞本、四部叢刊本脱，錢熙祚據治要本補。⑦「私其」，説郛本作「私」，子彙諸本、慎懋賞本、四部叢刊本作「稱」。

【注】

〔一〕滕輔曰：言事其所事。◎徐漢昌曰：滕注曰：「言事其所事。」上「事」爲動詞，下「事」爲名詞。按：事事，辦事。史記曹相國世家：「日夜飲醇酒，卿大夫已下吏及賓客，見參不事事，來者皆欲有言。」注引如淳：「不事丞相之事。」

〔二〕滕輔曰：百官之屬，各有司存。　◎徐漢昌曰：説郛本滕注「百官」上有「各事其所事也」一句。　按：事，從事。商君書農戰：「境内之民，……事商賈，爲技藝，避農戰。」君無事，意即君不從事某項具體的工作。

〔三〕慎懋賞曰：人臣分任其事，則人君無爲而享成功，治道之正者也。　◎熊悦之曰：大舜無爲而治，則四岳九官十二牧善其事也（歸有光諸子彙函卷九）。　◎王叔岷曰：莊子在宥篇：「有天道，有人道。無爲而尊者天道也，有爲而累者臣道也。主者，天道也。臣者，人道也。」淮南子主術篇：「人主之術，處無爲之事，而行不言之教，清静而不動，一度而不摇，因循而任下，責成而不勞。」即慎子所謂「仰成而已」。　按：與，爲。孟子離婁上：「得其心有道：所欲與之聚之，所惡勿施爾也。」無與，即無爲。仰成，仰首等待成功。書畢命：「嘉績多于先王，予小子垂拱仰成。」治之正道，言人君治國之正道。慎曰「治道之正」，甚是。

〔四〕慎懋賞曰：自矜其能也。　◎王斯睿曰：「任」猶「責」也。淮南主術篇曰：「君人者，不任智能，而好自爲之，則智日困，而自負其責也。」　◎蔡汝堃曰：任，職責也。淮南主術篇曰：「君人者，不任賢能，而好自爲之，則智日困，而自負其責也。」意與此同。　按：任，擔負職責。「任」有擔負之義，如國語齊語：「負任擔荷，服牛軺馬，以周四方。」注：「背曰負，肩曰擔。任，抱也。荷，揭也。」亦有「職責」之義，如論語泰伯：「仁以爲己任。」先下，先於臣下。務，致力，從事。管子牧民：「不務地利，則倉廩不盈。」此句意謂人君於臣下之先而主動擔負起具體辦事之職責，致力行善，則是代替臣下承擔責任蒙受勞苦，臣下反而逸樂也。

〔五〕滕輔曰：君好見其善，則羣下皆淫善於君矣。上以一方之善，而施於衆方之中，求其爲瞻，偏已多矣。君偏既多，而臣韜其善，則天下亂矣。◎徐漢昌曰：說郛本滕注曰：「君好務於善，羣下皆望善於君矣。上以一方之善施於衆，求其爲瞻，偏用多而臣其下，則天下亂矣。」二本之「瞻」字，疑「贍」之誤。按：此句意謂若人君喜在臣下之先而做事，則臣下不敢於君主之先去做。

〔六〕慎懋賞曰：君察察以爲明，則臣將救過之不暇矣，孰敢與之争能？秦皇、漢宣是也。按：知，智。易蹇：「見險而能止，知矣哉。」此言臣下皆將自己的智慧隱藏起來。

〔七〕滕輔曰：夫所以置三公而列百官者，將使羣臣各進所知，以康庶績耳。若乃君顯其善，而臣藏其能，百事從君而出，衆端自上而下，則臣善不用，而歸惡有在矣。◎徐漢昌曰：說郛本滕注曰：「夫以置百官，使各進所知以事久而出衆。端正庶績耳，乃君顯善，臣藏能，百臣善不用歸惡，而下則者衆矣。」按：此言君有爲而臣無爲乃逆亂之道。

君之智，未必最賢於衆也，以未最賢而欲以善①盡被下，則②不贍矣〔一〕。若使③君之智最賢，以一君而盡贍下則勞，勞則有倦，倦則衰，衰則復反於④不贍之道也〔二〕。是以人君自任而躬事，則臣不事事⑤，是君臣易位也，謂之倒逆，倒逆則亂矣〔三〕。人君苟⑥任臣而勿自躬，則臣皆⑦事事矣〔四〕。是君臣之順，治亂之分，不可不察也〔五〕。

【校】

①「以」，説郛本、子彙諸本、慎懋賞本、四部叢刊本無。「善」，説郛本無。②「則」字下，子彙諸本、慎懋賞本、四部叢刊本有「下」字。③「使」，説郛本、子彙諸本、慎懋賞本、四部叢刊本無。④「反」，説郛本、子彙本、緜眇閣本、且且庵本、慎懋賞本、四庫本、百子全書本作「返」。「於」字下，説郛本、子彙諸本、慎懋賞本、四部叢刊本有「人」字。⑤「事」字下，説郛本、子彙本、慎懋賞本、緜眇閣本、且且庵本、四庫本、百子全書本、四部叢刊本有「也」字。⑥「苟」，説郛本、子彙本、慎懋賞本、緜眇閣本、且且庵本、四庫本、百子全書本、四部叢刊本無。⑦「皆」，説郛本、子彙本、緜眇閣本、慎懋賞本、百子全書本、四部叢刊本無，且且庵本、四庫本作「臣」。

【注】

〔一〕滕輔曰：假使其賢，猶不可推一己之智以察羣下，而況不最賢。◎慎懋賞曰：不贍者，一人之智有限，雖有所被，其善易窮也。◎王斯睿曰：孫依治要删「下」字是也，此言人君之智，未賢於衆，而欲以善盡被於下，則智日困而不足，非謂臣下也。下文「衰則復返於不贍之道也」，正承此言之，則無「下」字明矣，宜據删。◎蔡汝堃曰：王説是，恐爲明本之誤。◎徐漢昌曰：説郛本滕注曰：「假使賢不可推一己之智也，而察居下，而況不賢。」贍，足也，安也。按：被，及。荀子臣道：「功參天地，澤被生民。」贍，充足，丰富。孟子梁惠王上：「樂歲終身苦，凶年不免於死亡，此惟救死而恐不贍，奚暇治禮義哉！」

〔二〕王斯睿曰：「倦」，正字當作「券」，説文力部云：「券，勞也。」考工記「輈人」鄭注曰：「券，今倦字也。」◎蔡汝堃曰：錢熙祚曰：「人字衍，此十字當一句讀。」◎王叔岷曰：「勞則有倦」之「有」，猶「必」也。法言學行篇：「求而不得者有矣夫，未有不求而得之者也。」論衡命禄篇「未有」作「未必」，必，猶「有」也。有、必互通，此義前人未發。按：倦，疲勞，懈怠。書大禹謨：「耄期倦於勤。」此言若君欲以一人之智盡被天下，則必勞而生倦，最後因智衰而返回至不贍之道。

〔三〕滕輔曰：言君之專荷其事，則臣下不復以事爲事矣。◎慎懋賞曰：所謂君任勞，臣反逸也。◎胡可泉曰：未見君臣躬事，治亂之分確甚（歸有光諸子彙函卷九）。◎徐漢昌曰：説郛本滕注首句作「言君尊卑其事」，末句無「矣」字。◎王叔岷曰：韓非子揚權篇：「上下易用，國故不治。」按：此言君任事則臣不事，乃君臣失位也。

〔四〕苟，假如，如果。戰國策齊四：「苟無歲，何以有民？苟無民，何以有君？」此言人君當任臣而勿自躬。

〔五〕滕輔曰：所謂任人者逸，自任者勞也。◎慎懋賞曰：任人則治，自任則亂。治亂之分，人君所當致察也。**按**：君無爲而臣有爲，乃君臣之順也。

知忠①

錢基博曰：此篇雜見慎懋賞本内篇第九條、第十四條，而文有異同。百子全書本脱，此依治要補。◎徐漢昌曰：此篇言忠臣雖世世有之，然以治亂安危，非一人之力，故忠臣未足以救亂世，有時反適足以重非。何以言之？臣下往往爲表現其忠，反而顯君上之過，是以孝子不生慈父之家，而忠臣不生聖君之下。臣之僞忠不但適足彰君之過，且有越職之嫌。故至治之世，明主之使其臣，要「忠不得過職，而職不得過官」。故治亂在乎賢使任職，而不在於忠也。◎王叔岷曰：韓非子忠孝篇與慎子知忠篇有關。**按**：此篇闡明慎子關於「忠」之主張。慎子認爲，無論治世抑或亂世，皆有忠臣。國有忠臣，未必得治。臣皆欲忠，而國君未得安寧。國家之治理，關鍵在於「賢使任職」，不在於臣是否忠。此論與儒家大不類。慎子反對忠，乃出於循名使分，主張國事循名分職，反對僅將國事託付於忠臣。戰國策秦策：「蔡澤曰：主聖臣賢，天下之福也；君明臣忠，國之福也；父慈子孝，夫信婦貞，家之福也。故比干忠不能存殷，子胥智不能存吳，申生孝而晉惑亂。是有忠臣孝子，國家滅亂，何也？無明君賢父以聽之。」意林卷二引慎子「孝子不生慈父之家，而忠臣不生聖君之下」見本篇。本篇文字簡短，似有殘缺。

【校】

①此篇説郛本、子彙諸本脱，錢熙祚依治要補。「廊廟之材」一段，慎懋賞本、四部叢刊本雜在内篇第十四事。「孝子不生慈父之家，忠臣不生聖君之下」二句，慎懋賞本、四部叢刊本雜在内篇第九事。

亂世之中，亡國之臣，非獨無忠臣也；治國之中，顯君之臣，非獨能盡忠也〔一〕。治國之人，忠不偏於其君；亂世之人，道不偏於其臣〔二〕。然而治亂之世，同〖世〗①有忠道之人。臣之欲忠者，不絶世，而君未得寧其上〔三〕。無遇②比干子胥之忠，而毁瘁主君於闇墨之中，遂染溺滅名而死〔四〕。

【校】

①「世」字疑衍，叢書集成初編本治要上欄校曰疑衍，譚樸森删。②「遇」，叢書集成初編本治要上欄校曰疑爲「過」字。

【注】

〔一〕顯，顯揚。孟子公孫丑上：「晏子以其君顯。」顯君，使君顯。獨，豈。

〔二〕王叔岷曰：「忠」與「道」對文，下文「同有忠道之人」，承此「忠」與「道」而言。「道」猶「諂」也，莊子天地篇：「忠臣不諂其君。」諂，則非忠臣也。又天地篇：「謂己道人，則勃然作色。」「道人」，猶「諂人」，王念孫史記雜志趙世家有說。**按**：治，與「亂」相對，特指政治清明安定。易繫辭下：「黃帝堯舜垂衣裳而天下治。」治國，與「亂世」相對言。道，此指忠君之道。

〔三〕滕輔曰：夫滅亡之國，皆有忠臣耳。然賢君千載一會，忠臣世世有之，值其一隆之時，則相與而交興矣。遇其昏亂之主，則相與而俱已（已疑作亡）矣。◎王叔岷曰：「同世」之「世」字，涉上文「治亂之世」而衍。**按**：此言無論治世抑或亂世，皆有忠臣之人。臣雖皆欲忠，而君居於上卻未得安寧。

〔四〕徐漢昌曰：毀瘁，破敗憂病。闇墨，蔽塞不明。染溺，染污陷溺。◎王叔岷曰：無，猶「雖」也。「毀瘁」，複語。文選陸機歎逝賦：「悼堂構之隤瘁。」李善注：「瘁，猶毀也。」「闇墨」，猶「闇黑」，廣雅釋器：「墨，黑也。」古人言忠臣，往往兼舉比干與子胥。莊子盜跖篇：「世之所謂忠臣者，莫若王子比干、伍子胥。子胥沉江，比干剖心。」韓非子人主篇：「王子比干諫紂，而剖其心。子胥忠直夫差，而誅於屬鏤。」並其證。「染溺」，猶「濡溺」，惟「染溺」連文，他書無徵。疑「染」乃「沈」之誤。**按**：瘁，勞累。詩北山：「或燕燕居息，或盡瘁事國。」傳：「盡力勞病，以從國事。」毀瘁，毀國君於勞累之中。如君遇忠臣，則周旋於忠臣而不循名責實的話，國君必事事親爲而勞累矣。闇，昏昧。荀子君道：「主闇於上，臣詐於下，滅亡無日矣。」闇墨，即昏昧不明。染，相對於「墨」而言；溺，相對於「闇」而言。染溺，意即沉溺於昏昧不明之中。

由是觀之，忠未足以救亂世，而適足以重非〔一〕。何以識其然也？曰：父有良子，而舜放瞽叟；桀有忠臣，而過盈天下〔二〕。然則孝子不生慈父之家①，而忠臣不生聖君之下〔三〕。故明主之使其臣也，忠不得過職，而職不得過官〔四〕。是以過修於身，而下不敢以善驕矜〔五〕。守職之吏，人務其治，而莫敢淫偷其事。官正以敬其業，和順以事其上②，如此則至治已〔六〕。

【校】

①「家」，治要本作「義」，錢熙祚據意林引此文改。

②「其業和順以事其上」，治要本作「其業和，吏人務其治，而莫敢淫偷其事，官正以順，以事其上」。錢熙祚以爲衍「吏人務其治，而莫敢淫偷其事，官正以」十五字，依文義删。

【注】

〔一〕重，加重，增益。呂氏春秋制樂：「今故興師動衆，以增國城，是重我之罪也。」

〔二〕王叔岷曰：韓非子忠孝篇：「父有賢子，君有賢臣，適足以爲害耳，豈得利焉哉！……瞽瞍爲舜父，而舜放之。」按：舜，古帝名。傳説事跡見書堯典、史記五帝紀。瞽叟，書作瞽瞍，舜父之别名。書大禹謨：「祇載見瞽瞍。」又堯典「瞽子」漢孔安國傳：「舜父有目不能分别好惡，故時人謂之瞽，配字曰瞍。」放，放逐。書舜典：「放驩兜于崇山。」據史記五帝紀：「舜父瞽叟頑，母嚚，弟象傲，皆欲殺舜。」桀，夏代最後一位君主，爲古時暴君之一，與商紂並稱。盈，充滿。詩周南卷耳：「采采卷耳，不盈頃筐。」

〔三〕滕輔曰：六親不和，有孝慈也。國家昏亂，有貞臣也。◎慎懋賞曰：有瞽瞍而後見舜之孝，有紂而後見文王之忠。遇之所遭，聖人不得已也。◎王叔岷曰：長短經是非篇引此文，「義」亦作「家」。老子云：「六親不合，有孝慈；國家昏亂，有忠臣。」（十八章）即慎子所本，滕注是也。長短經自注、意林二引滕注「貞臣」並作「忠臣」，與今傳老子合。商君書畫策篇：「所謂治主無忠臣，慈父無孝子。」蓋直本於慎子。按：此句慎懋賞本雜入内篇第九事，文爲：「君明臣直，國之福也。父慈子孝，夫信妻貞，家之福也。故比干忠而不能存殷，申生孝而不能安晉。是皆有忠臣孝子而國家滅亂者，何也？無明君賢父以聽之。故孝子不生慈父之家，忠臣不生聖君之下。」長短經是非篇引此作「孝子不生慈父之家」，王説誤引。

〔四〕職，分内應執掌之事。書周官：「六卿分職，各率其屬。」此句意謂明君使其臣，忠也只是限於所分掌之事，而不能超越於職位之外。

〔五〕滕輔曰：此五帝三王之業也。**按**：過修於身，意謂超過修身。儒家强調治國當以修身爲本。慎子以爲，人主善用其臣超過修身。矜，自負賢能。國語晉語二：「衆弗利，焉能勝翟。今矜翟之善，其志益廣。」以善驕矜，因爲已善而自負賢能。

〔六〕王叔岷曰：「守職之吏」，「吏」未誤爲「史」，錢氏失檢。惟删去「吏人」至「正以」十五字則是。原文讀作「官正以敬其業，和順以事其上」。**按**：淫，僭越。國語吴語：「今君掩王東海，以淫名聞於天子。」韋昭注：「淫，猶僭也。」偷，怠惰。孫臏兵法將史：「令數變，衆偷，可敗也。」官，官吏。禮王制：「王者之制禄爵。」唐孔穎達疏：「其諸侯以下及三公至士，總而言之，皆謂之官。官者管也，以管領爲名。若指其所主，則謂之職。」

亡國之君，非一人之罪也；治國之君，非一人之力也〔一〕。將治亂，在乎賢使任職，而不在於忠也〔二〕。故智盈天下，澤及其君；忠盈天下，害及其國〔三〕。故桀之所以亡，堯不能以爲存〔四〕。然而堯有不勝之善，而桀有運非之名，則得人與失人也〔五〕。故廊廟①之材，蓋②非一木之枝也③；［粹］［狐］④白之裘，蓋非一狐之皮⑤也；治亂安危存亡榮辱之施，非一人之力也⑥〔六〕。

【校】

①「廊廟」，慎懋賞本、四部叢刊本乙倒作「廟廊」。②「蓋」，慎懋賞本、四部叢刊本無。③「也」，慎懋賞本、四部叢刊本無。④「粹」，治要本、意林引、慎懋賞本、四部叢刊本作「狐」，今據改。⑤「皮」，意林引作「腋」。錢熙祚曰：御覽七百六十六，又九百九並作「皮」，與治要合。慎懋賞本、四部叢刊本作「腋」。⑥自「故廊廟之材」至此，又見文選盧子諒答魏子悌詩注引慎子、四子講德論注。慎懋賞本、四部叢刊本作内篇第十四事之一部。

【注】

〔一〕滕輔曰：惡不衆，則不足以亡其國也；善不多，則不足以興治也。

〔二〕王叔岷曰：威德篇謂「慕賢智則國家之政要在一人之心矣」，民雜篇謂「君之智未必最賢於衆也」。一君之力不足以治國，故當使賢智皆爲己用。至於忠臣，則出於昏亂之世耳。**按**：將，助詞，無義。此句意謂國家之治亂在於任職使賢，而非用忠臣。

〔三〕此將「智」與「忠」對立，慎子主張以智治國，而非以忠治國。

〔四〕此句意謂夏桀之所以亡的時代，即使有像堯一樣的聖人，也不能使其存在。

〔五〕滕輔曰：言其善，道不可勝言也；天下之惡，皆歸之也。**按**：不勝之善，即衆善而不可勝言。運非之名，即衆非皆歸之之名。滕注「言其善」之「其」，指堯；「皆歸之」之「之」，指桀。

〔六〕慎懋賞曰：施，運行也。◎王斯睿曰：文心雕龍事類篇注引此作「千金之裘，非一狐之腋」。繆藝風據羣書治要補本書知忠篇作「故廊廟之材，蓋非一木之枝也；粹白之裘，蓋非一狐之皮也」。◎徐漢昌曰：粹白之裘，粹白，純白，純白狐皮之裘也。◎譚樸森曰：墨子親士曰：「江河之水，非一源之水也；千鎰之裘，非一狐之白也。」◎王叔岷曰：「故廊廟之材，蓋非一木之枝也」，宋祝穆事文類聚後集二三載莊子已引慎子此文。**按**：此言國之治亂安危，存亡榮辱，非一人之力。慎子反對儒家以一人修身推廣以治天下之主張。

德立①

錢基博曰：慎懋賞本内篇第四條，無題。◎徐漢昌曰：此篇言國與家之亂由於上下相疑，所謂「疑則動，兩則争，雜則相傷，害在有與，不在獨也」。何以相疑以至於亂？在名分之未能定也。名正分定則杜絶人之私望，而能定於一。按：此篇名曰「德立」，意即善立爲德。文字簡短，多有殘缺。慎懋賞本「無不危之家」下，有「今一兔走，百人逐之。非一兔足爲百人分也，由未定也。由未定，堯且屈力，而況衆人乎。積兔在市，行者不顧，非不欲兔也，分已定矣。分已定，人雖鄙不争。故治天下及國，在乎定分而已矣」，與吕氏春秋慎勢篇引慎子語同。

【校】

①説郛本、子彙諸本作「德立四」。慎懋賞本、四部叢刊本作内篇第四事之一部，無題。

立天子者，不使諸侯疑焉①〔一〕。立諸侯者，不使大夫疑焉〔二〕。立正妻者，不使嬖妾②疑焉〔三〕。立嫡③子者，不使庶孽疑焉〔四〕。疑則動，兩則争④，雜則相傷〔五〕，害在有與，不在獨也〔六〕。

【校】

①「者」、「焉」，説郛本、子彙諸本、慎懋賞本、四部叢刊本脱，錢熙祚據治要本補。下三句同。

②「嬖妾」，説郛本作「孽妾」，子彙諸本、慎懋賞本、四部叢刊本作「孽妻」。③「嫡」，説郛本作「宗」。④「疑則動，兩則争」，説郛本、子彙諸本作「疑則動兩，動兩則争」，慎懋賞本作「疑則兩動，動兩則争」，四部叢刊本作「疑則兩動，動則兩争」。

【注】

〔一〕慎懋賞曰：疑，惑也。分不一則民志不定。天子既立，諸侯之分定矣，自不敢擬於天子也。◎王斯睿曰：疑，讀曰擬。擬，僭也。漢書食貨志曰：「遠方之能疑者。」顔注：「疑讀曰擬，僭也。」是其證。**按**：疑，是非不決。禮坊記：「夫禮者，所以章疑別微。」疏：「疑，謂是非不決。」天子立而名分定，諸侯則不復是非不決也。

〔二〕慎懋賞曰：秦之李斯，漢之王莽，臣疑於君也。**按**：諸侯立而名分定，大夫則不疑也。

〔三〕慎懋賞曰：周之褒姒，晉之驪姬，妾疑於妻也。◎王斯睿曰：孫據治要，改「孽妻」爲「嬖妾」，是也。管子君臣篇「内有疑妻之妾」，韓子説疑篇「配有擬妻之妾」，並以「妻」、「妾」對言。◎徐漢昌曰：嬖妾，寵幸之賤妾。　按：嬖妾，寵愛的妾。左傳隱公三年：「公子州吁，嬖人之子也。」釋文：「嬖，必計反。親幸也。賤而得幸曰嬖。」妻有名分，妾無得也。

〔四〕慎懋賞曰：周之伯服，晉之奚齊、卓子，孽疑於嫡也。◎徐漢昌曰：庶孽，庶出之子，非嫡系者。按：庶孽，妾生之子。韓非子難三：「夫分勢不二，庶孽卑，寵無藉，雖處耄老，晚置太子可也。」

〔五〕慎懋賞曰：分不定則疑起。兩動者，國有二君也。勢無兩，大則争。◎蔡汝堃曰：上兩句，疑子彙本有誤，僞慎本作「疑則兩動，動兩則争」。◎王叔岷曰：古佚書稱云：「故立天子［者，不］使諸侯疑焉。立正敵（嫡）者，不使庶孽疑焉。立正妻者，不使婢妾疑焉。疑則相傷，雜則相方。」疑，借爲比擬字。方，借爲妨。説文：「妨，害也。」段注：「害者，傷也。」管子君臣下篇：「國之所以亡者四：内有疑妻之妾，此宫亂也；庶有疑適（嫡）之子，此家亂也；朝有疑相之臣，此國亂也；任官無能，此四亂也。」韓非子説疑篇：「故曰：孽有擬適之子，配有擬妻之妾，廷有擬相之臣，臣有擬主之寵。此四者，國之所危也。」蓋直本於管子。又難三篇：「貴妾不使二后，愛孽不使危正適。」亡徵篇：「后妻賤而婢妾貴，太子卑而庶子尊。……可亡也。」「婢妾」連文，與稱同。似較晚出。　按：分不定，則有疑。有疑則起而相争。争則雜亂無紀，必相賊也。自開頭至此，馬王堆帛書經法稱作「故立天子［者，不］使諸侯疑焉。立正敵（嫡）者，不使庶孽疑焉。立正妻者，不使婢妾疑焉。疑則相傷，雜則相方」。

〔六〕徐漢昌曰：與，黨與也。◎王叔岷曰：與、獨對文，莊子養生主篇：「天之生是使獨也，人之貌有與也。」亦同例。按：「與」與「獨」相對言，獨，因名分定，而獨歸於人；與，則名分未定，人人皆有機遇而及也。

故臣有兩位者，國必亂〔一〕。臣兩位而國不亂者，君在也，恃君而不亂矣①。失君必②亂〔二〕。子有兩位者，家必亂。子兩位而家不亂者，父在也，恃父而不亂矣。失父必亂③〔三〕。臣疑其君，無不危之國；孽疑其宗，無不危之家④〔四〕。

【校】

①「臣兩位而國不亂者，君在也，恃君而不亂矣」，兩「而」字，説郛本、子彙本、緜眇閣本、且且庵本、慎懋賞本、四庫本、四部叢刊本均無。「在」，治要本作「猶在」。「矣」，治要本無。②「必」，説郛本、子彙諸本、慎懋賞本、四部叢刊本作「則」。③「子兩位而家不亂者，父在也，恃父而不亂矣。失父必亂」，三「父」字，治要本作「親」。「家」，説郛本、子彙諸本、緜眇閣本、且且庵本、慎懋賞本、四部叢刊本均無。「在」，治要本作「猶在」。次「而」字，説郛本、子彙諸本、慎懋賞本、四部叢刊本無。「必」，説郛本、子彙諸本、慎懋賞本、四部叢刊本作「則」。④「臣疑其君，無不危之國；孽疑其宗，無不危之家」，説郛本、子彙諸本、慎懋賞本、四部叢刊本均作「臣疑君而無不危國，孽疑宗而無不危家」。

【注】

〔一〕慎懋賞曰：政出多門也。　按：此言國無君，則二臣爭爲主，國必亂也。馬王堆帛書經法稱曰：「臣有兩位者，其國必危。」

〔二〕慎懋賞曰：權在君也。　◎王羨陂曰：君臣父子一理也，彼昏不知，則危也（歸有光諸子彙函卷九）。　按：名分歸君，則不爭也。非權力歸君也。馬王堆帛書經法稱曰：「國若不危，君臾存也。失君必危。失君不危者，臣故趆（佐）也。」

〔三〕慎懋賞曰：家無嫡子也。　◎王叔岷曰：古佚書稱云：「臣有兩位者，其國必危。國若不危，君臾存也。失君必危。失君不危者，臣故趆（佐）也。子有兩位者，家必亂。家若不亂，親臾存也。［失親必］危。失親不亂，子故趆（佐）也。」兩「臾」字，帛書原作「申」，聞唐蘭氏定爲「臾」，云：「據慎子，帛書臾字當讀爲猶。」蓋是。「臣故」、「子故」中之兩「故」字，亦與猶同義（故、猶同義，拙著古書虛字新義三〇「故」條有説）。「失親必危」之「危」，當作「亂」。四「亂」字與上四「危」字相配爲文。寫者涉上文四「危」字而誤書「亂」爲「危」耳。　按：此言家無父，則二兒爭爲主，家必亂也。馬王堆帛書經法稱曰：「子有兩位者，家必亂。家若不亂，親臾存也。［失親必］危。失親不亂，子故趆（佐）也。」王叔岷則連上句一起爲説，可參。

〔四〕此言臣疑其君，天下無不危之國；家中庶子懷疑其宗室名分，則天下無不危之家。

君人①

錢基博曰：慎懋賞本内篇第五條，無題。◎徐漢昌曰：此篇言人君若以身治，則不免有偏，一旦賞罰失當，則臣下之私心起，而怨亦隨之而生。所以君上要任法而弗躬；事斷於法，則君不可偏，臣更無怨。一切依法，上下和睦，國家自安。

按：君人，指國君。商君書慎法：「君人者不察也，非侵于諸侯，必劫于百姓。」此篇文字簡短，多有殘缺。現存文字以闡述舍身取法爲中心，可窺見慎子之法治思想。

【校】

①説郛本、子彙諸本作「君人五」。慎懋賞本、四部叢刊本作内篇第五事，無題。

君人者，舍法而①以身治，則誅賞予奪②從君心出矣③。然則受賞者雖當，望多無窮；受罰者雖當，望輕無已〔一〕。君舍法而④以心裁輕重，則同功殊賞、同罪殊罰矣⑤〔二〕。怨之所由生也〔三〕。

【校】

①「而」，説郛本脱。 ②「予奪」，治要本作「奪與」。 ③「矣」，説郛本、子彙諸本、慎懋賞本、四部叢刊本脱。錢熙祚據治要本補。 ④「而」，説郛本、子彙諸本、慎懋賞本、四部叢刊本脱。錢熙祚據治要本補。 ⑤「則同功殊賞、同罪殊罰矣」，治要本作「則是同功而殊罰也」。

【注】

〔一〕滕輔曰：民之所信者，法也。今在賞者欲多，在罰者欲少，無法以限之，則不知所論矣。雖極聰明以窮輕重，盡心以班奪與，夫何解於怨望哉。◎慎懋賞曰：從君心出者，出一時之喜怒也。賞不由法，雖賞當其功，而望多之心無已。罰不由法，雖罰當其罪，而望輕之心無已。◎王斯睿曰：「受罰」下當有「者」字，與「受賞者」對文。◎徐漢昌曰：説郛本滕注則曰：「民所信法，法限之則不也，在賞欲多，罰欲少，無以窮輕重，盡心以班之所倫矣。雖聰明予奪，何解於志望。」**按**：望多，此指希望獎賞多。望輕，希望懲罰輕。

〔二〕慎懋賞曰：賞不當功也，罰不當罪也。**按**：意謂人君賞罰隨心，則同功有可能受賞不同，同罪有可能受罰不同。

〔三〕慎懋賞曰：不以功罪爲賞罰，而以喜怒爲賞罰，則不公矣，焉得不怨。◎王叔岷曰：韓非子用人篇：「釋法術而任心治，堯不能正一國。」又商君書修權篇：「君臣釋法任私必亂。」此文

「而殊」下疑脱「賞，同罪而殊」五字，蓋本作「則是同功而殊賞，同罪而殊罰也」。

是以分馬者①之用策，分田者之用鉤②，非以鉤策爲過於人智也③，所以去私塞怨也〔一〕。故曰：大君任法而弗躬④，則事斷於法矣⑤〔二〕。法之所加，各以其⑥分，蒙其⑦賞罰而無望於君也⑧。是以怨不生而上下和矣〔三〕。

【校】

①「者」，説郛本、子彙諸本、慎懋賞本、四部叢刊本無。②「分田者之用鉤」，説郛本作「分財之用鉤」，子彙諸本、慎懋賞本、四部叢刊本作「分田之用鉤」。「鉤」字下，治要本有「也」字。③「非以鉤策爲過於人智也」，「鉤策」，説郛本、子彙諸本、慎懋賞本、四部叢刊本乙倒作「策鉤」。「於」，治要本無。「也」，説郛本、子彙諸本、慎懋賞本、四部叢刊本脱，錢熙祚據治要本補。④「弗躬」，説郛本作「勿躬」。「躬」字下，治要本有「爲」字。⑤「矣」，説郛本、子彙諸本、慎懋賞本、四部叢刊本脱，錢熙祚據治要本補。⑥「其」，説郛本、子彙諸本、慎懋賞本、四部叢刊本脱，錢熙祚據治要本補。⑦「其」，説郛本、子彙諸本、慎懋賞本、四部叢刊本脱，錢熙祚據治要本補。⑧「也」，説郛本、子彙諸本、慎懋賞本、四部叢刊本脱，錢熙祚據治要本補。

【注】

〔一〕慎懋賞曰：分馬以策，分田以鉤，非鉤策之智有過於人，以鉤策之法出於公而無怨也。法者，治天下之鉤策也。◎王叔岷曰：「爲」，猶「有」也。錢氏所稱長短經適變篇引此文，乃適變篇自注引此文也。**按**：策，馬鞭。禮曲禮上：「君車將駕，則僕執策立於馬前。」投策分馬，即在分馬時，以扔馬鞭來決定馬的歸屬。鉤，圓規。莊子胠篋：「毀絶鉤繩，而棄規矩。」這裏指丈量土地的工具。依據規則，則辦事公平，人無私怨。

〔二〕慎懋賞曰：循法斷事則事治。**按**：此言人君依法行事而非以身治。

〔三〕慎懋賞曰：賞罰循其法，而不出一人之意，則不僭不濫而民志定矣，太和之治也。**按**：分，名分。法家主張按名守分，循名責實。「是以怨不生而上下和矣」，長短經適變篇引作「則怨不生而上下和也」。

君臣①

錢基博曰：此篇慎懋賞本、百子全書本脱，此依治要補。◎徐漢昌曰：言人君之於臣下，應以法爲準據，以觀臣下之功過，即無勞之親，亦不任以官職。君臣上下，一以法制爲準則而共守之，達到「官不私親，法不遺愛」之程度。能如此，則上下相安無事，國家太平。◎王叔岷曰：漢書元帝紀師古注引劉向别録：「申子學號刑名，……宣帝好觀其君臣篇。」御覽二二一引劉歆七略亦云：「宣皇帝重申不害君臣篇。」漢志道家稱黄帝君臣十篇。商君書、管子亦並有君臣篇。**按**：君臣，據文意當爲人君如何馭臣。此篇文字簡短，多有脱誤。現存文字强調人君據法斷事，做到官不私親，法不遺愛，惟法至上。

【校】

①此篇説郛本、子彙諸本、慎懋賞本、四部叢刊本皆脱，錢熙祚據治要補。

爲人君者不多聽〔一〕。據法倚數，以觀得失〔二〕。無法之言，不聽於耳；無法之勞，不圖於功①〔三〕；無勞之親，不任於官。官不私親，法不遺愛，上下無事，惟法所在〔四〕。

【校】

①錢熙祚校曰：二句又見文選長楊賦注。

【注】

〔一〕滕輔曰：物有本，事有原。　**按**：聽，聽從，接受。戰國策秦二：「甘茂至魏，謂向壽，子歸告王曰：『魏聽臣矣，然願王勿攻也。』」此指聽從親人之言。

〔二〕徐漢昌曰：數，禮也，規則也。◎王叔岷曰：御覽六三八引申子：「聖君任法而不任智，任數而不任說。」管子任法篇：「聖君任法而不任智，任數而不任說。……舍法而任智，故民舍事而好譽；舍數而任說，故民舍實而好言。」「據法依數」，爲法家所重。道家雖不任智、說，而於法與數亦以爲非治之本。莊子天道篇：「禮法度數，形名比詳，治之末也。」是已。　**按**：數，道理。韓非子孤憤：「夫以疏遠與近愛信爭，其數不勝也。」這裏借指規則。

〔三〕圖，謀劃。書太甲上：「慎乃儉德，惟懷永圖。」

〔四〕滕輔曰：法令者，生民之命。至治之令，天下之程式，萬事之儀表，智者不得過，愚者不得不及焉。◎徐漢昌曰：於親愛之人，不論行賞行罰，也都依法而行。◎王叔岷曰：威德篇「愛不得犯法，貴不得踰親」與此文同義，前已有說。**按**：官，任官。法，行法。此言法治之公正性，任官行法無私親，一視同仁。

慎子逸文

慎子逸文各本數量不定，差異較大。子彙本、百子全書本僅録意林引十二條，四庫全書本、墨海金壺本在引意林十二條外，又録十八條，計三十條。錢熙祚在墨海金壺本與四庫全書本基礎上重輯，計六十條，一併刻入守山閣叢書。因爲重輯，文字多有不同。其中四庫全書本系統增加的十七條，署來自文獻通考，但今本文獻通考卻查無此文。此十七條頗爲可疑。阮廷焯先秦諸子考佚慎子考佚云：「其中『行海者』一事、『有虞之誅』一事，凡二事者，北堂書鈔卷四十四，白孔六帖卷十一，太平御覽卷六百四十五、七百六十八，路史後紀十、十一，繹史卷一百十九所引，皆作慎子之文，錢氏已據輯爲逸文。則舊本所載，未必不可盡信。」然「子讀易至損益」一事，爲淮南子文；「齊有黄公」一事，爲尹文子文；「人生一世」一事，爲蘇子文。阮氏説：「凡此三事，當非本書之文。」故此須慎重對待。

今以守山閣本爲底本。因守山閣本中收録部分逸文存在疑問，在綜合阮廷焯、譚樸森等各家意見的基礎上對逸文作了重輯與調整，現輯慎子逸文計五十條。各條逸文的編排次序依據阮廷焯的輯本，個別作了調整。爲方便讀者使用，這裏襲前例分條作校注。

一、行海者，坐①而至越，有舟也②；行陸者，立而至秦，有車也③。秦、越遠途也，安坐而至者，械也〔一〕。白孔六帖十一、御覽七百六十八

【校】

①「坐」，中華書局景宋本御覽作「生」。②錢熙祚校曰：六帖十一「舟」下有「故」字。③錢熙祚校曰：句亦見六帖十一。

【注】

〔一〕譚樸森曰：吕氏春秋貴因：「如秦者立而至，有車也；適越者坐而至，有舟也。秦越遠塗也，竫立安坐而至者，因其械也。」◎阮廷焯曰：韓非子奸劫弑臣：「治國者之有法術賞罰，猶若陸行之有犀車良馬也，水行之有輕舟便檝也，乘之者遂得其成。」其義略同。**按**：械，器物。莊子天地：「有械於此，一日浸百畦，用力甚寡而見功多。」此段文字慎懋賞本未見。

二、厝鈞石〔一〕，使禹察錙銖之重，則不識也①。懸於權衡，則氂髮之微識也②〔二〕。

［及其識之於權衡］③，則不待禹之智，中人之知，莫不足以識之矣〔三〕。御覽八百三十，又意林節引

【校】

①「厝鈞石，使禹察錙銖之重，則不識也」，慎懋賞本、四部叢刊本、墨海金壺本作「措鈞石，使禹察之，不能識也」。②「則氂髮之微識也」，原作「氂髮之不可差」，今據御覽卷八三〇改。慎懋賞本、四部叢刊本脱「微識也」三字，子彙本、墨海金壺本作「釐髮識矣」。③「及其識之於權衡」，原脱，今據御覽卷八三〇補。慎懋賞本、四部叢刊本脱「及其識之於」五字。此句及下文，墨海金壺本無。

【注】

〔一〕厝，通措，安置。漢書賈誼傳：「夫抱火厝之積薪之下，而寢其上。」注：「厝，置也。」鈞、石，古代重量單位名。書五子之歌：「關石和鈞，王府則有。」疏：「(漢書)律曆志云：三十斤爲鈞，四鈞爲石。」錙、銖，古代重量單位名。六銖爲錙，淮南子詮言：「雖割國之錙錘以事人。」注謂六兩曰錙。或又謂八兩曰錙。荀子議兵：「得一首者則賜贖錙金。」注：「八兩曰錙。」銖，二十四銖爲一兩。錙銖，喻微小。

〔二〕慎懋賞曰：禹雖大智，無權衡則不能察多寡，況天下之大，民物之衆，不以法制，豈能悉其情僞也？　按：氂，泛指獸尾。淮南子説山：「執而不釋，馬氂截玉。」馬氂，即馬尾。

〔三〕王斯睿曰：錢據御覽八百三十又意林節引，作「厝鈞石，使禹察錙銖之重，則不識也。懸於權衡，則氂髮之不可差。則不待禹之智，中人之知，莫不足以識之矣」。◎方國瑜曰：太平御覽卷八三〇引慎子：「厝鈞石，使禹察錙銖之重，則不識也。懸於權衡，則氂髮之不可差。則不待禹之智，中人之知，莫不足以識之矣。」◎阮廷焯曰：劉子正賞：「今以心察錙銖之重，則莫之能識。懸之權衡，則毫釐之重辨矣。」其文略同。慎子内篇亦有此文，當本於此。按：此則佚文，錢熙祚據御覽及意林作了改寫，不爲佚文原貌。意林引作「措鈞石，使禹察之，不能識也。懸於權衡，則氂髮識也」。此段文字見於慎懋賞本内篇第三十五事，與慎懋賞本内篇第二十事内容相近，而文字出入較大。

三、諺云：不聰不明，不能爲王；不瞽不聾，不能爲公〔一〕。海與山争水，海必得之①〔二〕。意林、御覽四百九十六

【校】

①「海與山争水，海必得之」，御覽無。

【注】

〔一〕王斯睿曰：繆氏據意林、御覽四百九十六，兩「不能」下並有「爲」字，是也。困學紀聞卷十引此，亦並有「爲」字，宜據補。又「不聰不明」句上，當依意林、御覽、困學紀聞補「諺云」二字。此爲當時俗諺，而到稱引之也。四句「明」、「王」爲韻，「聾」、「公」爲韻。按：聻，目盲。莊子逍遥遊：「瞽者無以與乎文章之觀。」

〔二〕阮廷焯曰：劉子思順：「山海争水，水必歸海。」吕氏春秋審己：「水出於山，而走於海。」其文略同。慎子内篇亦有此文，當本於此。按：此段文字慎懋賞本未見，爲四部叢刊本第三十八事部分。譚樸森將「海與山争水，海必得之」單列作一則佚文，可參。

四、禮從俗，政從上，使從君①〔一〕。國有貴賤之禮，無賢不肖之禮②；有長幼之禮，無勇怯之禮；有親疎之禮，無愛憎之禮也③〔二〕。類聚三十八、御覽五百二十三

【校】

①「使從君」，御覽無。②「禮」字下，類聚有「也」字。③「有長幼之禮，無勇怯之禮；有親疎之禮，無愛憎之禮也」，類聚無。

【注】

〔一〕譚樸森曰：禮記曲禮：「若夫坐如尸，立如齊，禮從宜，使從俗。」　按：譚樸森將此句單獨劃出作爲一則佚文。這裏從錢熙祚輯。

〔二〕王斯睿曰：困學紀聞十原注曰：「見初學記禮事篇，集證據藝文類聚引有『有長幼之禮，無勇敢之禮；有親疏之禮，無愛憎之禮也』四句，與繆藝風據御覽、類聚所輯佚文合，惟『敢』字作『怯』。」　◎阮廷焯曰：慎子内篇：「禮從俗，政從上，使從君。國有貴賤之禮，無賢不肖之禮也。」即本於此。　按：本條内篇第三十六事作「禮從俗，政從上，使從君。國有貴賤之禮，無賢不肖之禮也。故孔子言於魯哀公曰：『人之所以生，禮爲大，非禮無以辨君臣之位』」。譚樸森將此句單獨劃出作爲一則佚文。

五、法之功①，莫大使私不行；君之功，莫大使民不争〔一〕。今立法而行私，是私②與法争，其亂甚於無法〔二〕。立君而尊賢，是賢③與君争，其亂甚於無君〔三〕。故有道之國，法立則私議④不行〔四〕，君立則賢者不尊。民一於君，事⑤斷於法，是國之大道也〔五〕。　類聚五十四、御覽六百三十八

【校】

①「法之功」上，慎懋賞本、四部叢刊本有「愛多者，則法不立；威寡者，則下侵上」句。②「私」，類聚五十四、慎懋賞本、四部叢刊本無。③「賢」，御覽無。④「私議」，錢熙祚校曰：書鈔四十三引作「私善」。類聚五十四、慎懋賞本、四部叢刊本亦作「私善」。⑤「事」，類聚五十四、慎懋賞本、四部叢刊本無。

【注】

〔一〕譚樸森曰：鄧析子轉辭：「夫治之法，莫大於私不行；功，莫大於使民不争。」按：此句譚樸森單獨劃出作爲一則佚文。

〔二〕王斯睿曰：孫依治要「與」上補「私」字是也。「私與法争」與「賢與君争」對文，又承上「立法行私」而言。韓子詭使篇曰：「夫立法令者，以廢私也。法令行，而私道廢矣。私者，所以亂法也。」鄧析子轉辭篇正作「立法而行私，是私與法争」（舊脱「是私」二字，據王愷鑾先生鄧析子校正本）。按：莫大，即莫大於。

〔三〕慎懋賞曰：君所以任賢，賢所以佐君。立君而尊賢，則尊有二上而政出多門，國必至於亂矣。尊賢非尊位，重禄之尊，權與主並之謂也。◎譚樸森曰：鄧析子轉辭：「今也立法而行私，與法争；其亂也，甚於無法。立君而尊愚，與君争；其亂也，甚於無君。」按：此意反對用賢，主張用法與使賢對立。

〔四〕王斯睿曰：「善」，孫依治要作「議」。按當作「善」。「私善」者，如子路食民，孔子使子貢復之是也。韓子詭使篇曰：「法令，所以爲治也，而不從法令，爲私善者，世謂之忠。」是「私善」連文之證。鄧析子轉辭篇亦作「私善不行」，孫改非。家大人曰：「議」當爲「義」，「義」與「善」通。禮記緇衣篇「章善癉惡」釋文作「章義」，云：尚書作「善」。皇云：「義」，善也，是「義」「善」相通之證。

〔五〕王斯睿曰：「斷」上脱「事」字，「事斷於法」，「民一於君」，相對爲文。前節「大君任法而弗躬，則事斷於法」，鄧析子轉辭篇正作「民一於君，事斷於法」，並其證。守山閣本據藝文類聚、御覽六百三十八亦有「事」字，宜據補。孫依治要「國」上補「是」字是也。鄧析子作「此國之道也」。又按此節見鄧析子轉辭篇。◎譚樸森曰：鄧析子轉辭：「故有道之國則私善不行，君立則愚者不尊；民一於君，事斷於法，此國之道也。」◎阮廷焯曰：鄧析子轉辭：「夫治之法，莫大於私不行。（君之）功，莫大於使民不争。今也立法而行私，與法争，其亂也甚於無法。立君而争愚，與君争，其亂也甚於無君。故有道之國，則私善不行，君立則愚者不尊；民一於君，事斷於法，此國之道也。」文與此同。慎子内篇亦有此文，當本於此。**按**：本條又見於慎懋賞本内篇第七則。譚樸森將此句單作一則佚文。

六、河之下龍門①，其流駛如竹箭，駟馬追弗能及②〔一〕。御覽四十

【校】①錢熙祚校曰：寰宇記四十六「河」下有「水」字。　②錢熙祚校曰：六帖六作「追之不及」。寰宇記亦有「之」字。

【注】〔一〕太平寰宇記卷四十六「龍門」下曰：「慎子曰：河水之下，其流駛竹箭，駟馬追之不能。」文字與此稍異。

七、有權衡者，不可欺以輕重；有尺寸者，不可差以長短；有法度者，不可巧以詐僞〔一〕。意林、御覽四百二十九

【注】〔一〕慎懋賞曰：「三者執得其要，故人不能欺也。」　◎王斯睿曰：「巧」，猶「欺」也。「欺」、「巧」一

聲之轉，淮南泰族篇「巧詐藏於胸中」，原道篇「曲巧僞詐」，俶真篇「而巧故萌生」，主術篇「爲智者務爲巧詐」，「巧」並「欺」也。以上見管子明法篇，文小異。◎譚樸森曰：管子明法曰：「是故有法度之制者，不可巧以詐僞；有權衡之稱者，不可欺以輕重；有尋丈之數者，不可差以長短。」◎阮廷焯曰：管子明法曰：「是故有法度之制者，不可巧以詐僞；有權衡之稱者，不可欺以輕重；有尋丈之數者，不可差以長短。」韓非子有度：「故審得失有法度之制者，不可欺以詐僞；審得失有權衡之稱者，不可欺以天下之輕重。」文與此同。慎子内篇亦有此文，當本於此。**按：**本條又見慎懋賞本内篇第十六事，其下尚有「王者有易政而無易國，有易君而無易民。湯武非得伯夷之民以治桀紂，非得蹠蹻之民以亂也。民之治亂在於上，國之安危在於政」數語，乃盜賈誼新書大政下文。

八、有虞之誅，以幪巾當墨①，以草纓當劓，以菲履當刖，以艾韠當宮，布衣無領當大辟，此有虞之誅也〔一〕。斬人肢②體，鑿其肌膚，謂之刑；畫衣冠，異章服，謂之戮。上世用戮而民不犯也，當世用刑而民不從〔二〕。御覽六百四十五

【校】

①錢熙祚校曰：書鈔四十四引作「畫跪當黥」。　②「肢」，御覽作「支」。

【注】

〔一〕徐漢昌曰：墨、劓、刖、宫、大辟，爲古之五刑。以黑巾幪頭，使受刑者不得冠飾，以代額上刺字之刑罰。草青色之冠纓，用于凶冠；有虞氏以之代割鼻之罪，乃成罪人之服。菲屨，穿草屨亦古刑罰之一，用以代刖罪者也。韠，紱也，所以蔽前。一説：斬艾其韠以代宫刑，亦古罪人之服也。又以布衣而無領以代大辟之死刑。此五者皆古之象刑也。◎譚樸森曰：荀子正論：「世俗之爲説者曰：治古無肉刑，而有象刑。墨黥；慅嬰；共，艾畢；菲，對屨；殺，赭衣而不純。治古如是。是不然。」**按**：有虞，古部落名。古史傳説部落聯盟的首領舜受堯禪，都蒲阪。國語魯語上：「故有虞氏禘黄帝而祖顓頊。」誅，懲罰。有虞之誅，這裏指舜制定的懲罰罪犯的法律。幪巾，傳説舜時以巾蒙犯人的面，作爲墨刑的象刑。草纓，罪人之服，舜以此代劓刑。藝文類聚五四刑法議南朝梁任昉爲梁公請刊改律令表：「畫衣象服，以致刑厝，草纓艾韠，民不能犯。」菲履，草履。艾韠，同「艾畢」，古代象徵性刑罰之一，即割去犯人衣服上蔽膝部分，作爲代替宫刑的處罰。荀子正論：「治古無肉刑，而有象刑。墨黥；慅嬰；共，艾畢。」注：「畢，與韠同，紱也。」譚樸森將此上文字單獨劃出作爲一則佚文。

〔二〕阮廷焯曰：史記孝文本紀文帝十三年詔云：「有虞氏之時，畫衣冠，異章服以爲戮，而民鮮犯。」（又見漢書刑法志）武帝本紀元光元年武帝詔云：「唐虞畫象，而民鮮犯。」（又見漢書武帝本紀，元帝本紀亦有此語）鹽鐵論詔聖：「唐虞畫衣冠。」即本於此。尚書大傳：「唐虞象刑，犯墨者蒙皂巾，犯劓者赭其衣，犯臏者以墨蒙其臏處畫之，犯大辟者衣無領。」（北堂書鈔四十四引）白虎通義五刑：「五帝畫象者，犯墨者蒙巾，犯劓者赭著其衣，犯臏者以墨蒙其臏處畫之，犯宫者履雜扉，犯大辟者布衣無領。」所載略同。　**按**：此言舜用象徵性的刑罰而民衆反而不犯法，當世用酷刑而民卻不懼刑。

九、昔者，天子手能衣①而宰夫設服，足能行而相者導進，口能言而行人稱辭，故無失言失禮也〔一〕。　御覽七十六

【校】

①「衣」，御覽、慎懋賞本作「依」。

【注】

〔一〕徐漢昌曰：行人，官名，掌朝覲聘問之事。周禮周官之屬有大行人、小行人。◎譚樸森曰：荀子君子：「足能行，待相者然後進；口能言，待官人然後昭。」淮南子主術訓：「心知規而師傅諭導，口能言而行人稱辭，足能行而相者先導，耳能聽而執正進諫，是故慮無失策，謀無過

事。」春秋繁露離合根：「故爲人主者……足不自動而相者導進，口不自言而擯者贊辭，心不自慮而羣臣效當。」 ◎阮廷焯曰：淮南子主術：「人主口能言而行人稱辭，足能行而相者先導，是故慮無失策，謀無過事。」曹丕周成漢昭論：「口能言則行人稱辭，足能履則相者導儀。」（太平御覽八十九引）袁宏後漢紀安帝紀論：「昔王侯身能衣而宰夫設服，足能行而相者導儀，口能言而行人稱辭。」王應麟困學紀聞卷五云：「淮南主術訓、魏文帝成王論、袁宏後漢紀論皆用其語。通鑑裴子野論：『古者人君養子能言而師授之辭，能行而傳相之禮，亦本於此。』」慎子内篇亦有此文，當本於此。 **按**：宰夫，掌管膳食的小吏。國語周語上：「宰夫陳饗，膳宰監之。」注：「宰夫，下大夫；膳宰，膳夫也。」相者，贊禮的人。周禮秋官司儀：「掌九儀之賓客擯相之禮。」注：「出接賓曰擯，入贊禮曰相。」論語先進：「宗廟之事，如會同，端章甫，願爲小相焉。」行人，古官名，掌朝覲聘問。 本條又見慎懋賞本内篇第三十事。

十、離朱之明，察秋毫之末①於百步之外，下於水尺而不能②見淺深，非目不明也，其勢難覩也[一]。 文選演連珠注、楊荊州誄注、類聚十七、御覽三百六十六

【校】

①「秋毫之末」，類聚、御覽、慎懋賞本、四部叢刊本作「毫末」。 ②「下於水尺而不能」，類聚作「下

水尺不能」，御覽作「尺水不能」。

【注】

〔一〕慎懋賞曰：離朱，黄帝臣，善視。　◎王斯睿曰：孟子趙岐章句曰：「離朱，即離婁。」文選嵇叔夜琴賦「乃使離子督墨」，李善曰：「離子，離朱也。慎子爲離珠。」據此，疑慎子本作離珠，而後人改爲離朱。　◎譚樸森曰：淮南子原道：「離朱之明，察箴末於百步之外，不能見淵中之魚。」孟子離婁上：「離婁之明。」趙岐注：「離朱，即離婁也；能視於百步之外，見秋毫之末。」　◎阮廷焯曰：淮南子修務：「離朱之明。」高注：「離朱，黄帝時人，明目，能見百步之外，秋毫之末。」與此相合（淮南子原道：「離朱之明，察箴末於百步之外。」其文略同）。慎子内篇亦有此文，當本於此。　按：離朱，即離婁，人名。孟子離婁上：「離婁之明，公輸子之巧，不以規矩不能成方圓。」漢趙岐注：「離婁者，古之明目者，蓋以爲黄帝之時人也。黄帝亡其玄珠，使離朱索之。離朱即離婁也，能視於百步之外，見秋毫之末。」本條又見慎懋賞本内篇第十五事，下文曰「故用賞貴信，用罰貴必。賞信罰必于耳目之所聞見，則所不聞見者，莫不陰化矣」，乃盜管子九守文以附之。

十一、堯讓許由，舜讓善卷，皆辭爲天子而退爲匹夫〔一〕。類聚二十一、御覽四百二

十四

【注】

〔一〕徐漢昌曰：善卷，武陵隱士。莊子讓王：「舜以天下讓善卷，不受，去而入深山，莫知其處。」釋文：「姓善名卷。」荀子成相：「許由、善卷，重義輕利。」◎阮廷焯曰：莊子讓王：「堯以天下讓許由，舜以天下讓善卷。」盜跖：「善卷、許由得帝而不受，非虛辭讓也，不以事害己。」並載此事。**按**：本條又見於御定淵鑑類函卷二百七十五。

十二、折券契，屬符節，賢不肖用之①，「物以此得，而不託於信也」②〔一〕。御覽四百三十

【校】

①錢熙祚校曰：「鈔本书鈔百四云：『折券契節，賢不肖由之，物以此得，而不託於信也。』按：文有脱誤，不可讀。」錢曰是。又慎懋賞本「之」字下有「券契不爲人信，人自用之」句，此句御覽作雙行夾注。

②「物以此得，而不託於信也」，原脱，今據御定淵鑑類函卷二百五、譚樸森慎子逸文補。「不」，阮廷焯以爲衍。

【注】

〔一〕阮廷焯曰：荀子君道：「合符節、別契券者，所以爲信也。」其文略同。慎子內篇亦有此文，當本於此。按：本條又見慎懋賞本內篇第三十三事。譚樸森以爲此條作「折券契，屬符節，賢不肖由之，物以此得而不託於信也」。

十三、魯莊公鑄大鐘，曹劌①入見，曰：「今國褊小而鐘大，君何不圖之？」〔一〕初學記十六、御覽五百七十五

【校】

①「曹劌」，初學記、御覽作「曹翽」。

【注】

〔一〕此事玉海卷一百九作「慎子：魯莊公鑄大鐘，曹劌入見，曰：國褊小而鐘大」。上海博物館藏戰國楚竹書（四）中有一篇，整理者命名爲曹沫之陣，其簡一簡二云：「魯莊公將爲大鐘，型既成矣，曹沫入見，曰：昔周室之邦魯，東西七百，南北五百，非山非澤，無有不民。今邦彌小而鐘

愈大，君其圖之。」廖名春先生指出「曹沫」即「曹劌」，此竹書與此則慎子佚文互爲補充。

十四、公輸子巧用材也，不能以檀爲瑟[一]。御覽五百七十六、樂書卷一百四十四

【注】

[一]阮廷焯曰：慎子內篇：「公輸子巧用材也，不能以檀爲瑟。」即本於此。　按：本條又見慎懋賞本內篇第三十二事。

十五、孔子曰：丘少而好學，晚而聞道，以此博矣[一]。御覽六百七

【注】

[一]譚樸森曰：「薛據孔子集語，申子佚文亦曰：子曰：丘少而好學，晚而聞道，此以博矣。」◎阮廷焯曰：孫星衍孔子集語卷一云：「薛據孔子集語、馬驌繹史八十六、曹廷棟逸語皆引作申子，誤。」其説是也。馬國翰申子輯本即據薛據誤輯，而不知其謬。　**按**：孔子，名丘，字仲尼，前五五一—前四七九，春秋魯陬邑（今山東曲阜）人。此爲慎子佚文，亦爲申子佚文，乃慎子、

申子均引孔子之言也。申子，申不害，生年不詳，卒於前三三七年。原爲鄭人，鄭爲韓滅後爲韓人，亦曾爲齊稷下學士。

十六、孔子云：有虞氏不賞不罰，夏后氏賞而不罰，殷人罰而不賞，周人賞且罰。罰，禁也；賞，使也〔一〕。御覽六百三十三

【注】

〔一〕阮廷焯曰：司馬法天子之義：「有虞氏不賞不罰，而民可用，至德也。夏賞而不罰，至教也。殷罰而不賞，至威也。周以賞罰，德衰也。」亦有此文。按：此慎子引孔子言，又見孔子集語。繹史卷八十六作「慎子：子曰：有虞氏不賞不罰，夏后氏賞而已，殷人罰而不賞。罰，禁也；賞，使也」。

十七、今之重錙銖，役①千仞之水，窮泥於②後止，勢然也。吴舟之重，錯之千鈞，入水則浮，輕於錙銖，則勢浮之也〔一〕。北堂書鈔一百三十七

【校】

①「役」，阮廷焯疑爲「投」字之訛。　②「於」，阮廷焯疑爲「然」字之訛。

【注】

〔一〕阮廷焯曰：韓非子功名：「千鈞得船則浮，錙銖失船則沉，非千鈞輕而錙銖重也，有勢與無勢也。」亦有此喻。　按：此條言勢，守山閣本無，爲阮廷焯輯。

十八、燕鼎之重乎千鈞，乘於吴舟，則可以濟。所託者，浮道也。御覽七百六十八

十九、君臣之間①猶權衡也，權左檿②則右重，右重則左檿，輕重迭相檿③，天地之理也〔一〕。御覽八百三十

【校】

①「君臣之間」，御覽作「名臣之心」。　②「左檿」，原作「左輕」，據御覽改，下同。　③「檿」，御覽作「析」。

【注】

〔一〕徐漢昌曰：橛，豎也，擊也。◎阮廷焯曰：淮南子主術：「衡之於左右，無所輕重，故可以爲平。」又見文子下德。劉子明權：「今加一環於衡左，則右橛；加之於右，則左橛；惟莫之動則平正矣。」並有此喻。按：橛，量詞，木一小段謂之一橛。左橛，即稱重時在稱杆上向左移動一小段。

二十、飲過度者生水，食過度者生貪〔一〕。御覽八百四十九

【注】

〔一〕方國瑜曰：慎懋賞本外篇第三十二事，疑此事依意推演者。

二十一、故治國無其法則亂，守法而不變則衰，有法而行私謂之不法〔一〕。以力役法者，百姓也；以死守法者，有司也；以道變法者，君長也〔二〕。類聚五十四

【注】

〔一〕慎懋賞曰：時有升降，一定之制，不可守也。法者，公也，行私則不公矣，與無法同。◎譚樸森曰：呂氏春秋察今：「故治國，無法則亂，守法而弗變則悖；悖亂不可以持國。世易時移，變法宜矣。」

〔二〕慎懋賞曰：百姓畏法，故可驅而使也；有司執法則事治，而百姓安也；隨時變法而不失其道，人君之所以宰制兆民也。◎譚樸森曰：呂氏春秋察今：「夫不敢議法者，衆庶也；以死守者，有司也；因時變法者，賢主也。」**按**：役，服役。役法，服從法令。此條又見於慎懋賞本、四部叢刊本内篇第八事，前有「虙羲、神農教而不誅，黄帝、堯、舜誅而不怒，及至三王，隨時制法，各適其用」語，方國瑜疑爲慎懋賞盜商君書更法之言。

二十二、今一兔走，百人逐之，非一兔足爲百人分也，由未定。由①未定，堯且屈力，而況衆人乎？積兔滿市，行者不顧，非不欲兔也，分已定矣。分已定，人雖鄙不爭。故治天下及國，在乎定分而已矣②〔一〕。呂氏春秋慎勢，後漢書袁紹傳注，意林及御覽九百七並節引

【校】

①「由」，譚樸森作「分」。　②此則佚文，錢熙祚輯後漢書袁紹傳李賢注引作「一兔走街，百人追之，貪人具存，人莫之非者，以兔爲未定分也。積兔滿市，過而不顧，非不欲兔也，分定之後，雖鄙不争」。今據吕氏春秋慎勢篇輯。

【注】

〔一〕譚樸森曰：商君書定分：「一兔走，百人逐之，非以兔也；夫賣者滿市，而盗不敢取，由名分已定也。故名分未定，堯、舜、禹、湯且皆如物而逐之；名分已定，貧盗不取。」尹文子大道上：「彭蒙曰：雉兔在野，衆人逐之，分未定也。雞豕滿市，莫有志者，分定故也。」後漢書袁紹傳：「世稱萬人逐兔，一人獲之，貪者悉止，分定故也。」金樓子立言：「一兔走街，萬夫争之，由未定也。積兔滿市，過者不顧，非不欲兔，分已定矣，雖鄙人不争。故治國存乎定分而已。」　**按**：此段文字各家所引均不同。意林引作「一兔走，百人追。積兔於市，過而不顧，非不欲兔，分定不可争也」，御覽引作「一兔走街，百人追之。積兔於市，過而不視，非不欲得，分定不争也」。譚樸森當以吕氏春秋慎勢篇所引爲準，這裏依譚樸森説。

二十三、匠人知爲門，能以門，所以不知門也。故必杜，然後能門〔一〕。淮南道應訓

【注】

〔一〕王斯睿曰：此節頗難解，疑有脱誤。淮南齊俗篇引此同。高注云：「不知門之要也。門之要，在門外。」意亦難明。文子精誠篇襲此云：「故匠人智爲不以能，以時閉，不知閉也，故必杜而後開能。」文亦譌脱難讀。◎譚樸森曰：文子曰：「匠人知爲閉也，能以時閉，不知閉也，故必杜而後開。」◎阮廷焯曰：文子精誠：「匠人智爲門，不能以時閉，不知門也，故必杜而後開。」亦有此文。孫詒讓札迻卷七云：「文子精誠篇襲之，彼文亦有譌脱，參合校釋，此似當云不能以閉，所以不知門也，故必以杜，然後能開。言門以開閉爲用，若匠人爲門，但能開而不能閉，則終未知爲門之要也。」今謂孫説是也，此當據正。慎子外篇亦有此文，當本於此。按：此句强調理論必須經得起實踐的檢驗。杜，堵塞，史記李斯傳：「彊公室，杜私門，蠶食諸侯，使秦成帝業。」這裏指將門合上，能將門外堵塞使門内安全之意。本句意謂匠人知道如何設計門，也能够根據設計製造出來，但還不知實際安裝上去能不能用。匠人只有在安裝上門之後，門能成功閉合上，並起到防盜等作用，才能説他會造門。王説「譌脱難讀」，非是。本條又見於慎懋賞本外篇第四十事。

二十四、勁而害能，則亂也；云能而害無能，則亂也〔一〕。荀子非十二子篇注

【注】

〔一〕阮廷焯曰：荀子非十二子：「今之所謂處士者，無能而云能者也。」楊注：「云能，自言其能也。蓋戰國時以言能爲云能，當時之語也。」即其義矣。

二十五、棄道術，舍度量，以求一人之識識天下，誰子之識能足焉〔一〕？荀子王霸篇注、升庵外集四十八

【注】

〔一〕阮廷焯曰：莊子天下稱慎子之説云：「棄知去己，而緣不得已。」又云：「不師知慮，不知前後。」故此以聖王之治，當依於道術度量耳。

二十六、多賢不可以多君，無賢不可以無君〔一〕。荀子解蔽篇注

【注】

〔一〕阮廷焯曰：荀子解蔽云：「慎子蔽於法而不知賢。」楊注：「慎子本黄老，歸刑名，多明不尚賢、

不使能之道。其意但明得其法，雖無賢亦可爲治，而不知法待賢而後舉也。」莊子天下稱慎子之説云：「謑髁無任，而笑天下之尚賢；縱脱無行，而非天下之大聖。」説與此同。

二十七、匠人成棺，不憎人死，利之所在，忘其醜也①〔一〕。意林，又御覽五百五十一

【校】

①此句御覽引作「匠人成棺，而無憎於人，利在人死也」。

【注】

〔一〕慎懋賞曰：醜，類也。溺於其利，則無惡傷其類之心，故術不可不慎也。◎王斯睿曰：此節孟子所謂「矢人惟恐不傷人也」。錢云：意林，又御覽五百五十一引作「匠人成棺，而無憎於人，利在人死也」。文與此小異。◎阮廷焯曰：韓非子備内：「匠人成棺，情非憎人，利在人之死也。」其文略同。慎子外篇亦有此文，與意林所引合，當本於此。按：又見於慎懋賞本、四部叢刊本外篇第八事。

二十八、獸伏就穢〔一〕。文選班固西都賦注

【注】

〔一〕徐漢昌曰：穢，雜草叢生之地。

二十九、夫德精微而不見，聰明而不發，是故外物不累其内〔一〕。文選沈約遊沈道士館詩注、嵇康養生論注、周易述卷二十二

【注】

〔一〕阮廷焯曰：慎子内篇：「夫德精微而不見，聰明而不發，是故外物不累其内。」即本於此。

按：本條又見四部叢刊本内篇第三十七事，前有「小人以耳目導心，聖人以心導耳目」句。王斯睿曰：「説苑説叢篇曰：『聖人以心導耳目，小人以耳目導心。』家語好生篇曰：孔子謂子路曰：『君子以心導耳目，立義以爲勇；小人以耳目導心，不遜以爲勇。』」則盜家語之言附會之。

三十、夫道所以使賢，無奈不肖何也；所以使智，無奈愚何也。若此，則謂之道

勝矣①〔一〕。文選張協雜詩注

【校】

①句下，慎懋賞本、四部叢刊本衍「道勝則名不彰」六字。

【注】

〔一〕阮廷焯曰：慎子外篇：「夫道所以使賢，無奈不肖何也；所以使智，無奈愚何也。若此，則謂之道勝矣。道勝則名不彰。」即本於此。按：本條又見於慎懋賞本、四部叢刊本外篇第二十七事。

三十一、道勝則名不彰①。文選張協雜詩注

【校】

①此句，文選張協雜詩注云「又曰」，則當以單列爲宜。

三十二、趨事之有司，賤也。文選謝朓始出尚書省詩注

三十三、臣下閉口，左右結舌〔一〕。文選陸機謝平原内史表注

【注】

〔一〕阮廷焯曰：鄧析子轉辭：「臣下閉口，左右結舌，可謂明君。」亦有此文。

三十四、久處無過之地，則世俗聽矣。文選吴質答魏太子牋注

三十五、昔周室之衰也，厲王擾亂天下，諸侯力政，人欲獨行以相兼〔一〕。文選東方朔答客難注

【注】

〔一〕周厲王，姬胡，周穆王四世孫。用榮夷公搜刮財富，行暴政，民不堪命。

三十六、衆之勝寡，必也〔一〕。文選潘岳夏侯常侍誄注

【注】

〔一〕阮廷焯曰：韓非子解老：「寡之不勝衆，數也。」其義正同。慎子内篇亦有此文，當本於此。

按：本條與慎懋賞本、四部叢刊本内篇第十一事意近，其作「富之勝貧，强之勝弱，衆之勝寡，安之勝危，必也。然而，貧生于富，弱生于强，寡生于衆，危生于安」。方國瑜曰：「按此事當依文選注語推演爲之，並用老子『貴以賤爲本，高以下爲基』之意。」

三十七、詩，往志也〔一〕；書，往誥也〔二〕；春秋，往事也①〔三〕。意林，又經義考

【校】

①此句，錢熙祚校曰：「又經義考引此文，下云『至於易，則吾心陰陽消息之理備焉』，未見所出，當考。」

【注】

〔一〕慎懋賞曰：詩者，志之所之也，在心爲志，發言爲詩。往，猶昔也。

〔二〕慎懋賞曰：二帝之迹，三王之義，明天下情，故曰誥。

〔三〕慎懋賞曰：二百四十二年之行事也。　◎阮廷焯曰：莊子天下：「詩以道志，書以道事，春秋以道名分。」與此略同。慎子内篇亦有此文，當本於此。　按：本條又見慎懋賞本、四部叢刊本内篇第十二事，下文有「至於易，則吾心陰陽消息之理備焉」云云，方國瑜曰疑慎懋賞「據各書以意綴之」。

三十八、兩貴不相事，兩賤不相使〔一〕。　意林

【注】

〔一〕王斯睿曰：「繆氏據意林引此，下有『非不相愛，利不足相容也』。」　◎譚樸森曰：荀子王制：「夫兩貴之不能相事，兩賤之不能相使，是天數也。」　按：本條又見四部叢刊本内篇第三十八事。

三十九、家富則疎族聚，家貧則兄弟離，非不相愛，利不足相容也〔一〕。　意林

【注】

〔一〕譚樸森曰：鶡冠子：「家富疎族聚，居貧兄弟離。」　◎阮廷焯曰：鶡冠子佚文：「家富疎族

聚，居貧兄弟離。」（太平御覽四百八十五引）其文略同。慎子内篇亦有此文，當本於此。

按：此佚文四部叢刊本以爲接上則佚文下，同爲内篇第三十八事。

四十、藏甲之國，必有兵遁①〔一〕，市人可驅而戰〔二〕。安國之兵，不由忿起〔三〕。意林

【校】

①「遁」，疑當作「道」，馬王堆帛書十大經本伐曰：「諸庫臧（藏）兵之國，皆有兵道。」御覽三百五十六引作「道」。

【注】

〔一〕滕輔曰：有意者必先作具。◎慎懋賞曰：兵遁，軍讖之類也。◎王斯睿曰：「遁」，疑當作「楯」。「楯」，「盾」之借字。韓子難勢篇「人有鬻矛與楯者」，「楯」即「盾」。家大人曰：「遁」，當爲「遯」，劉熙釋名曰：「盾，遯也。跪其後，避以隱遯也。」故假「遯」爲「盾」。**按**：本條又見慎懋賞本、四部叢刊本内篇第十事，下有「明主之征也，誅其君，改其政，率其民而不奪其財也，故曰戰者憚驚之也。明主之征也，猶時雨也，至則民悦矣」數句，方國瑜以爲慎懋賞盜大戴禮記主言而充。

〔二〕慎懋賞曰：三略曰：「人主深曉中略，能御將統衆，則有兵遁者，雖驅市人而戰，無不勝也。」

〔三〕慎懋賞曰：兵起，非可以私忿也，見其可勝則興，見其不可勝則止，不敢輕用兵以危其國也。◎阮廷焯曰：呂氏春秋簡選：「世有言曰：驅市人而戰之。」與此略同。慎子內篇亦有此文，當本於此。按：忿，行忿，行忿怒之兵。馬王堆帛書十大經本伐云：「世兵道三：有爲利者，有爲義者，有行忿者。……所謂行忿者，心唯（雖）忿，不能徒怒，怒必有爲也。」安國定邦之兵，不由忿起，此兵道也。

四十一、蒼頡在庖犧之前①〔一〕。尚書序疏

【校】

①此句，尚書序孔穎達疏作「慎到云：在庖犧之前」。

【注】

〔一〕阮廷焯曰：書序孔疏云：「倉頡，徐整云在神農、黃帝之間，譙周云在炎帝之世，衛氏云當在庖犧、蒼帝之世。」諸說不同，未詳孰是。按：庖犧，也寫作包犧（易繫辭下）、伏羲、宓羲（漢書古今人表）、伏戲（莊子大宗師、荀子成相）等。相傳他始畫八卦，教民捕魚畜牧。

四十二、爲毳者，患塗之泥也〔一〕。書益稷疏

【注】

〔一〕阮廷焯曰：史記夏本紀：「泥行乘橇。」（又見漢書溝洫志）集解引如淳云：「橇謂以板置其泥上，以通行路也。」義與此合。**按**：毳，在泥路上行走的用具。漢書溝洫志云：「泥行乘毳，山行則梮。」如淳云：「毳，謂以板置泥上，以通行路也。」

四十三、晝無事者，夜不夢〔一〕。雲笈七籤三十二

【注】

〔一〕阮廷焯曰：莊子大宗師：「古之真人，其寢不夢。」（又見刻意、淮南子俶真、文子守樸、符言）其義略同。

四十四、田駢名廣〔一〕。莊子天下篇釋文

【注】

〔一〕阮廷焯曰：漢書藝文志道家：「田子，二十五篇。」班氏自注：「名駢，齊人。」王引之周秦名字解詁云：「駢讀爲苹。春官車僕：『掌廣車之萃，苹車之萃。』鄭注云：『皆兵車也。廣車，橫陣之車也。』苹猶屏也。所用對敵自蔽隱之車也。春秋傳曰：『其君之戎，分爲二廣。』則諸侯戎路廣車也。孫子八陣，有苹果之乘，故書苹作平。杜子春云：『平車當爲軿車。』案廣與苹，皆兵車之名，故名廣字苹。」胡元玉駁春秋名字解詁云：「說文：『駢，駕二馬也。』引申其義，則凡物連并皆稱駢。莊子駢拇篇釋文引廣雅云『駢，并也』，司馬彪云：『駢拇，謂足拇指連第二指也。』史記管蔡世家：『欲觀其駢脅。』集解引韋昭云：『駢者，并幹也。凡物連并則廣矣。』此義甚明，不煩改字。」今謂胡說近是。漢書揚雄傳載校獵賦云：「駢衍佖路。」顏注：「駢衍，言其并廣大也。」是駢有廣義，名廣字駢，義適相應。

四十五、有勇不以怒，反與怯均也〔一〕。御覽四百三十七、又四百九十九

【注】

〔一〕阮廷焯曰：韓非子主道：「有勇不以怒，使羣臣盡其武。」其文略同。慎子內篇亦有此文，當本於此。**按**：本條又見慎懋賞本內篇第三十一事。

四十六、小人食於力，君子食於道〔一〕。意林，又御覽八百四十九

【注】

〔一〕慎懋賞曰：勞力者治於人，勞心者治人。治於人者食人，治人者食於人。◎譚樸森曰：管子法法：「是故先王……使君子食於道，小人食於力。君子食於道，則上尊而民順；小人食於力，則財厚而養足。」管子君臣下：「君子食於道，小人食於力，分也。……君子食於道，則禮審而義明……齊民食於力，則作本。」按：意林、御覽八百四十九明言「慎子曰」，則當爲慎子佚文。管子法法曰：「君子食於道，小人食於力。君子食於道，則上尊而民順；小人食於力，則財厚而養足。」因管子乃齊稷下著作集，而慎子爲稷下著名學士，其言或爲慎子言亦可知矣。本條又見慎懋賞本内篇第三十九事，下文多引墨子文附後，詳辨見下文。

四十七、治水者，茨防決塞〔一〕。雖在夷貊①，相似如一，學之於水，不學之於禹也〔二〕。列子湯問篇張湛注、升庵外集六、繹史一百一十九

【校】

①「雖在夷貊」，原作「九州四海」，今據列子湯問篇張湛注改。繹史引作「雖在夷狄」。

【注】

〔一〕慎懋賞曰：茨防，即今黄河之埽。決塞者，塞河之決也。

〔二〕慎懋賞曰：法可制而不必有所因，猶水可塞而不必學之禹也。◎阮廷焯曰：慎子内篇：「治水者，茨防決塞。雖在夷狄，相似如一，學之於水，不學之於禹也。」即本於此。按：本條又見慎懋賞本内篇第三十九事，作「子慎子曰」。王斯睿曰：「古人著書，無自稱子某子者，墨子有子墨子者，乃其門弟子紀其師之説也。此云子慎子者，必非慎子之言，蓋亦出於門弟子之所記。」王説非是。此爲慎子言，而「子慎子曰」則爲慎懋賞所加。

四十八、桀、紂之有天下也，四海之内皆亂，關龍逢、王子比干不與焉，而謂之皆亂，其亂者衆也〔一〕；堯、舜之有天下也，四海之内皆治，而丹朱、商均不與焉，而謂之皆治，其治者衆也〔二〕。長短經勢運篇注

【注】

〔一〕關龍逢，古史傳説夏之賢臣。夏桀無道，爲酒池糟丘。關龍逢極諫，桀因而殺之。王子比干，殷末紂王叔伯父（一説紂庶兄）。傳説紂淫亂，比干犯顔强諫，紂怒，剖其心而死。

〔二〕阮廷焯曰：尸子處道：「桀、紂之有天下也，四海之内皆亂，而關龍逢、王子比干不與焉，而謂之皆亂，其亂者衆也；堯、舜之有天下也，四海之内皆治，而丹朱、商均不與焉，而謂之皆治，其治者衆也。」文與此同。**按**：丹朱，帝堯之子，堯因丹朱不肖，禪位給舜。商均，舜子，相傳舜以商均不肖，乃使伯禹繼位。禹立，封商均於虞。此則佚文，譚樸森未收。

四十九、世高節士①〔一〕。文選盧子諒贈劉琨詩注

【校】

①此則佚文，陳復增訂，見慎子的思想附録一。然未言出處，今覈出自六臣注文選盧子諒贈劉琨詩注。一本「慎子」作「鄭子」。

【注】

〔一〕阮廷焯曰：慎子内篇：「慎子曰：世高節士。」即本於此。**按**：此又見慎懋賞本内篇第三十

四事。

五十、甘寢〔一〕。文選蔡伯喈陳太丘碑文注

【注】

〔一〕阮廷焯曰：文選蔡伯喈陳太丘碑文注引慎子注云：「甘寢，安寢也。」按：文選王仲寶褚淵碑文注引慎子注云：「甘寢，安寢也。」

慎子逸文存疑

慎子逸文，歷來頗有争論。錢熙祚守山閣本六十條中有十六條，加之其他輯本中尚有數條，合計十九條，不可靠。爲了讓讀者更好地甄别慎子逸文，有必要將這部分逸文單獨列出，名曰慎子逸文存疑。這裏循前例，仍作校注。

一、君明臣直，國之福也；父慈子孝，夫信妻貞，家之福也。故比干忠而不能存殷，申生孝而不能安晉，是皆有忠臣孝子而國家滅亂者，何也？無明君賢父以聽之①〔一〕。

【校】

①此又見於戰國策秦策三「蔡澤見逐於趙」。錢熙祚校曰：按戰國策有此文。

【注】

〔一〕慎懋賞曰：殷紂失道，比干諫之，剖心而死。其後武王伐之，國隨以亡。晉獻公得驪姬，生奚齊，欲殺太子申生。申生不自明而死，晉國遂亂。按：此句又見戰國策秦策，署爲「蔡澤曰」（見知忠篇引），史記、古史、通志等皆載爲蔡澤言。四庫全書本云見文獻通考，查無，當非慎子言。方國瑜以爲依戰國策文混入，譚樸森亦不輯爲佚文。

二、王者有易政而無易國，有易君而無易民。湯武非得伯夷之民以治，桀紂非得蹠蹻之民以亂也。民之治亂在於上，國之安危在於政①〔一〕。

【校】

①此又見於賈誼新書大政下。

【注】

〔一〕慎懋賞曰：湯武與桀紂之民一也。在湯武則治，在桀紂則亂，非民之善惡不同，上之政治使然也。◎王斯睿曰：呂氏春秋介立篇高誘注：「莊蹻，楚成王之大盜。」而淮南主術篇注又曰：「莊蹻，楚威王之將軍，能爲大盜也。」則是又在成王後矣。二説不同，未知孰是。王應麟困學紀聞十二據韓子喻老篇、漢書西南夷傳，以爲將軍莊蹻與盜名氏相同，是二人，或近之。◎徐漢昌曰：盜蹠與莊蹻，皆古大盜名。亦作跖蹻。**按**：此則佚文錢熙祚依舊刻附入，又見慎懋賞本内篇第十六事。賈誼新書大政下曰：「王者有易政而無易國，有易吏而無易民。故因是國也而爲安，因是民也而爲治。故湯以桀之亂爲治，武王以紂之北卒爲彊。故民之治亂在於吏，國之安危在於政。」又羣書治要引賈子：「王者有易政而無易國，有易吏而無易民。故因是國也而爲安，因是民也而爲治。是以湯以桀之亂民爲治，武王以紂之北卒爲强。」據此，則此則佚文當爲賈誼文，而非慎子語，疑慎懋賞取賈誼之言以充之。譚樸森亦不輯爲佚文。

三、夏箴曰：小人無兼年之食，遇天饑，妻子非其有也；大夫無兼年之食，遇天饑，臣妾輿馬非其有也。戒之哉①〔一〕！

【校】

①此又見於逸周書文傳解。錢熙祚校曰：按逸周書有此文。

【注】

〔一〕徐漢昌曰：夏箴，夏代規誡之韻文。按：逸周書文傳解第二十五：「夏箴曰：小人無兼年之食，遇天饑，妻子非其有也；大夫無兼年之食，遇天饑，臣妾輿馬非其有也。戒之哉！」注曰：「古者，國家三年必有一年之儲。非其有，言流亡也。」太平御覽引周書曰：「夏箴曰：小人無兼年之食，遇天饑，妻子非其妻子也。大夫無兼年之食，遇天饑，臣妾非其臣妾也。卿大夫無兼年之食，遇天饑，臣妾轝馬非其有也。國無兼年之食，遇天饑，百姓非其有也。」阮廷焯云文選王元長策秀才文注、玉海三十一引，並作逸周書之文。又，明徐元太撰喻林卷七亦注此文曰「汲冢周書文傳解」，亦不言出於慎子。此乃慎懋賞盜逸周書之言以充之。譚樸森亦不輯爲佚文。

四、與天下於人，大事也，煦煦者以爲惠，而堯舜無德色。取天下於人，大嫌也，潔潔者以爲污，而湯武無愧容。惟其義也①〔一〕。

【校】

①此則佚文，錢校未注出處。

【注】

〔一〕本條不知所本，亦見慎懋賞本、四部叢刊本内篇第二十七事。譚樸森亦不輯爲佚文。

五、日月爲天下眼目，人不知德；山川爲天下衣食，人不能感①〔一〕。

【校】

①钱熙祚校曰：御覽三以此四句爲任子文，「感」作「謝」。

【注】

〔一〕阮廷焯曰：文選陸士衡演連珠注、太平御覽三引，並作任子之文。馬國翰任子道論輯本，即據輯爲佚文。　**按**：御覽三：「任子曰：日月爲天下眼目，人不知德；山川爲天下衣食，人不能謝。」喻林引稱太平御覽天部三，則此句亦非慎子文。譚樸森亦不輯爲佚文。任子，魏任嘏。

六、先王之訓也①。故常欲耕而食天下之人矣，然一身之耕，分諸天下，不能人得一升粟，其不能飽可知也；欲織而衣天下之人矣，然一身之織，分諸天下，不能人得尺布，其不能煖可知也。故以爲不若誦先王之道而求其説，通聖人之言而究其旨，上説王公大人，次匹夫徒步之士。王公大人用吾言，國必治；匹夫徒步之士用吾言，行必修。雖不耕而食饑，不織而衣寒，功賢於耕而食之、織而衣之者也②〔一〕。

【校】

①「先王之訓也」上原有「小人食於力，君子食於道」二句。此二句已輯入前文，此處不録。②此又見於墨子魯問篇。錢熙祚校曰：按墨子有此文。

【注】

〔一〕王斯睿曰：此節見墨子魯問篇，疑亦非慎子之文，而後人竄入者也。**按**：本條又見慎懋賞本内篇第三十九事，文與墨子魯問篇幾同，當爲墨子文，非慎子佚文，王説是。譚樸森亦不輯爲佚文。

七、法，非從天下，非從地出，發於人間，合乎人心而已①〔一〕。

【校】

①此又見於文子上義。句下原有「治水者，茨防決塞，九州四海，相似如一，學之於水，不學之於禹也」數句，已輯入前文。

【注】

〔一〕文子上義曰：「文子問曰：『法安所生？』老子曰：『法生於義，義生於衆，適合乎人心，此治之要也。法，非從天下也，非從地出也，發乎人間，反己自正。』」藝文類聚卷五十四引作「文子曰」。則此句當出自文子，非慎子言。譚樸森亦不輯爲佚文。

八、古之全大體者，望天地，觀江海，因山谷，日月所照，四時所行，雲布風動，不以智累心，不以私累己，寄治亂於法術，託是非於賞罰，屬輕重於權衡，不逆天理，不傷情性，不吹毛而求小疵，不洗垢而察難知，不引繩之外，不推繩之内〔一〕，不急法之外，不緩法之内，守成理，因自然〔二〕。禍福生乎道法，而不出乎愛惡，榮辱之責在乎己，而不在乎人〔三〕。故至安之世，法如朝露，純樸不欺，心無結怨，口無煩言〔四〕。故車馬不弊於遠路，旌旗不亂於大澤，萬民不失命於寇戎〔五〕。豪傑不著名於圖書，不録功於盤盂，記年之牒空虚〔六〕。故曰：利莫長於簡，福莫久於安①〔七〕。

【校】

①此又見於韓非子大體。錢熙祚校曰：按韓非子有此文。

【注】

〔一〕王斯睿曰：淮南繆稱訓曰：「繩之外，與繩之内，皆失宜者也。」故曰：「不引繩之外，不推繩之内。」

〔二〕王斯睿曰：此即所謂「因物理之當然，各定一法而守之，不求於法之外，亦不寬於法之中，則上下相安，可以清浄而治也」（清四庫全書提要）。

〔三〕王斯睿曰：「出」，亦「生」也。國策齊策、吕氏春秋大樂篇、音初篇高注並云：「出，生也。」此上言「生」、下言「出」者，互文耳，與下「在」、「不在」相對爲文。

〔四〕慎懋賞曰：結，留也。煩，多也。◎王斯睿曰：「散」，與「純樸」義不相屬，説文云：「散，雜肉也。」（郭慶藩曰：「雜乃離之誤。」説見説文考正）「散」，當爲「殽」。説文曰：「殽，相雜錯也。」廣雅曰：「殽，雜也，亂也。」隸書「殽」，或作「殽」；「散」，或作「散」，二形相似，故「殽」誤爲「散」。莊子齊物論篇「樊然殽亂」，釋文云：「郭本作散。」太玄玄瑩篇「晝夜殽者，其禍福雜」，今本

「殺」誤「散」。淮南原道篇「不與物殺，粹之至也」，精神篇「不與物殺，而天下自服」，今本「殺」並譌「散」，是其證。淮南原道訓曰「所謂天者，純粹樸素，質直皓白，未始有與雜糅者也」，即此「純樸不殺」之意，韓子大體篇誤與此同。守山閣本作「純樸不欺」。「欺」，亦「殺」字形之誤。

〔五〕慎懋賞曰：天下清寧少事，故車旗無所用，民命無所殘也。◎王斯睿曰：「疲」字疑衍，「車馬不弊於遠路」，與「旌旗不亂於大澤」相對爲文，「弊」上不當有「疲」字。「疲」、「弊」古通，蓋一本作「疲」，一本作「弊」，後人誤而合之也。韓子大體篇與此誤同。守山閣本正作「車馬不弊於遠路」，無「疲」字，宜據刪。

〔六〕慎懋賞曰：所謂英雄無用武之地，無事可載也。◎王斯睿曰：此下，大體篇有「雄駿不創壽於旗幢」句，宜據補。◎徐漢昌曰：盤盂，盛飲食物之皿也。圓者爲盤，方者爲盂。漢後才全爲方形，周時亦有圓形者，將人之功業事蹟刻誌記録於其上，以傳之久遠。牒，官方之記録文書。

〔七〕王斯睿曰：此節見韓非子大體篇。**按**：此條又見韓非子大體，文字略有不同，王説是。治要卷四十引韓子大體篇，御覽卷四百二十九引作「韓子曰」，則此篇爲韓非子文，非慎子佚文也。此條亦見慎懋賞本、四部叢刊本外篇第一事，蓋慎懋賞盜韓非子文以充之也。譚樸森亦不輯爲佚文。

九、鷹，善擊也，然日擊之，則疲而無全翼矣；驥，善馳也，然日馳之，則蹶而無全蹄矣①〔一〕。

【校】

①此則佚文，錢校未注出處。

【注】

〔一〕慎懋賞曰：孟子曰：「人有不爲也，而後可以有爲。」◎王斯睿曰：此爲慎到雜説，自「鷹，善擊也」以下，與上文不相覆，疑當另提行。按：本條不知所本，僅見慎懋賞本、四部叢刊本外篇第十二事，恐亦非慎子佚文者。譚樸森亦不輯爲佚文。

十、能辭萬鐘之禄於朝陛，不能不拾一金於無人之地；能謹百節之禮於廟宇，不能不弛一容於獨居之餘，蓋人情每狎於所私故也①〔一〕。

【校】

①此則佚文，錢校未注出處。

【注】

〔一〕慎懋賞曰：小人之情常致謹於人所共見之地，而放失於隱微幽暗之中，是以君子必慎其獨也。

按：本條不知所本，僅見慎懋賞本、四部叢刊本外篇第十三事，恐亦非慎子佚文者。譚樸森亦不輯爲佚文。

十一、不肖者不自謂不肖也，而不肖見於行，雖自謂賢，人猶謂之不肖也；愚者不自謂愚也，而愚見於言，雖自謂智，人猶謂之愚①〔一〕。

【校】

①錢熙祚校曰：按鬻子有此文。

【注】

〔一〕王斯睿曰：「愚」下脱「也」字，與「不肖者不自謂不肖也」句法一律。守山閣本有「也」字，宜據補。下「人猶謂之愚」下，亦當有「也」字。按：本條又見於鬻子道符五帝三王傳政甲第二，又繹史引以爲鬻子言，則當爲鬻子文。此條亦見慎懋賞本、四部叢刊本外篇第十四事，蓋慎懋賞盜鬻子文而充之。

十二、法者，所以齊天下之動，至公大定之制也。故智者不得越法而肆謀，辯者不得越法而肆議，士不得背法而有名，臣不得背法而有功。我喜可抑，我忿可窒，我法不可離也；骨肉可刑，親戚可滅，至法不可闕也①〔一〕。

【校】

①此則佚文，錢校未注出處。

【注】

〔一〕本條不知所本，亦見慎懋賞本、四部叢刊本外篇第二十九事，恐亦非慎子佚文者。譚樸森亦不輯爲佚文。

十三、善爲國者，移謀身之心而謀國，移富國之術而富民，移保子孫之志而保治，移求爵禄之意而求義，則不勞而化理成矣①〔一〕。

【校】

①此則佚文，錢校未注出處。

【注】

〔一〕本條不知所本，亦見慎懋賞本、四部叢刊本外篇第三十事，恐亦非慎子佚文者。譚樸森亦不輯爲佚文。

十四、始吾未生之時，焉知生之爲樂也；今吾未死，又焉知死之爲不樂也①。故生不足以使之，利何足以動之；死不足以禁之，害何足以恐之〔一〕。明於死生之分，達於利害之變②。是以目觀玉輅琬象之狀，耳聽白雪清角之聲，不能以亂其神〔二〕；

登千仞之谿，臨蝯眩之岸，不足以滑其知③〔三〕。夫如是，身可以殺，生可以無，仁可以成④〔四〕。

【校】

①上文又見淮南子俶真訓。喻林卷一百十五引亦作「淮南子俶真訓上」。②自「故生不足以使之」至此，又見孔叢子抗志。③「滑其知」，慎懋賞本作「滑其和」。④此則佚文，錢校未注出處。

【注】

〔一〕王斯睿曰：呂氏春秋知分篇曰：「夏后啓曰：生不足以使之，則利曷足以使之；死不足以禁之，則害曷足以禁之。」

〔二〕慎懋賞曰：玉輅，王者所乘，有琬琰象牙之飾。白雪，師曠所奏之琴，神物爲下降者。清角，商聲也。◎王斯睿曰：「輅」，當爲「璐」。玉輅爲王者所乘之車，與琬象非類。陶方琦淮南許注異同詁云：「文選雪賦注引許本淮南：『璐，美玉也。』玉璐琬象，皆飾也。説文：『璐，玉也。』楚辭王逸注：『璐，美玉也。』」又曰：淮南覽冥篇曰：「昔者師曠奏白雪之音，而神物爲之下降。」高注：「白雪，太乙五十弦瑟樂名也。」俶真訓注文又云：「白雪，師曠所奏太乙五弦之琴樂曲（五下疑脱十字）。」清角，商聲也。◎徐漢昌曰：玉輅，天子所乘飾玉之車。琬象，美玉與象牙。

〔三〕慎懋賞曰：蝯眩，猿臨其岸而目眩。滑，亂。和，適也。◎王斯睿曰：「和」，守山閣本作「知」。睿按：作「和」者是也。隸書「和」，或作「知」，與「知」相似，見漢白石神君碑，故「和」譌爲「知」。韓詩外傳二「君子易和而難狎」，荀子不苟篇作「君子易知而難狎」，大略篇「審節而不知不成禮」，楊注：「知或爲和。」（按：當作和）莊子齊物論篇釋文、荀子解蔽篇楊注並云：「滑，亂也。」不足滑其和，言不足以亂其天和也。若譌爲「知」則不詞矣，淮南原道篇「不以欲滑和」，精神訓「何足以滑和」，俶真篇亦作「不足以滑其和」，並其證。◎徐漢昌曰：蝯，善援之獸。蝯臨其岸猶目眩，喻其險峻。

〔四〕王斯睿曰：自「始吾未生之時」至「不足以滑其和」，見淮南俶真篇。**按**：本條自「始吾未生之時」至「達於利害之變」，出於淮南子俶真訓，蓋慎懋賞盜用淮南子之文也。「是以目觀玉輅琬象之狀」以下，不知所本。因僅見於慎懋賞本外篇第三十五事，或爲慎懋賞節取淮南子、孔叢子等，非慎子佚文者。譚樸森亦不輯爲佚文。

十五、鳥飛於空，魚游於淵，非術也。故爲鳥爲魚者，亦不自知其能飛能游。苟知之，立心以爲之，則必墮必溺。猶人之足馳手捉耳聽目視，當其馳捉聽視之際，應機自至，又不待思而施之也。苟須思之而後可，施之，則疲矣。是以任自然者久，得其常者濟①〔一〕。

【校】

①此又見於无能子真修。錢校未注出處。

【注】

〔一〕无能子真修篇曰：「夫鳥飛於空，魚游於淵，非術也，自然而然也。故爲鳥爲魚者，亦不自知其能飛能游。苟知之，立心以爲之，則必墮必溺矣。亦猶人之足馳手捉耳聽目視，不待習而能之也。當其馳捉聽視之際，應機自至，又不待思而施之也。苟須思之而後可，施之，則疲矣。是以任自然者久，得其常者濟。」此則佚文當爲无能子言，非慎子佚文者。錢校未注明出處，乃失考。又，此文又見慎懋賞本、四部叢刊本外篇第四十四事，乃慎懋賞盜无能子之言而充者。譚樸森亦不輯爲佚文。

十六、周成王問鬻子曰：「寡人聞聖人在上位，使民富且壽。若夫富，則可爲也；若夫壽，則在天乎？」鬻子對曰：「夫聖王在上位，天下無軍兵之事，故諸侯不私相攻，而民不私相鬭也，則民得盡一生矣。聖王在上，則君積於德化，而民積於用力，故婦人爲其所衣，丈夫爲其所食，則民無凍餓，民得二生矣。聖人在上，則君積於仁，吏積於愛，民積於順，則刑罰廢而無夭遏之誅，民則得三生矣。聖王在上，則使人有時，而用之有節，則民無癘疾，民得四生矣①〔一〕。」

【校】

①此則佚文見於新書修政語下，而文字略有差異。錢熙祚校曰：按賈誼新書有此文。

【注】

〔一〕王斯睿曰：漢書藝文志道家有鬻子二十二篇，班固曰：「名熊，爲周師，自文王以下問焉，周封爲楚祖。」按今本鬻子僅十四篇，且文多殘缺雜亂，蓋非原本。◎徐漢昌曰：鬻子，鬻熊也，楚之先祖。年九十知道，爲周師，自文王以下嘗問焉。後人集其遺言，凡二十二篇，名鬻子。

按：本條又見於賈誼新書修政語下，曰：周成王曰：「寡人聞之，聖王在上位，使民富且壽云。若夫富則可爲也，若夫壽則不在於天乎？」粥子曰：「唯，疑。請以上世之政詔於君王。政曰：聖王在上位，則天下不死軍兵之事。故諸侯不私相攻，而民不私相鬬閱，不私相煞也。故聖王在上位，則民免於一死而得一生矣。聖王在上位，則君積於道而吏積於德，而民積於用力。故婦人爲其所衣，丈夫爲其所食，則民無凍餒矣。故聖王在上，則民免於二死而得二生矣。聖王在上，則君積於仁，而吏積於愛，而民積於順，則刑罰廢矣，而民無夭遏之誅。故聖王在上，則民免於三死而得三生矣。聖王在上，則使民有時，而用之有節，則民無厲疾。故聖王在上，則民免於四死而得四生矣。」藝文類聚卷十二、太平御覽八十四均引作「賈誼書曰」，則此文當爲賈誼文，非慎子佚文也。此條亦見慎懋賞本、四部叢刊本外篇第五十四事，蓋慎懋賞盜賈誼文以充之也。

十七、尹文子言曰：「齊有黃公者，二女皆國色，以其美也，常謙辭毁之爲醜惡。醜惡之名遠佈，而一國之人，無欲聘者①〔一〕。」說郛卷六引

【校】

①此則佚文，說郛卷六引作「慎子曰」。類聚卷十八、御覽三百八十一引並作尹文子之文。

【注】

（一）阮廷焯曰：尹文子大道上：「齊有黄公者，好謙卑，有二女，皆國色，以其美也，常謙辭毁之，以爲醜惡。醜惡之名遠佈，年過而一國無聘者。」其文相同。**按**：此當爲尹文子之文，説郛誤。譚樸森亦不輯爲慎子佚文。

十八、人生一世，若露之託桐葉，其能幾何。說郛卷六引

【注】

（一）阮廷焯曰：後漢書王符傳注、太平御覽十一引皆作蘇子之文，馬國翰蘇子輯本即據輯爲佚文。**按**：此當爲蘇子佚文，説郛誤。譚樸森亦不輯爲慎子佚文。

十九、子讀易至損益，喟然歎曰：「或欲利之，適足以害之。或欲害之，適足以利之。利害之反，禍福之門户，不可不察。」①（一）逸語八

【校】

①此則佚文，阮廷焯存疑，陳復則增訂爲慎子佚文。

【注】

〔一〕阮廷焯曰：淮南子人間：「孔子讀易至損、益，憤然而歎曰：『事或欲以利之，適足以害之。或欲害之，乃反以利之。利害之反，禍福之門户，不可不察也。』」（又見文子微明）文與此同。太平御覽六百九引亦作淮南子之文。説苑敬慎：孔子讀易，至於損、益，則喟然而歎。子夏避席而問曰：「夫子何爲歎？」孔子曰：「夫自損者益，自益者缺，吾是以歎也。」（又見家語六本）亦載此事。　**按**：此疑爲淮南子文，孔子集語子貢第二有此語，薛據輯並注曰「並見慎子」。譚樸森亦不輯爲慎子佚文。

慎子曰恭儉①

上海博物館藏戰國楚竹書（六）出版後，其中一篇慎子曰恭儉引起了廣泛關注。學者們隨即展開竹簡編聯與文字釋讀等工作，取得了相當大的成績，但也有不少疏漏。慎子曰恭儉是慎子文在出土文獻中首次出現，是整理慎子無法回避的。這裏在綜合諸多學者意見基礎上作校釋，也是對前一段時間慎子曰恭儉的釋讀作一個總結。

慎子曰恭儉各簡文字以上海博物館藏戰國楚竹書（六）爲底本，原簡次序只是初步整理的次序，諸多語句解讀不相連貫，這裏重新序以編聯、分段。校勘、集注所據各家文字如下：

李朝遠上海博物館藏戰國楚竹書（六），上海古籍出版社二〇〇七年版；

李學勤談楚簡慎子，原刊中國文化第二十五、二十六期；

陳偉慎子曰恭儉初讀，張光裕、黄德寬古文字學論稿，安徽大學出版社二〇〇八年版；

何有祖慎子曰恭儉劄記，簡帛網二〇〇七年七月五日首發；
劉洪濤上博竹書慎子曰恭儉校讀，簡帛網二〇〇七年七月六日首發；
李銳上博簡慎子曰恭儉疏解，「出土文獻與傳世典籍的詮釋——紀念譚樸森先生逝世兩周年國際學術研討會」論文，二〇〇九年六月十三日。

上述各家的釋讀入選的標準是對慎子曰恭儉全文作出釋讀的學者。此外，尚有不少學者對本篇個別字句的釋讀提出了不少有價值的意見。如：

陳劍讀上博六短札五則，簡帛研究網二〇〇七年七月二十日首發；
郝士宏初讀上博簡六，簡帛網二〇〇七年七月二十一日首發；
沈培上博六字詞淺釋七則，簡帛網二〇〇七年七月二十一日首發；
范常喜讀上博六札記六則，簡帛網二〇〇七年七月二十五日首發；
胡瓊釋慎子曰恭儉中的「陟」，簡帛網二〇〇七年八月八日首發；
林志鵬楚竹書慎子曰恭儉「去宥」及相關問題，簡帛網二〇〇八年五月六日首發。

這裏也根據需要酌情採用。由於竹簡的釋讀是一個逐步提高漸趨成熟的過程，上述各家在簡序編排與文字釋讀方面，隨時間的不同也時有調整與更改。比如陳偉先生撰有上博竹書慎子曰恭儉初讀一文（簡帛網二〇〇七年七月五日首發），後經修訂收入張光裕、黄德寬主編的古文字學論稿中，並由安徽大學出版社於二〇〇八年出版。這裏以修訂過的釋讀爲準。李鋭先生關於此篇的釋讀，也以雜志、網站、學術會議等不同途徑發表過，這裏選擇時間相對靠後、釋讀相對完整的上博簡慎子曰恭儉疏解一文。但也有部分未改之前的釋讀有參考價值，則隨文注出。筆者自己的編聯與釋讀以「按」字綴後。

【校】

「慎」，原作「訢」。李朝遠曰：訢，从言从斤，楚簡文字中均爲「誓」，讀爲「慎」。

慎子曰：恭儉①以立身，堅强以立志〔一〕，忠陟②以反淳③〔二〕，逆友以載道〔三〕，精瀍以順勢④〔四〕。（一）

干恭以爲豐儉，莫偏〔五〕；干信以爲言，莫偏〔六〕；干强以庚志〔七〕（二）厚，不纆其志，故曰强⑤〔八〕。首皆⑥茅芺楮筱〔九〕，執樝遵⑦畎備畝⑧〔一〇〕，必於〔下缺〕（五）勿以坏身〔一一〕，中仉而不皮〔一二〕，任德以竢⑨〔一三〕，故曰静⑩〔一四〕。斷室〔下缺〕（三）

【校】

①李朝遠曰：「共」同「恭」。「儉」，原作「㑹」，「㑹」同「僉」，楚簡中往往讀爲「儉」。②「陟」，原作「步」，胡瓊以爲作「陟」。③「淳」，原作「亯」，李朝遠以爲讀爲「敦」，李學勤以爲讀作「淳」。此從李學勤説。④「順」，原作「巽」。「勢」，原作「⿱埶女」。此從李學勤説，作「順勢」。⑤「强」，原作「居」，此從陳偉釋作「强」。⑥「⿱止首」，从止从首，疑作「道」。⑦「遵」，原作「⿺辶㕣」。劉洪濤以爲作「送」，陳劍以爲作「遵」。此從陳劍説。⑧「畝」，原作「畎」。此從陳劍説。⑨「竢」，原作「⿺辶巳」。⑩「静」，原作「青」。

【注】

〔一〕李朝遠曰：儒家經典中常見有「恭儉」一詞，如孟子離婁上：「恭者不侮人，儉者不奪人，侮奪人之君，惟恐不順焉，惡得爲恭儉？恭儉豈可以聲音笑貌爲焉？」由此可知，不侮慢人者爲恭，不奪取人者爲儉。慎子也多有儒家思想，將之視爲立身之本。立身：處世，爲人。史記太史公自序：「且夫孝始於事親，中於事君，終於立身。」　**按**：此爲第三支簡簡背，整理者認爲當爲此篇篇題，則此篇所論主旨爲「恭儉」。李朝遠曰「恭儉」常見於儒家經典，是，然亦常見於黄老道家之書中。如馬王堆帛書十大經雌雄節：「憲敖（傲）驕居（倨），是胃（謂）雄節；□□共（恭）驗（儉），是胃（謂）雌節。夫雄節者，浧之徒也。雌節者，兼（謙）之徒也。夫雄節以得，乃不爲福，雌節以亡，必得將有賞。夫雄節而數得，是胃（謂）積英（殃），凶優重至，幾於死亡。雌節而數亡，是胃（謂）積德，慎戒勿法，大禄將極。」帛書十大經順道亦曰：「昴湿共（恭）僉（儉），卑約主柔，常後而不失（先）。」「恭儉」於此兩見。恭，謙恭。説文：「恭，肅也。」儉，謙遜的樣子。荀子非十二子：「儉然，恀然。」楊倞注：「自謙卑之貌。」帛書裏的「恭儉」與「驕倨」對言，指態度謙卑，此即「雌節」，也就是説「恭儉」是主柔，屬於柔節。帛書稱：「地[之]德，安徐正静，柔節先定，善予不争。此地之度而雌之節也。」管子九守、鬼谷子符言有「安徐正静，柔節先定」，柔節即雌節。帛書主張用雌節。帛書整理者云：「節是古代使者的憑證。形如竹節，分爲兩半，合起來以判明真假，所以有雌節、雄節之分。道家主張：『知其雄，守其雌，爲天下谿。』（見老子）意謂内心雖剛强，外表卻要柔弱，待時應變之道。文子道原：『故聖人隨時而舉事，因資而主動。守清道，拘雌節，因循而應變，常後而不先。柔弱以静，安徐以定，功大靡堅，不能與争也。』」慎子乃黄老道家代表人物，故此處「恭儉」當從帛書之義，作雌節（或柔節）。「恭儉以立身，堅强以立志」，即言雌雄節。恭儉即雌節，堅强即雄節。志，心之所之曰志。帛書稱曰：「心之所欲則志歸之，志之所欲則力歸之。」則志爲心，爲内，身爲形，爲外。「恭儉以立身」，乃云外表要柔弱。「堅强以立志」，則云内心要堅强。此二句即老子所説的「知其雄，守其雌，爲天下谿」之意。此句與黄老帛書意思相近相通，與黄老道家的思想相通。慎子之學乃稷下黄老一派，此爲慎子佚文無疑。

〔二〕李朝遠曰：「步」，疑可讀爲「樸」。步、樸均爲並紐、雙聲，魚、屋，旁對轉。「忠步」，即忠誠樸實。◎李學勤曰：「忠步」的「步」，原讀爲「樸」，韻部相遠，當讀爲同屬並母、韻部魚鐸對轉的「白」。「忠」當讀爲「衷」，「衷」的意思是中心（其實「忠」字也有這樣的訓詁），所以「衷白」云者便是「白心」。過去蒙文通先生、裘錫圭先生都曾提出管子的心術、白心、内業等篇是田駢、慎到一系的作品，於此又得一證。◎陳偉曰：這個字下面从心的寫法，見於上博簡周易四號簡訟卦，整理者參照今本，釋爲「懥」，讀爲「窒」。張新俊博士指出：包山簡中的這個字應該參照這條資料改釋爲「疐」。說文：「疐，礙不行也。」段注說：「以大學懥亦作懫推之，則疐即躓字，音義皆同。」我們懷疑在這裏應該讀爲「質」。國語楚語下：「容貌之崇，忠信之質，禋絜之服，而敬恭明神者，以爲之祝。」韋注：「質，誠也。」莊子知北遊：「夫子之問也，固不及質。」成玄英疏：「質，實也。」與「忠」義近。「亯」字，也許是楚簡中常見的「貞」字，只是上部「卜」的寫法略有變形。「貞」，有誠信的意思。大戴禮記文王官人「觀其貞良」，王聘珍解詁：「貞，誠也。」「貞」也可能讀爲「真」。「反真」指復歸本原，回返天然。莊子秋水：「謹守而勿失，是謂反真。」淮南子齊俗訓：「今夫王喬、赤誦子，吹嘔呼吸，吐故内新，遺形去智，抱素反真，以游玄眇，上通雲天。」（上博竹書慎子曰恭儉初讀，簡帛網二〇〇七年七月五日首發）◎何有祖曰：「疐」應讀爲「實」，「實」爲船母質部字，與「疐」古音甚近，例可通假。簡文「忠疐」疑當讀作「忠實」。史記萬石張叔列傳：「上以爲廉，忠實無他腸。」史記李將軍列傳：「彼其忠實心誠信於士大夫也？」後漢書蔡邕傳：「故太尉劉寵，忠實守正。並宜爲謀主，數見訪問。」顯然忠實是一種比較可貴的政治品格。在簡文中則是與恭儉、堅强並列的一種比較好的修身方法。「反」似可讀作「返」。「反」後一字李朝遠先生隸爲「享」，讀爲「敦」。陳偉老師隸爲「貞」。今按：此字疑从人从舟，疑即「俞」字。「俞」有安定的意思。吕氏春秋知分：「古聖人不以感私傷神，俞然而以待耳。」高誘注：「俞，安。」簡文當指忠實的品格會帶來自身内心的安定。◎劉洪濤曰：「壴」疑應讀爲「悌」。「悌」上古音屬定母脂部，「壴」屬端母質部，聲近可通。「悌」兼指「孝悌」而言，玉篇心部：「悌，孝悌。」論語學而：「其爲人也孝弟。」◎郝士宏曰：（「步」字）趙誠先生釋爲「壴」，讀爲「至」。簡文此處疑讀「至」爲是。葛洪抱朴子臣節：「夫忠至者無以爲國，況懷智以迷上乎！」南朝梁武帝浄業賦序：「謝朏、孔彦顔等，屢勸解素，乃是忠至，未達朕心。」忠至意謂忠誠之極，似與前句意正相屬。◎林志鵬曰：「亯」疑讀爲「純」。古籍中从「亯」與从「屯」之字往往相通。「純」可訓爲一、精、專，即不駁雜之意。莊子齊物論：「參萬歲而一成純。」郭象注：「純者，不雜者也。」**按**：步，胡瓊以爲作「陟」，是可取的。此字亦見包山簡一六七、一九四，皆从兩止从田。又見中山王壺銘，何琳儀釋作「陟」，讀爲「德」。陟，左邊爲阜，阜爲小山，可農作，亦可作田也。右邊爲兩止。陟，通「得」，讀如德。周禮春官大卜：「掌三夢之法，一曰致夢，二曰觭夢，三曰咸陟。」鄭玄注：「陟之言得也，讀如『王德翟人』之德。言夢之皆得。」釋文：「陟，或音得。」孫詒讓正義引段玉裁曰：「讀如德者，專擬其音也；言夢之皆得者，説其義也。陟、得、德三字古音同部。」「忠陟」即「沖得」。亯，説文享字在亯部，字形相同。亯，當作享，讀作淳。「忠陟以反純」，意即人若以雌節立身，以雄節立志，二者相融，人即能返歸淳樸。道家言陰陽，陰陽調和爲中。老子第四十二章：「萬物負陰而抱陽，沖氣以爲和。」和即陰陽二氣相互調和。第五章又曰：「多言數窮，不如守中。」

〔三〕李朝遠曰：「逆友」，逆，迎接；「𦐖」同「友」，相互合作。周禮天官大宰：「以九兩繫邦國之民，……八曰友，以任得民。」「逆友」，主動相互合作。「載道」，行道，實行一定的治國方略。◎李學勤曰：「逆又」一詞乍看十分費解。逆是疑母鐸部字，可通溪母鐸部的「卻」，也可對轉讀爲溪母魚部的「去」，「又」則讀作「宥」。簡文「卻宥以載道」的「載」，可依詩大明傳訓作「識」。◎陳偉曰：楚簡逆字所从屰的橫筆都不是平直的，而是或多或少帶有弧形。這個字辵旁之外的寫法其實更像是楚簡中的「干」，可能是用作動詞的「干」。「干」有「求」的意思。書大禹謨：「罔違道以干百姓之譽。」孔傳：「干，求也。」干友，即求友、結交朋友。◎何有祖曰：疑當進一步讀作「諫」。「諫友」意與「諍友」同。白虎通諫諍引孝經：「大夫有諍臣三人，雖無道，不失其家。士有諍友，則身不離於令名。」今本孝經諫争作「争友」。◎李鋭曰：「逆」疑讀爲「擇」，二字聲素古通。擇友，大戴禮記主言記孔子言有「上親賢則下擇友」；新序雜事一：「楚王曰：吾聞之，諸侯自擇師者王，自擇友者霸。」載，疑可解釋爲「成」，小爾雅廣詁：「載，成也。」**按**：友，即順。書洪範：「彊弗友剛克。」僞孔傳：「友，順也。」逆、順，相對而言。

載，通「戴」。詩周頌絲衣：「絲衣其紑，載弁俅俅。」鄭箋：「載，猶戴也。」禮記曲禮上：「前有水，則載青旌。」釋文：「載本亦作戴。」老子第十章：「載營魄抱一。」漢帛書乙本「載」作「戴」。莊子庚桑楚：「昭景也，著戴也。」釋文：「戴本亦作載。」戴道，以道爲最高尚。逆友以載道，意即或逆或順，均以道爲最高之準則。馬王堆帛書經法四度：「逆順同道而異理，審知逆順，是胃(謂)道紀。以强下弱，何國不克？以貴下賤，何人不得？」與此意同。

〔四〕李朝遠曰：「精」，精通；「灋」，制度準則。「埶」同「藝」，「巽埶」，即巽藝，指掌握爲官的才能。◎李學勤曰：「巽」屬心母文部，讀爲船母同韻的「順」。「埶」則讀作「勢」。「精」，應依淮南子脩務訓注爲「專」，精法順勢就是專法順勢。◎李鋭曰：「巽」字筆者舊讀爲「順」，李學勤先生亦有此讀。二字聲素古有相通之例證。黄人二先生以爲「巽」與「順」不若「巽」與「循」古音近，此似以近世歸納之音理斥古書之例證，恐不可從。讀爲「循」或可謂好意見，有慎子因循可爲輔證，淮南子泰族亦有例證：「水之性，淖以清，窮谷之污，生以青苔，不治其性也。掘其所流而深之，茨其所決而高之，使得循勢而行，乘衰而流。」但是「循」之常義即是順，如説文：「循，行順也。」慎子之因循即是因順。**按**：此句「精法」二字從李朝遠，「順勢」二字從李學勤。精，专誠之意。管子心術下：「形不正者德不來，中不精者心不治。」精法順勢即專法順勢。此句論法須順勢，實從黄老道家思想論法。

〔五〕李朝遠曰：「豊」，禮。儒家經典中「恭」常與「禮」在一起。禮記經解：「……恭儉莊敬，禮教也。」論語學而：「恭近於禮，遠恥辱也。」「偏」，不正，偏離。「干」，有空乏義，禮記大傳：「干祫及其高祖。」鄭玄注：「干，空也。」「莫偏干」就是不要偏離正中，空乏非誠。◎李學勤曰：「干」屬見母元部，讀爲影母同韻的「焉」。◎劉洪濤曰：「干」，古音屬見母元部，疑讀爲影母元部之「安（焉）」。用作語詞，二字韻部相同，聲母屬喉牙音通轉，所以可以通假。如史記酷吏列傳「日晏，天子忘食」，漢書張湯傳引「晏」作「旰」；楚辭九歌「懼年歲之既晏」，洪興祖考異：「晏，一作旰。」「儉」，疑爲「道」字。「恭以爲體，道莫偏焉」，意爲把恭敬作爲根本，道就不會偏離。此句與「恭儉以立身」照應。◎何有祖曰：此簡「干」字三見，疑當讀作「諫」。鬼神之明簡二有「訐（諫）」字，可以爲證。**按**：干，求。書大禹謨：「罔違道以干百姓之譽。」論語爲政：「子張學干禄。」豐，昌盛，豐富。豐儉，意爲使儉更加儉樸。干恭以爲豐儉，意謂求恭乃使儉更樸質，更近於道。此對應第一簡「恭儉以立身」。

〔六〕李朝遠曰：「信」，誠實，不欺；「言」，説文言部：「直言曰言。」信以爲言，以誠實不欺爲話語，正如胡三省注資治通鑑唐僖宗光啓三年時説：「信，誠實不妄言者也。」◎劉洪濤曰：「信以爲言莫偏焉」，疑「言」下奪一重文號，原應作「信以爲言，言莫偏焉」，句式與「恭以爲體，道莫偏焉」同。此句可能同「忠悌以返貞」照應。◎李鋭曰：「信以爲言」，參穀梁傳僖公二十二年：「言之所以爲言也，信也；言而不信，何以爲言？」**按**：左傳襄公二十七年：「晉、楚各處其偏。伯夙謂趙孟曰：『楚氛甚惡，懼難。』趙孟曰：『吾左還，入於宋，若我何？』」辛巳，將盟於宋西門之外。楚人衷甲。伯州犁曰：『合諸侯之師，以爲不信，無乃不可乎？夫諸侯望信於楚，是以來服。若不信，是棄其所以服諸侯也。』固請釋甲。子木曰：『晉、楚無信久矣，事利而已。苟得志焉，焉用有信？』太宰退，告人曰：『令尹將死矣，不及三年。求逞志而棄信，志將逞乎？志以發言，言以出信，信以立志，參以定之。信亡，何以及三？』」「信以立志」，故立志務須求信。「干信」即求信。因信以立志，故言而求信，如此志便得立。此對應上文「堅强以立志」。「堅强以立志」，具體做法即求言而有信。

〔七〕李朝遠曰：「庚志」，庚，續也。詩小雅大東：「東有啓明，西有長庚。」毛傳：「庚，續也。」庚志即續志。本簡講恭、儉、信，似與禮記表記「子曰：恭近禮，儉近仁，信近情」有關。◎何有祖曰：「强」，或可釋爲「咨」。「咨」，謀也。書堯典：「咨十有二牧。」僞孔傳：「咨，亦謀也。」◎劉洪濤曰：「强以庚志」與「堅强以立志」照應。◎李鋭曰：「庚」讀爲「賡」。**按**：庚，抵償。禮記檀弓下：「季子皋葬其妻，犯人之禾。申祥以告。曰：『請庚之。』」鄭玄注：「庚，償也。」干强以庚志，意謂求强以補心志。

〔八〕李朝遠曰：「繮」，讀爲「彊」，即「强」。「不强其志」，與簡一「堅强以立志」相呼應。◎陳偉曰：「繮」，此字右旁也許是畾（雷），恐當讀爲「累」，連累、妨礙的意思。書旅獒：「不矜細行，終累大德。」孔穎達疏：「若不矜惜細行，作隨宜小過，終必損累大德矣。」戰國策東周策：「且臣爲齊奴也，如累王之交於天下，不可。」鮑彪注：「累者，事相連及，猶誤也。」◎何有祖曰：

「繮」，原釋文隸定不誤，但讀作「强」則恐需作進一步考慮。「繮」，恐當讀如本字。説文：「繮，馬紲也。」白虎通誅伐：「人銜枚，馬勒繮，晝伏夜行爲襲也。」「繮」在本文中應該用作動詞，有「牽制」之意。「禄，不繮其志」，當指個人志向不受厚禄牽制。◎劉洪濤曰：「繮」，从四「田」，疑爲金文習見之「申就」的「申」字。穀梁傳莊公十二年：「魯喜其女得申其志也。」後漢書丁鴻傳：「昔伯夷、吴札亂世權行，故得申其志耳。」又樊英傳：「非禮之禄，雖萬鍾不受也。申其志，雖簞食不厭也。」◎李鋭曰：「禄不累其志，故曰强」，對應「堅强以立志」之「强」。慎子佚文有「外物不累其内」。**按**：厚，説文「厚」字在亯部，説文：「㫗，厚也。从反亯。」徐鍇曰：「亯者，進土也。以進上之具反之於下則厚也。」「亯」字之倒形即厚。説文「享」字作「亯」。「享」意亦爲厚。厚，即上文「亯」字。厚，意爲淳。淮南子齊俗訓曰：「澆天下之淳，析天下之樸。」高誘注：「淳，厚也。」文選張衡東京賦：「淳化通於自然。」薛注：「淳，厚也。」「厚，不繮其志，故曰强」，意謂淳樸就不會被内心所欲而羈絆，這就是强。李鋭引慎子佚文曰「外物不累其内」，所説甚是。何有祖説文意亦近是，可參。

〔九〕李朝遠曰：「茅」，茅草。「芙」，芙蓉，芙蓉花。「筱」，説文竹部：「箭屬，小竹也。」◎陳偉曰：旹，此字从木作，恐當釋爲「植」，讀爲「置」。也就是説，這個从止从首的字，應該是「直」字的異體。因爲从「止」得聲，自可讀爲「止」。國語晉語三：「丕鄭如秦謝緩賂，乃謂穆公曰：『君厚問以召吕甥、郤稱、冀芮而止之。』」韋昭注：「止，留也。」左傳僖公十五年：「輅秦伯，將止之。」杜預注：「止，獲也。」漢書五行志下之上：「夏帝卜殺之，去之，止之，莫吉。」師古注：「止謂拘留也。」楷，當釋爲「樸」。「樸」，疑可讀爲「撰」，握持義。楚辭九歌東君：「撰余轡兮高駝翔，杳冥冥兮以東行。」洪興祖補注：「撰，定也，持也。」正與「執」對應。◎劉洪濤曰：楷，此字右旁與上博竹書民之父母十一簡「巽」字相近，則應釋爲「樸」。「筱」，當讀爲「莜」。說文艸部：「莜，艸田器。論語曰：『以杖荷莜。』」今論語作「蓧」。◎何有祖曰：「首」後一字原釋文隸作从首从之，並讀作「之首」。按：此字與下文「執」相對應，當同爲動詞，疑讀作「置」。「置」可指購買、置辦。韓非子外儲說左上：「鄭人有且置履者，先自度其足。」「茅芺」，疑讀作「茅蒲」。「芺」、「蒲」皆屬於魚部并紐，音同可通。而从「甫」與从「夫」之字典籍多可通作。如左傳昭公十三年：「飲冰以蒲伏焉。」釋文：「蒲亦本作扶。」詩邶風谷風：「匍匐救之。」禮記檀弓下、孔子家語論禮、漢書谷永傳引「匍」作「扶」。因此，「茅芺」讀作「茅蒲」應該是可以的。「茅蒲」即斗笠，一種擋雨遮陽用的笠帽。國語齊語：「脱衣就功，首戴茅蒲，身衣襏襫，霑體塗足，暴其髮膚，盡其四支之敏，以從事於田野。」韋昭注：「茅蒲，簦笠也。」首置茅蒲，即頭上置備有斗笠。「楷」，此字右部當爲「晉」字變體，應隸作「榗」。「榗」本爲木的一種。說文木部：「榗，木也。」在簡文中疑讀作「搢」，訓作插。儀禮鄉射禮：「三耦皆執弓，搢三而挾一個。」鄭玄注：「搢，插也。插於帶右。」**按**：首，作「手」解。首、手互通。儀禮士喪禮：「載魚左首。」鄭注：「古文首爲手。」禮記檀弓上：「斂首足形。」孔子家語曲禮「首」作「手」。通典禮四十六引同。莊子達生:「則捧其首而立。」釋文:「首,一本作手。」旹,字形上从止从首,當隸作道。説文「道」作从辵从旹,並説古文道从旹从寸,與从止从首的旹字字形相似。道即導。首旹,即手導。楢,一種植物名。手植茅芙楢筱,意即手裏持有收割好的茅草、芙蓉花、小竹子等植物。

〔一〇〕李朝遠曰:「執」,持,握。從這裏的上下文看,「迯」可讀作「適」,爾雅釋詁上:「適,往也。」畎,田間的小溝。備,廣韻至韻:「咸也,皆也。」「執櫨迯畎備耕」,即拿着工具往去田間開溝並完成了開溝任務。或是實事,或是比喻,但都應與恭儉有關,與從小事做起的思想有關。◎劉洪濤曰:諦審圖版,此字从「田」从「女」,疑即「晦」字異體。◎陳偉曰:「迯」,如果作爲从弁得聲的字考慮,有可能讀爲「塍」。説文:「稻中畦也。从土,朕聲。」與「畎」義近。在傳世文獻中,「塍畎」一詞始見於陳書後主紀,其云:「其有新闢塍畎,進墾蒿萊,廣袤勿得度量,徵租悉皆停免。」指天地。備,實當釋爲「𠈪」。其右旁可與上博竹書周易四十七、四十八號簡以及簡大王泊旱二十三號簡中的「羕」字參看。於此恐當讀爲「傭」,雇用義。韓非子外儲説右下:「臣有子三人,家贫,無以妻之,傭未反。」耕,整理者釋爲「畎」。此字右旁残壞,從輪廓和上文看,疑可釋爲「耕」。史記陳涉世家:「陳涉少时,嘗與人傭耕。輟耕之壟上,悵恨久之,曰:『苟富貴,無相忘。』傭者笑而應曰:『若爲傭耕,何富貴也。』」索隱:「廣雅云:『傭,役也。』謂役力而受雇直也。」◎陳劍曰:「迯」,當作「送」。「送」,當讀爲「遵」。楚文字中的「畚」即「尊」字。簡文此字與「畚」皆从聲旁「弁」,故可與「遵」相通。「畎」謂田間小水溝。「畝」,原釋作「畎」。上文已有「畎」，故疑此字當釋爲「畞」。「遵畎服畞」即沿着田間水溝到田裏去從事農作。◎沈培曰：「遵畎」當是沿着田間小水溝之義。其中「遵」的用法猶詩經豳風七月「遵彼微行」之「遵」。◎劉建民曰：樝，當讀作「鉏」。説文金部：「鉏，立薅所用也。」（劉洪濤上博竹書慎子曰恭儉校讀引，簡帛網二〇〇七年七月六日）**按**：樝，一種類似山楂的植物。「執樝巡畎備耕」，意即手持樝苗去播種。此句與上句連讀，則一爲收割，一爲播種。收割、播種皆以外物滿足自身之需求。

〔一一〕李朝遠曰：「坏」，禮記月令孟冬之月「坏城郭，戒門閭」，鄭玄注：「坏，益也。」益，説文皿部：「益，饒也。」富裕且奢侈。「勿以坏身」，即不要富裕奢侈自身。◎何有祖曰：「坏」以「不」爲聲，似可讀作「附」。◎劉洪濤曰：「坏」也許應讀爲「背」。◎陳偉曰：坏，似當讀爲「丕」。漢書郊祀志下：「丕天之大律。」顏師古注：「丕，奉也。」「勿（物）」前恐殘去一字，「□物以丕身」，與後文「中處而不頗」句式略同。◎李鋭曰：此處論及「物」，當爲慎子之物論。莊子天下論慎子等之行爲爲：「古之道術有在於是者，彭蒙、田駢、慎到聞其風而悦之，齊萬物以爲首。」上簡末或可能與「齊物」有關。**按**：勿，即物。書立政：「時則勿有間之。」論衡明雩引「勿」作「物」。老子第四十二章：「故物或損之而益，或益之而損。」漢帛書甲本「物」作「勿」。莊子天道：「中心物愷。」釋文：「物本亦作勿。」坏，音裴。原義爲用泥塗塞空隙。禮記月令孟秋之月：「修宫室，坏牆垣，補城郭。」釋文：「坏，步回反。」這裏借指用外物填補身體之缺憾，也即用外物滿足身體之欲求。

〔一二〕李朝遠曰：「仉」爲「處」字，字形與郭店簡成之聞之八「處立」之「處」同。裘錫圭先生按：「包山楚簡，居尻『連文……似乎此字確當釋處』。」「中處」，持中。皮，可讀爲「頗」，指偏頗。「中仉而不皮」，即持中而不頗。◎劉洪濤曰：「中居」，猶「居中」，處在中正的位置。論語顔淵：「居之無倦。」劉寶楠正義：「居爲居位。」晏子春秋：「不權居以爲行。」俞樾諸子平議：「居，猶位也。」皮，讀爲「彼」，用作語詞。吕氏春秋本味：「道者止彼在己。」朱駿聲説文通訓定聲認爲是「發聲之詞」。或作「非（匪）」。**按**：「中仉而不皮」作「中處而不頗」，諸家無疑義。中處，即守中。老子第五章：「多言數窮，不如守中。」此句意謂當使外物滿足口腹之欲望時，守住心中而不偏向。此句與上下文聯繫起來，意謂對外物滿足人之口腹之欲須保持克制，使内心虛空，等待「德」之到來，故乃爲言虛静。鬼谷子本經陰符七術「養志法靈龜」曰：「有所欲，志存而思之。志者，欲之使也。欲多則心散，心散則志衰，志衰則思不達。」此外物滿足於人的生理（身）需求，須克制。鬼谷子本經陰符七術「養志法靈龜」又曰：「無爲而求安静五臟，和通六腑，精神魂魄固守不動，乃能内視、反聽、定志。慮之太虛，待神往來。」

〔一三〕李朝遠曰：「任德」，老子第四十九章河上公本題曰「任德」。「任德」即用德。古代常有「天之任德不任刑也」之説，「任德」與「任刑」相對。「𥩟」，説文立部：「竢，待也，从立，矣聲。𥩟，或从巳。」同竢、俟，等待。左傳成公十六年：「若唯鄭叛，晉國之憂可立竢矣。」◎劉洪濤曰：

「竢」，當釋爲「害」。諦審圖版，此字左旁从「禹」，右旁从「攵」，即「害」字異體。「勿以恭身中居而不彼任德以害」，意爲不要身處中正之道但卻不能承擔其德而造成危害。這是强調有德者居其位。**按**：此處「德」即神明，如上引鬼谷子「待神往來」之「神」。此句與上四句一起，意即言道家「静」的修養方法，不以外物滿足口腹之欲而滌除心境以待德。

〔一四〕李鋭曰：「静」，今據前文「精法以順勢」讀爲「精」。「身中處而不頗，任德以竢」，當是求得「精」的方法。**按**：「青」當讀爲「静」。青、静，均爲耕部字，韻相通。「静」與「清」通，老子二十六章：「静爲躁君。」漢帛書甲本「静」作「清」。禮記樂記：「正直而静，廉而謙者，宜歌風。」史記樂書「静」作「清」。清、静亦常連用。「青」與「清」音同，古多通用。吕氏春秋序意：「青荓爲參乘。」水經注汾水「青荓」作「清洴」。莊子讓王：「因自投清泠之淵。」吕氏春秋離俗高注「清泠」作「青令」。國語晉語四「青陽」，漢書律曆志作「清陽」。故静、清、青彼此相通。

襄得用於世〔一〕，均分而廣施〔二〕，時德而方①義〔三〕。民之〔下缺〕（四）踐今，爲民之故仁之至〔四〕。是②以君子向方〔五〕，知道不可以疑③〔六〕。臨〔下缺〕（六）

【校】

①「方」，陳偉以爲作「傍」。

②「是」，原作「氏」。

③「疑」，陳偉讀作「矣」。

【注】

〔一〕李朝遠曰：「襄」，説文衣部：「漢令：解衣耕謂之襄。」◎陳偉曰：李朝遠釋爲「襄」的這個字，可能是「敬」字的異構，讀爲「苟」，假設的意思。◎何有祖曰：「襄」，在簡文中疑讀爲「讓」。◎李鋭曰：「襄」，古音心紐陽部，可讀爲尚（古音禪紐陽部）。「襄」，古書有訓爲「上」者，尚書堯典：「蕩蕩懷山襄陵。」孔傳：「襄，上也。」雲夢睡虎地秦簡日書簡二十八有「鼠襄户」，即鼠上户，白澤精怪圖有「（鼠）上樹」。「上」與「尚」音同，古多通用。左傳昭公十三年：「初，靈王卜曰：『余尚得天下？』」**按**：襄，讀如字，意即成。左傳定公十五年：「葬定公，雨，不克襄事，禮也。」杜預注：「襄，成也。」引申为襄助、辅助。「襄得用於世」，意即用於世而得襄助。诸家言皆未妥。

〔二〕李朝遠曰：「均分」，即按等級規定分配。國語周語中：「昔我先王有天下也，規方千里以爲甸服……其餘均分公侯伯子男。」「廣施」，即廣泛地移此以益彼，這是均分的一種手段。◎李鋭曰：莊子天下言慎到等之行爲：「公而不黨，易而無私。」**按**：「均分而廣施」，有均平貴公之意。馬王堆帛書經法果童曰：「今余欲畜而正之，均而平之，誰敵（適）繇（由）始？」李鋭引莊子評慎到語以釋句意，甚是。

〔三〕李朝遠曰：「時」，適時，合乎時宜，孟子萬章下：「孔子，聖之時者也。」「時德」之「時」應爲動詞，按時、適時地行德行。「方」，廣雅釋詁三：「爲也。」「義」者，宜也。「時德而方義」，按時、適時地實踐德行而爲宜。　◎陳偉曰：此句似當讀作「恃德而傍義」。史記商君列傳引書曰：「恃德者昌，恃力者亡。」論衡答佞：「思慮遠者，必傍義依仁，亂於大賢。」可以爲證。　◎范常喜曰：「時」、「方」二字也可能讀作「持」和「秉」，出土文獻中亦見相通之例。如：上博二從政甲：「時（持）善不猒（厭）。」楚王酓章鎛：「其永時（持）用亯（享）。」銀雀山漢墓竹簡六韜：「君方（秉）明德而誅之。」「時德而方義」即「秉持德義」。文獻中多見類似的記載，如戰國策秦策三：「蔡澤曰：質仁秉義，行道施德於天下，天下懷樂敬愛，願以爲君王，豈不辯智之期與？」鹽鐵論論儒：「君子執德秉義而行，故造次必於是，顛沛必於是。」由此可見，將簡文「時德以方義」讀作「持德而秉義」，與文獻中的相關記載也比較相合。　**按**：時，伺，窺伺。論語陽貨：「陽貨欲見孔子，孔子不見。歸孔子豚。孔子時其亡也而往拜之。」時德，窺伺德。方，即旁。書益稷：「方施象刑惟明。」白虎通聖人、新序節士引「方」作「旁」。儀禮士喪禮：「牢中旁寸。」鄭注：「今文旁爲方。」管子形勢解：「民之從利也，如水之走下，於四方無擇也。」羣書治要引「方」作「旁」。旁，通「傍」，接近。「時德而方義」即「窺德而傍義」。老子第三十八章曰：「上德無爲而無以爲，下德爲之而有以爲。上仁爲之而無以爲，上義爲之而有以爲。上禮爲之而莫之應，則攘臂而扔之。故失道而後德，失德而後仁，失仁而後義，失義而後禮。」老子這裏乃抨擊「禮」，以爲由道及禮的路徑爲：道—德—仁—義—禮。故曰「失道而後德，失德而後仁，失仁而後義，失義而後禮」。而在「德」與「義」之間爲「仁」。「仁」上接「德」，下啓「義」。「窺德而傍義」即言「仁」。故下文言「仁」。

〔四〕李朝遠曰：「踐」，履行，實踐。禮記曲禮：「修身踐言，謂之善行。」鄭玄注：「言履而行之。」禮記中庸「踐其位」，朱熹四書章句集注：「踐，猶履也。」仁，賢也。禮記緇衣有「好賢不堅」，郭店簡緇衣四四和上博簡緇衣二二、二三均作「好仁不堅」。　**按**：踐，到臨。莊子讓王：「非其義者，不受其禄；無道之世，不踐其土。」漢司馬遷報任安書：「且李陵提步卒不滿五千，深踐戎馬之地。」此句言及「仁之至」，乃對應上文「窺德而傍義」之「仁」而言。「仁」乃儒家核心術語。論語顏淵：「樊遲問仁。子曰：『愛人。』」「愛人」包括愛民。「爲民之故仁之至」，「爲民」，即做到了「仁之至」。此句乃對儒家「仁」之評論，爲下文批駁作鋪墊。

〔五〕李朝遠曰：方，義理，道理。禮記樂記：「樂行而民鄉方。」孔穎達疏：「方，猶道也，而民歸鄉仁義之道也。」禮記緇衣：「君子之朋友有鄉，其惡有方。」這裏的「向」指善的方鄉，「方」指惡的方鄉。「向方」並論，即鄉方，歸於正道，遵循正確的方鄉。呂氏春秋音初：「故君子反道以修德，正德以出樂，和樂以成順。樂和而民鄉方矣。」文子符言：「開道之於善，而民鄉方矣。」「向方」，文獻中都是給民指示正確方鄉的。郭店簡尊德義二八有「爲故率民向方者，惟德可」。本簡與上引文獻和尊德義句的大義相同。「爲民之故」即「爲故率民」，（君子）仁至極了，因此君子就是正確的方鄉。　◎陳偉曰：向方、知道是意義近似的並列結構，不當斷讀。李先生所讀「疑」，可能爲「矣」，也可能讀爲「俟」。在前一種情形下，是説君子已經向方知道，無可疑惑。在後一種情形下，是説君子追求向方知道，不應等待。按：論語雍也：「子貢曰：『如有博施於民而能濟衆，何如？可謂仁乎？』子曰：『何事於仁！必也聖乎！堯、舜其猶病諸！夫仁者，己欲立而立人，己欲達而達人。能近取譬，可謂仁之方也已。』」此處之「方」即論語所云「仁之方」。「向方」，即嚮往「仁之方」，也即子貢所云之「博施而濟衆」。

〔六〕李朝遠曰：「智」，知；「道」，道德，道義。「民」知「道」是無可疑的。◎劉洪濤曰：「君子向方知道，不可以疑臨」，意爲君子懂得大道，不能够用疑去臨對他，因爲道德已成，不爲所動。◎李鋭曰：「疑」讀爲「矣」，從陳偉説。此處「矣」疑可讀爲「已」，二字古通。荀子勸學：「君子曰：學不可以已。」此處論「向方知道」，疑與「擇友以載道」有關。按：上文云儒家「仁之方」，也即所謂「博施而濟衆」，在孔子看來乃近乎「聖」之事，然在道家看來卻遠遜於「道」。因爲在老子那裏，「道」下爲「德」，「德」分上下，「上德」接近於「道」，「無爲而無以爲」；「下德」次於「上德」，「無爲而有以爲」。「下德」之下則派生出「仁」，「仁」則「爲之而無以爲」，離「道」無爲愈下矣。故「仁」距「道」甚遠，故曰「知道不可以疑」。此簡與第四簡語義連貫，當系聯在一起。兩簡内容反映了道家思想，其中亦可見儒道爭鳴之一斑。

附録一　歷代官私書志著録

漢書藝文志諸子略法家

慎子四十二篇（班固曰：「名到，先申韓，申韓稱之」）。

隋書經籍志法家

慎子十卷（戰國時處士慎到撰）。

舊唐書經籍志法家

慎子十卷（慎到撰，滕輔注）。

新唐書藝文志法家

慎子十卷（慎到撰，滕輔注）。

宋史藝文志法家

慎子一卷（慎到撰）。

崇文總目

慎子一卷。慎到撰，原釋三十七篇。

陳騤中興書目

慎子一卷。

晁公武郡齋讀書志

慎子一卷。右例陽人慎到之書也。唐藝文志云：慎子十篇，慎到撰，滕輔注，蓋法家云。

尤袤遂初堂書目雜家類

慎子。

鄭樵通志藝文略法家

慎子一卷（戰國時處士慎到撰。舊有十卷，漢有四十二篇，隋唐分爲十卷，今亡九卷三十七篇）。

陳振孫直齋書録解題

慎子一卷，趙人慎到撰。漢志四十二篇，先於申韓，稱之。唐志十卷，滕輔注。今麻沙刻本纔五篇，固非全書也。案莊周、荀卿書皆稱田駢、慎到。到，趙人；駢，齊人，見於史記列傳。今中興館閣書目乃曰瀏陽人。瀏陽在今潭州，吳時始置縣，與趙南北了不相涉。蓋據書坊所稱，不知何謂也。崇文總目言三十七篇。

王應麟漢藝文志考證卷六

慎子四十二篇。史記：慎到，趙人，著十二論。正義：慎子十卷，戰國時處士。館閣書目一卷。案漢志四十二篇，今三十七篇亡，唯有威德、因循、民雜、德立、君人五篇，滕輔注。（荀子曰：「慎子蔽於法而不知賢。」又曰：「慎子有見於後，無見於先。」史記注：徐廣曰：「劉向所定有四十一篇。」）荀子注：「其術本黄老，歸刑名，多明不尚賢不使能之道。」（太平御覽引慎子：昔者，天子手能衣而宰夫設服，足能行而相者導進，口能言而行人稱

辭。諺云：「不聽不明，不能爲王；不瞽不聾，不能爲公。」皆在亡篇）

馬端臨文獻通考經籍考

慎子一卷。

陳氏曰：趙人慎到撰。漢志四十二篇，先於申韓，稱之。唐志十卷，滕輔注。今麻沙刻本纔五篇，固非全書也。案莊周、荀卿書皆稱田駢、慎到。到，趙人；駢，齊人，見於史記列傳。今中興館閣書目乃曰瀏陽人。瀏陽在今潭州，吳時始置縣，與趙南北了不相涉。蓋據書坊所稱，不知何謂也。崇文總目言三十七篇。

周氏涉筆曰：「稷下能言者如慎到，最爲屏去繆悠，剪削枝葉，本道而附於情，主法而責於上，非田駢、尹文之徒所能及。五篇雖簡約，而明白純正，統本貫末。如云『天下無一貴則理無由通』，『故立天子以爲天下』。『君不擇其下，爲下易，莫不容，故多下。多下之謂太上』。『人不得其以自爲也，則上不取用焉。化而使之爲我，則莫可得而用矣』。自古論王政者，能及此鮮矣。又云『君舍法而以身治，則誅賞予奪從君心出。法雖不善，猶愈於無法』。今通指慎子爲刑名家，亦未然也。孟子言王政不合，慎子述名法不用，而騶忌一說遇合，不知何所明也。」

張之洞書目答問子部周秦諸子

慎子一卷，附佚文。嚴可均校輯。守山閣本，又金壺本，法。

姚振宗隋書經籍志考證子部

慎子十卷，戰國時處士慎到撰。

史記孟荀列傳：「自騶衍與齊之稷下先生，如淳于髡、慎到、環淵、接子、田駢、騶奭之徒，各著書言治亂之事，以干世主，豈可勝道哉！」又曰：「慎到，趙人；田駢、接子，齊人；環淵，楚人，皆學黄老道德之術，因發明序其指意，故慎到著十二論，環淵著上下篇，而田駢、接子皆有所論焉。」裴駰集解：徐廣曰：「今慎子，劉向所定，有四十一篇。」（案史公言，則慎子書中有十二論，與環淵、接子、田駢皆道家言也。此三家並見漢書藝文志道家。騶衍、騶奭見陰陽家）

漢書古今人表第六等慎子。梁玉繩考曰：「慎子即慎到，亦作順，趙人，葬曹州濟陰縣西南四里。」又案：戰國策楚有慎子，爲襄王傅。魯亦有慎子，見孟子。

又藝文志：慎子四十二篇，名到。先申韓，申韓稱之。

應劭風俗通姓氏篇：慎氏，慎到，爲韓大夫，著慎子三十篇。武威張澍輯注曰：「慎

到，趙人。藝文志作著書四十二篇。仲瑗云三十篇，疑訛。」（案除去道家之十二論，正合三十篇之數，或漢時有兩本）

又案：左哀十六年：吴伐慎，白公敗之。九域志：「慎，楚縣，白公之邑。」故白公救慎，是以邑爲氏者（案慎到爲韓大夫，唯見於此）。

荀子修身篇楊倞注：「齊宣王時處士。」慎到其術，本黄老而歸刑名。先申韓，其意相似。多明不尚賢不使能之道，著書四十一篇。

馬總意林：慎子十二卷，名到，學本黄老，滕輔注。

唐書經籍志：慎子十卷，慎到撰，滕輔注（藝文志同）。

宋史藝文志：慎子一卷，慎到撰。

通志藝文略：慎子一卷，戰國時處士慎到撰。漢有四十二篇。隋唐分爲十卷。今亡九卷三十七篇。

陳氏書録解題曰：漢志四十二篇。唐志十卷。今麻沙刻本纔五篇，固非全書。慎到，趙人。中興館閣書目乃曰瀏陽人。瀏陽在今潭州，吴時始置縣，與趙南北了不相涉。蓋據書坊所稱，不知何謂也。崇文總目言三十七篇（案此下當有「亡」字，以崇文目所載亦一卷，與通志略、館閣書目之語同也）。

文獻經籍考：周氏涉筆曰：「稷下能言者，如慎到，最爲屏去繆悠，剪削枝葉，本道而附於情，主法而責於上，非田駢、尹文之徒所能及。五篇雖簡約，而明白純正，統本貫末。孟子言王政不合，慎子言名法不用，而騶忌一説遇合，不知何所明也。」

王氏漢書藝文志考證曰：「館閣書目一卷。案漢志四十二篇，今三十七篇亡，惟有威德、因循、民雜、德立、君人五篇。滕輔注。」

四庫雜家提要：莊子天下篇曰慎到之道，非生人之行，而至死人之理云云，是慎子之學，近乎釋氏，然漢志列之於法家。今考其書，大旨欲因物理之當然，各定一法而守之，不求於法之外，亦不寬於法之中，則上下相安，可以清淨而治。然法所不行，勢必刑以齊之。道德之爲刑名，此其轉關，所以申韓多稱之也。今本分五篇，而又多刪削，蓋明人摭拾殘剩，重爲編次。觀「孝子不生慈父之家，忠臣不生聖君之下」二句，前後兩見，知爲雜録而成，失除重複矣。

嚴氏鐵橋漫稿慎子序曰：漢志法家慎子四十二篇，隋唐志皆十卷，滕輔注。書録解題稱麻沙刻本纔五篇，余所見明刻本亦皆五篇。今從羣書治要寫出七篇，有注，即滕輔注，其多出之篇，曰知忠，曰君臣，其威德篇又多出二百五十三字，雖亦節本，視陳振孫所見本爲勝。因剌取各書引見之文，校補譌脱，其遺文短段不能成篇者凡四十四事，附於後。滕輔，東漢人，藝文類聚六十有漢滕輔祭牙文，亦作滕撫，又作騰撫。後漢書滕撫字叔輔，有傳。元和姓纂騰本滕氏，因避難改爲騰氏。後漢相騰撫。蓋滕、騰一姓，輔、撫一聲，故二文隨作矣。東晉亦有滕輔，隋志梁有晉太學博士滕輔集五卷。慎子注爲漢爲晉，未敢定之。又四録堂類集總目：慎子一卷，可均校。

金山錢熙祚守山閣刊本跋曰：羣書治要有慎子七篇，今所存五篇具在，用以相校，知今本又經後人删節，非其原書。今以治要爲主，更據唐宋類書所引，隨文補正。其無篇名者，别附於後，雖不能復還舊觀，而古人所引，搜羅略備。舊本後有佚文，不知何人所輯。

張氏書目答問：慎子一卷，附逸文，嚴可均校輯。守山閣本，又墨海金壺本。

范希曾書目答問補正子部周秦諸子

慎子一卷，附逸文。

又江陰繆氏藕香簃鈔本，據明慎懋賞刻本迻寫，附補遺、校記，涵芬樓景印入四部叢刊。嚴可均輯申子，在全上古三代文内。又馬國翰輯玉函山房本，近長沙王時潤亦輯有佚文排印本。

陳鍾凡諸子通誼附周秦迄元明諸子書目

慎子。錢熙祚校一卷，守山閣本，金壺本。嚴可均輯七篇，序見鐵橋漫稿中。

顧實漢書藝文志講疏

慎子四十二篇。名到，先申韓，申韓稱之。

殘。（清四庫雜家類著録慎子一卷。）司馬遷曰：「慎到，趙人，學黄老道德之術，故著十二論。」楊倞曰：「慎到本黄老之術，明不尚賢不使能之道。」（荀子解蔽篇注。案非十二子篇以慎到、田駢同譏，儒效篇又以慎、墨同詆，正與韓詩外傳以老、墨爲俗儒略同也。）王應麟曰：「漢志四十二篇，今三十七篇亡，唯有威德、因循、民雜、德立、君人五篇，滕輔注。」（考證）沈欽韓曰：「今五篇亦非完篇矣。」（疏證）嚴可均曰：「隋志、舊新唐志皆十卷，滕輔注。崇文總目三十七篇，書録解題稱麻沙刻本纔五篇，余所見明刻本亦皆五篇。今從羣書治要寫出七篇，有注，即滕輔注。其多出之篇，曰知忠，曰君臣，其威德篇多出二百五十三字。雖亦節本，視陳振孫所見本爲勝。藝文類聚六十有漢滕輔祭牙文，隋志梁有晉太學博士滕輔集，慎子注爲漢爲晉，未敢定之。」（鐵橋漫稿）錢熙祚亦有校本，附輯佚文。

孫文泱增訂書目答問補正

愼子一卷，附逸文。嚴可均校輯。守山閣本，又金壺本，法。〔范補〕又江陰繆氏蕅香簃鈔本，據明愼懋賞刻本迻寫，附補遺、校記，涵芬樓景印入四部叢刊。嚴可均輯申子，在全上古三代文内。又馬國翰輯玉函山房本，近長沙王時潤亦輯有佚文，排印本。孫文泱按：嚴可均輯愼子，文淵閣四庫本雜家類第八四八册，文津閣本第二八〇册。繆本五卷，有愼子二卷、補遺一卷、逸文一卷，附内篇校文一卷。繆荃孫撰補遺、逸文，校文爲民國孫毓修撰，四部叢刊初編即此本。另有上海古籍出版社諸子百家叢書景印本，一九九〇。叢書集成初編第五八一册影秘册彙函本；諸子集成本；四部備要排印守山閣叢書本。清錢熙祚輯校愼子一卷，附逸文一卷，續修四庫第九七一册景印清道光二十四年（一八四四）錢氏守山閣叢書本。中國子學名著集成景印繆荃孫寫本、明愼懋賞注本、明末葉方疑十二子本、清守山閣叢書本。黄曙輝點校愼子，華東師大出版社歷代子家選刊本，二〇一〇，據商務印書館國學小叢書王斯睿愼子校正本。

附録二　歷代序跋

慎懋賞慎子序

天下之道盡之於聖人，而聖人之道集大成於孔子。然謂之仲尼集道之大成則可，謂仲尼之外而老聃、慎到、莊周、列御寇之言皆不足取，則非知道者。譬之璧乎，仲尼無瑕，諸子特有瑕耳，而不害其爲璧也。譬之山乎，仲尼泰山，諸子則山之小者，而不害其爲山也。嘗讀慎子而有感焉。慎子，其初戰國策士之雄也。晚年遍歷四方，所得益富而其學漸純。其爲書也，屏去僞妄，剪削枝葉，稷下能言者如淳于髡、田駢之徒皆非所及。惜其生不逢時，未得爲孔子徒也。使從顏閔之後，親炙仲尼之風，其所造就奚止是哉！世之人迺狥一偏之見，指爲法家，棄而不講，不知太始以降，巧僞日多，舍法孰與禁之？惟用法而本之以德，斯善言法耳。孔子曰「爲政以德」，政即法也。慎子之言，惡夫不善用法者而作也，亦論道者所不廢。故孟子興自許知言一時，曲學之士，排斥殆盡。闢楊墨，小儀衍，而於慎子獨以仁以義望之。司馬遷作孟子列傳，則首附慎到，皆有取爾也。學者之於慎子，舍其小疵而用其醇可也。概摘其疵而棄之，是世無仲尼，道終不可明矣。仲尼之前，禹拜善言，舜察邇言。所拜所察者，豈皆仲尼之徒而當其身？適周，問禮老氏之學，亦豈有富於夫子者哉？故苟得於道，則聖人可爲，仲尼可企，老聃、莊周、慎到之言，足以爲吾用而不足以爲吾累。無得於道，雖日取六經、語、孟置之坐右，而號於人曰我誦法孔子，其不爲斲輪之所笑而孔子之所棄者，幾希。萬曆戊寅十月既望，吴興雲臺慎懋賞序。

湯聘尹慎子後序

覺軒子曰：夫人寄形宇宙，得造化之大完者，則爲至人。而凡禀清奇玄遠之資者，莫不自異。故其著爲文詞，皆能闡道德之精，發性命之秘，可以貫金石，蹈水火，走蛇龍而攝神鬼。古人云：「文章者，不朽之盛事。」豈易言哉！門人慎宇勳氏（名懋賞，號雲臺）淵博嗜古，所負甚奇，讀書颺文塢中（颺文塢，一名騂安山，在武康縣西北八里，玉竇諸泉之所自出，慎子築館讀書其中），閲慎到名法諸篇，心竊賞焉。惜其闕略頗多，乃廣探百家，爲之彙正。予縱觀其文，純正不雜，如鬻熊雄深奇古，如老聃高曠無埃，如列御寇恍恍惚惚，莫之端倪，如孫武子十三篇，譬之夜光吴鉤，光怪百出，非禀清奇玄遠之資者，孰能與是？昔孟子與同於諸子，宋儒始表章之；慎子列諸子中，宇勳氏特闡揚之，其皆得之驪黄牝牡之外者與？夫由慎子以至於今，二千有餘歲矣，知之者代不乏人，而深知篤好如宇勳氏者，則不多得。寧知非到之精英不泯而託神於宇勳以廣其傳者乎？或者天將大行其道於斯世，而默有以主張之者乎？異日，閱到之文者，可以語性命，可以理國家，可以神變化，非宇勳不能成到之大也。宇勳之功亦偉矣哉。萬曆戊寅冬十二月，賜進士出身吏科左給事姑蘇湯聘尹序。

潛菴子慎子

按漢志四十二篇。唐志十卷，滕輔注。今纔五篇，非全書也。周氏涉筆稱「屏去繆悠，剪削枝葉，本道而附於情，主法而責於上。五篇雖簡約，而明白純正，統本貫末」，則全書宋時已亡逸矣。馬氏意林掇取十二條，具不見五篇中，蓋採諸全書者，今録以附篇末云。丁丑夏日潛菴子志。

王錫爵慎子序

博士家談九流，則曰法者慎到、申不害、韓非之類也。夫申韓之議法刻矣，若到則豈可以法家例哉？今觀其書，言稱堯舜，行述仲尼，慨然思挽戰國於三代，而當世莫之宗也。故不得已自放於文章，以舒其雋異豪偉之氣，特所學未粹，不免任其性之所偏，而於聖賢大學之道或相背馳者，時有之耳。若律以蘇、張縱横之習，楊、墨詭僻之教，則猶冰炭之不相入也。不高出於諸賢之表歟？本朝希古方先生評品百家，獨於慎子稱之不置，謂其言與孔孟契合，其所得於此書之旨者深矣。予家舊有刻本，闕略頗多，邇門人慎宇勳以是編見正，意甚玩之，試爲條次，定爲内外篇，蓋悲到之不遇而幸其言猶存也。嗚呼！使是書大行於世，則理道可明，風俗可一，三代之治可幾矣。豈獨文詞之工，學者所當誦法已哉！萬曆己卯春三月，賜進士及第禮部右侍郎兼侍讀學士太倉荆石王錫爵序。

嚴可均慎子序（鐵橋漫稿）

漢志法家慎子四十二篇，名到，先申韓，申韓稱之。隋志、舊新唐志皆十卷，滕輔注。崇文總目三十七篇，書録解題稱麻沙刻本纔五篇，余所見明刻本亦皆五篇。今從羣書治要寫出七篇，有注，即滕輔注。其多出之篇，曰知忠，曰君臣。其威德篇又多出二百五十三字。雖亦節本，視陳振孫所見本爲勝。因剌取各書引見之文，校補譌脱。其遺文短段不能成篇者凡四十四事，附於後。滕輔，東漢人。藝文類聚六十有漢滕輔祭牙文，亦作滕撫，又作騰撫。後漢書：「滕撫，字叔輔。」有傳。元和姓纂：騰本滕氏，因避難改爲騰氏。後漢相騰撫。蓋滕、騰一姓，輔、撫一聲，故二文隨作矣。東晉亦有滕輔。隋志：梁有晉太學博士滕輔集五卷，録一卷，亡。舊新唐志皆五卷。慎子注爲漢爲晉，未敢定之。嘉慶乙亥歲秋七月，烏程嚴可均謹敍。

錢熙祚慎子跋

史記稱慎到著十二論。徐廣注云：今慎子劉向所定，有四十一篇。按漢志本四十二篇，徐注「一」字誤也。通志藝文略：慎子舊有十卷四十二篇，今亡九卷三十七篇。是宋本已與今同。羣書治要有慎子七篇，今所存五篇具在，用以相校，知今本又經後人删節，非其原書。今以治要爲主，更據唐宋類書所引，隨文補正。其無篇名者，别附於後。雖不能復還舊觀，而古人所引，搜羅略備矣。舊本後有逸文，不知何人所輯，内有數條，云出文獻通考，今檢之不可得，且鄭漁仲所見，已止五篇，安得通考中尚有逸文？尋其文句，蓋雜取鬻子、墨子、韓非子、戰國策諸書。以流傳既久，姑過而存之。己亥七月錫之錢熙祚識。

孫毓修慎子跋

慎子，劉向校定四十二篇，隋唐志皆十卷，崇文總目二卷三十七篇，是其文代有散佚。

書録解題稱麻沙本五篇，則宋末通行之本已與今同。江陰繆氏蕅香簃藏寫本，蓋從明萬曆間吴人慎懋賞刻本鈔録者，其書分内外篇，内篇三十六事，外篇五十事，較四庫本、守山閣本均不同。守山閣據治要、御覽各書輯爲逸文者，此均有之，似高出各本上，而從未見收於著録家之目，亦可謂驚人祕笈矣。藝風先生又據羣書治要補出一篇，並附逸文於後。刻成，毓修更以藝文、御覽及治要、守山等本校其異同，綴於簡末。慎子善本當推此矣。先生已歸道山，輒誦海岳「賞物懷賢心不已」之句，爲之慨然。庚申十月無錫孫毓修跋。

錢基博慎子後序

慎子，劉向校訂四十二篇，隋唐志皆十卷，崇文書目二卷三十七篇，是其文代有散佚。陳振孫書録解題著録慎子一卷。麻沙刻本纔五篇。周氏涉筆稱「屏去繆悠，剪削枝葉，本道而附於情，主法而責於上。五篇雖簡約，而明白純正，統本貫末。」（文獻通考經籍考引）五篇者，曰威德、因循、民雜、德立、君人。其佚文成章有義理者，羣書治要有知忠、君臣兩篇，又藝文類聚五十四、太平御覽六百三十八引慎子曰「法之功莫大，使私不行」八十四字，其語亦載鄧析轉辭篇。可考覽者，唯此而已。其他零簡殘帙，雖有存焉者，無關宏旨也。余覯慎子書三本，一金山錢熙祚守山閣叢書本，有校記，並輯佚文綴於後，頗稱善本；一湖北崇文官書局刻百子全書本；一涵芬樓景印江陰繆荃孫藕香簃寫本。三者之中，繆寫獨多，蓋從明萬曆間吳人慎懋賞刻本寫録者。其書分内外篇。内篇三十六事，外篇五十三事。守山閣據治要、御覽各書輯爲佚文者，此均有之，而從未見收於著録家之目。覩者詡爲驚人秘笈。其實明人騖古不學，好爲矯僞，如豐坊楊慎輩，數見不尠，固不止一。慎懋賞慎子書，陳振孫所見已止五篇，安得明代獨出完本？慎懋賞既出於雜襲，以瞇其時不學人之耳目。而藝風老人更炫鬻之，以誣古人而欺當世。細覈其書，凡不見守山閣本者，除綴輯治要、意林、御覽各書外，凡國語、國策、鬻子、管子、莊子、列子、韓非子以及漢賈誼新書、韓詩外傳、劉向新序、孔子世家諸書，罔不剽竊，堯然而出其類。其意緒文辭，叉牙相抵而不合。其尤可笑者，荀子譏慎子「蔽於法而不知賢」，慎子書明言「君立則賢者不尊」，而慎懋賞乃襲墨子尚賢之文以爲内篇（第十三條「夫王公大人爲政於國家者」）。又如鄒忌以鼓琴見齊王，語見史記田敬仲完世家、劉向新序，慎懋賞雜襲其文而改淳于髡曰爲田駢曰、環淵曰、接予曰、慎到曰。孟子與説齊王而不説，事出韓詩外傳，而慎懋賞亦襲其文，改淳于髡曰爲慎子曰。又不僅是。鄭同北見趙王，事見趙策，於慎子無與，而慎懋賞强砌「慎子侍」、「趙王顧謂慎子曰」諸語以爲慎子書内篇之終。且古人著書，内外分篇，蓋有經緯，内篇必立所言之宗，而外雜諸篇取與内篇之旨相爲經緯。而慎懋賞所爲慎子内外書，旁採子史，内固不見統宗，外亦未相經緯，雜廁不倫，徒見其心勞日拙爾。獨藝風老人好言版本而不通，其藏書不過貿販鬻利，非真能辨文章之源流、識古書之真僞者。徒詡版本之罕異，而未能好學深思，心知其意，乃矜贋鼎以爲瑰寶。詩書夷於骨董收藏，矜其奇秘。蓋吴下儒林丈人之藏書，有聞者，自黄蕘圃、顧千里而下，暨於輓清潘伯寅、葉鞠裳輩，諛聞動衆，大率類此，固不必以苛繩藝風老人已。今以守山閣本爲主，讎記他本字句，旁逮治要、意林諸書所引。其慎懋賞書所獨有者，就覩記所及，著其自出，讎校字句，以備考覽焉。而所不知，蓋闕如也。韓非書言人主之大物，非法則術也。術者，因任而授官，循名而責實，藏之於胸中，以偶萬端而潛御羣臣者也。法者，憲令著於官府，刑罰必於民心，賞存乎慎法而罰加乎奸令者也。故法莫如顯，而術不欲見。申不害言術，公孫鞅爲法（韓非子難三、定法），而以吾觀於慎子，則法而兼術者焉。史記孟子荀卿列傳曰「慎到學黄老道德之術」，而荀子非十二子篇則稱慎到尚法而無法。以其法家故尚法，以其法家而學黄老道德之術，故尚法而無法。法者，一成而不可易，有成勢，有常形。術者，因循乃見妙用，無成勢，無常形。今讀慎子書，曰：「古者，立天子而貴之者，非以利一人也。曰：天下無一貴，則理無由通，通理以爲天下也。故立天子以爲天下，非立天下以爲天子也；立國君以爲國，非立國以爲君也。」「君人者，舍法而以身治，則誅賞予奪從君心出。然則受賞者雖當，望多無窮；受罰者雖當，望輕無已。君舍法而以心裁輕重，則同功殊賞、同罪殊罰矣。怨之所由生也。」「法雖不善，猶愈於無法，所以一人心矣。夫投鉤以分財，投策以分馬，非鉤策爲均也。使得美者，不知所以德；得惡者，不知所以怨。此所以塞怨望也。」其大要歸本，國之能治，獨裁於君，君之任治，必齊以法。此法家之治也。慎子又曰：「天道，因則大，化則細。因也者，因民之能也，因人之情也。人莫不自爲也，化而使之爲我，則莫可得而用。故用人之自爲，不用人之爲我，則莫不可得而用矣。此之謂因。」「民雜處而各有所能，所能者不同，此亦民之情也。大君者，太上也，兼畜下者也。下之所能不同，而皆上之用也。是以大君因民之能爲資，盡包而畜之，無能去取焉。故不設一方以求於人。所求者，無不足也，則易爲下矣。易爲下，則莫不容。莫不容，故多下。多下之謂太上。」「君臣之道：臣事事，而君無事；君逸樂，而臣任勞；臣盡智力以善其事，而君無與焉。」「人君自任而務爲善以先下，則是代下負任蒙勞也，臣反逸矣。」「皆私其所知以自覆掩。有過則臣反責君，逆亂之道也。」「人君苟任臣而勿自躬，則臣皆事事矣。」此黄老道德之術，而老子所云無爲而無不爲，取天下常以無事（王弼注：「動常，因也。」老子第四十八章）。莊子所稱上必無爲而用天下，下必有爲，爲天下用（莊子天道篇）。韓非主道，所謂有行而不以賢、觀臣下之所因者也。漢書藝文志著録慎子書以入法家，誠竊以爲知其一而未知其二。何者？慎子法而兼術，法者可正名，術者莫能名，慎子則以莫能名之術而神明乎可。正名之法，因任而資能，循名而責實，藏之胸中，以偶萬端而潛御羣臣，豈非鄧析所謂無形有形之本，無聲有聲之母？循名責實，按實定名，參以相平，轉而相成，故得之形名者歟？志録鄧析以弁名家之首，故慎子亦以改隸名家焉。

中華民國之二十年二月十四日，無錫錢基博敘於後東塾之南牖。

蔡汝堃慎子集説自序

慎子在先秦諸子中，地位較低。書之存於今世者，亦甚簡短。楙賞僞本，穿鑿附會。錢、嚴校本，所據失實。唯有明子彙五篇本及錢氏所輯逸文，純而勿贋，簡而賅明。因就先賢所論，纂此集説，非敢正諸大雅，聊備初學參考而已。本書蒙黎錦熙先生校閲題字，謹此誌謝。民國二十六年六月一日自序。

方國瑜慎楙賞本慎子疏證自序（再稿）（方國瑜文集第五輯，雲南教育出版社二〇〇三年版）

史記孟子荀卿列傳云：「慎到，趙人，著十二論。」（按：十二或爲四十二，奪「四」字）漢書藝文志法家：「慎子四十二篇。」（按：吕覽慎勢篇高注、史記集解引徐廣、荀子天論篇楊注並作四十一篇）秦火以後，所見之本如此也。隋志作十卷（按：新、舊唐志及史記正義並同），當即四十二篇之舊而分卷者。馬總意林稱「十二卷」，蓋所見之本分卷不同耳。則自漢迄唐，慎子書固完全無缺也。

崇文總目云：「慎子一卷，慎到撰，三十七篇。」（據錢侗本）惟鄭樵通志藝文略：「慎子，隋唐分作十卷，四十二篇，今亡九卷三十七篇。」陳振孫直齋書録解題：「慎子一卷，麻沙本才五篇，固非全書也。」王應麟漢書藝文志考證：「館閣書目一卷。案漢志四十二篇，今三十七篇亡，惟有威德、因循、民雜、德立、君人五篇，滕輔注。」（按：舊唐書經籍志：「慎子十卷，滕輔注。」今存涵芬樓本説郛卷四十有慎子一卷，滕輔注，疑即王氏所見之本）黄氏日鈔：「真子者，真到書也（按：「慎」字宋孝宗諱）。始於威德，終於君人，説五篇。」趙希弁讀書附志、宋史藝文志亦僅一卷，是其書在南宋亡十之九，已無人得見十卷四十二篇之本也。且通志及漢志考證並曰「亡三十七篇」，何以崇文總目所存適如後來所亡之數？故周中孚鄭堂讀書記謂：「崇文目爲陳氏所引，當有脱字，斷不止曰三十七篇。」按：三十七篇上蓋脱「亡」字。然則慎子一書，終宋之世，所傳之本皆只一卷五篇耳。

宋濂作諸子辨，載慎子五篇之名，與漢志考證同，焦竑國史經籍志亦曰「慎子五篇」。考文淵閣書目卷七有慎子二部，注云「一册，完全」。張萱内閣書目云：「慎子一册，全，鈔本。」書只一册而曰全者，蓋五篇之本無所殘缺耳。明内閣藏書多宋元舊刻，而此書僅有鈔本，是即南宋麻沙本在明初已不易得也。此後如先秦諸子合篇子彙諸刻皆只五篇，四庫全書總目卷一百十七據明刻本著録提要云：「此本雖亦分五篇，而文多删削，又非陳振孫之所見，蓋明人捃拾殘賸，重爲編次，如曰『孝子不生慈父之家，忠臣不生聖君之下』二句，前後兩見，知爲雜録而成，失除重複矣。」然則明刻本並非南宋之舊，内閣鈔本既亡，清代諸藏書家著録皆明刻，蓋不獨四十二篇者不可復見，即五篇之本亦無完書也久矣。

嘉慶時烏程嚴可均别有慎子輯本，鐵橋漫稿卷五載其序云：「今從羣書治要寫出七篇，有注，其多出之篇曰知忠、曰君臣，其威德又多出二百五十三字，雖亦節本，視陳振孫所見之本爲勝，因取各書引見之文校補訛脱，其遺文短段不能成篇者凡四十四事，附於後。」嚴氏自云「已刻」（按：見漫稿卷三答徐星伯書），惟今未見其印本。道光時金山錢熙祚刻守山閣叢書中有慎子，亦據羣書治要校勘，輯逸文四十四事，並與嚴氏所説同，故書目答問直題嚴可均校輯，蓋自南宋以來所傳慎子莫備於此本也。光緒間，安化陶憲曾輯慎子逸文二十七事，載靈華館叢稿卷三，惟陶氏蓋未見錢熙祚本，故有已見錢本而未收者。

近人張鈞衡忽得明萬曆間吴人慎懋賞刻本慎子，以爲高出各本之上，而各藏書目亦未著録(按：楝亭書目著録此書)。載入適園藏書志卷八，江陰繆氏亦藏鈔本，歎爲「驚人秘笈」(見藝風堂文漫存卷四)。涵芬樓假繆氏本刻入四部叢刊，附孫毓修跋，稱「慎子善本當推此也」。中國學會又影慎刻本入慎子合帙(按：慎刻本有注，鈔本無注，又慎刻本七事爲鈔本所無，鈔本三事亦不見於慎刻本)。懋賞此書已廣其傳也，世之讀者咸以此本所録最多，目爲最好之書(如顧實重考古今僞書考、金受申稷下士研究等書)。然慎懋賞自言：「因此書闕略頗多，奔走四方，自書肆以及士大夫藏書之家索之甚勤，全書卒不可得，故輯其可知者。」(見慎子考)書凡九十余事，王錫爵爲之條次，定爲内外篇(見慎子序)，以成此本，注解行世。夫先秦諸子存者蓋寡，慎子見於史記，著於漢志，與管商申韓並重，而傳世之本殘缺過甚，所存不及十之一二。慎氏所刻多於各本，使果出原書，俾後人見所未見，則零圭斷璧，罔非瑰寶，寧非快事？第自北宋以來，皆存五篇，源流粲然可考，即羣書治要所録，亦不過文句較詳，及多出不完之兩篇耳。慎氏既言「全書卒不可得」，則所謂「輯其可知者」，果孰從而得之，而「高出各本之上」耶？故其書甫出，梁任公先生即訟言其僞(見古書真僞及其年代卷二)，而羅雨亭先生又作辨僞一篇，摘取其文，加以抨擊，印入燕京學報第六期，慎本之出於依託殆成定論。雖然羅君因欲便於行文，不過刺取其犖犖大者若干條，於全書未暇一一疏通而證明之也。

國瑜課暇，讀周秦以下諸子百家之書，見其文與此本合者，輒隨手記諸簡端，久之日益多，乃復繕寫清本，題曰疏證，一一求慎氏所録之源，雖所摘即爲慎氏所取否不敢自必，而懋賞之所剽竊與其意爲增損，未能盡發其覆，而糾其謬者亦或往往而有，然固已得十之八九矣，其於所不知蓋闕如也。此書初疑仿孫志祖孔子家語疏證之例概括言之，然就其文以證其事，則多爲諸子百家常語，難於質言。而懋賞拙於作僞，直録諸子之文，間有附益删節而已。故具載慎子原文，而録其所出者於下，條舉而件繫之，一一注明所據版本之卷葉，以便覆案。其間音字異同，覽者自能知之，不待一一校讎。至鈔襲他書而文過長，且其書爲習見者，則與疏證中頗加删略，惟校異文而已。若逐處攻慎氏之謬妄，則不必多費唇舌也。

方國瑜慎子考自敘（方國瑜文集第五輯，雲南教育出版社二〇〇三年版）

民國十六年（公元一九二七年）春，休學歸里，初計一二月後返北平，而途阻不得行；日居家塾讀書，爲慎子校釋一卷。次年後至北平，翻閱舊稿，瑣冗不可用，乃廣徵版本及諸家説，再事草作。見前人論慎子文，輒録記本，日久漸多，别爲整理，以成是書，題曰慎子考。而慎子書代有遺佚，篇目不同，諸家編刻，咸相出入，故有可作一條而分爲數目者;且後世之論慎子者,未獲多見,故廣收諸説,有可删而過存者。此與前人書録之作,力求簡明者異也。然謂慎子爲稷下学士之甲,莊周、韓非稱之,荀卿氏且以慎、墨並論,猶韓非之稱儒、墨,韓嬰之稱老、墨,其在先秦學術,自有相當地位。而戰國初年之儒、道、墨三家,各肆其説,迄後咸轉入法家一途。慎子由道入法,在學術之演變尤覺重要。而自南宋以來,書亡十九,鉤沉扶傾,不能復其舊觀也。爲之作書録,與其失之略,莫若失之詳,惟不免見有不周耳。國瑜從余師季豫習目録之學,友人王友三兄精深此學,日夕讀書,承教於兩先生者甚多,此書亦屢蒙指示,此拳拳感激者也。民國二十一年(公元一九三二年)四月十日,麗江方國瑜記。

此書之作,忽忽已數年也。而瑜道路奔馳,未得長期安定讀書,曩日所見四庫全書標注有王纕二十二子本,傳是樓書目有方凝十二子本,郡亭知見書目有緜眇閣本,王友三兄告有聞雞軒本,至今未得寓目,其所不知,必不在少焉。民國二十五年(公元一九三六年)十一月一日國瑜記。

徐漢昌慎子校注及其學説研究自序

周以盛德，代殷而有天下，制禮作樂，彧彧乎文。至幽、厲政衰，内失諸侯之心，外啓夷狄之患。迨平王東遷，王室不尊，諸侯力政；禮義崩墜，方術斯分。其間諸子競馳，百家争鳴，蔚爲盛況。雖人各異説，然皆言治亂之事，以干世主，影響當時。司馬談論六家要旨曰：「易大傳：天下一致而百慮，同歸而殊途。夫陰陽、儒、墨、名、法、道德，此務爲治者也，直所從言之異路，有省有不省耳。」

先秦思想，法家最爲晚出，其學出乎儒道而反乎儒道，出入之間，雖其趣大異，然其術最切當時之需，終能佐秦王一統天下，結束紛争。而居法家思想轉變關鍵者，則趙人慎到也。然其人生平不詳，論者甚少；其書更散逸極多，難窺全貌；其學遂益以不彰。痛惜之餘，檢讀其書，覺殘乘之文，仍頗有百世不易之道理，置之今日，愈感其歷久而彌新。遂不揣固陋，於慎到其人其書加以探討。

是編首述慎子生平，次及其書，而以其思想研究奠後。慎子之書，前人雖有校勘輯佚，然不同者仍多，故取今日常見諸本，復加校正。古人注疏，已餘無幾，乃略加補注。校注之作，一以便利有志治斯書者；一以加深對其思想之體會瞭解。於分析其思想之前，更考訂是書之篇章、真僞、版本等問題，俾於其書有更多之認識。最主要之部分，在其思想之研究。遂以其書爲主，莊子天下篇爲輔，探討其思想，不加己意。學説明，而後求其思想背景與對後人之影響。末以評論其功過得失作結。

此作乃個人治學之端緒，不敢望發慎子之潛德幽光於萬一，但期於方法上獲一經驗。至其是非得失，有俟大雅君子之教正，與他日學有進境時之檢討焉。一九七三年五月，徐漢昌序於輔仁大學中文研究所

王叔岷慎子佚篇義證序

羣書治要卷三十七載節本慎子，有威德、因循、民雜、知忠、德立、君人、君臣凡七篇，有晉滕輔注，來源甚早。清錢熙祚守山閣叢書子部有慎子校文，並輯慎子逸文。至於四部叢刊景印江陰繆氏蕅香簃藏寫本，乃從明萬曆間吴人慎懋賞刻本鈔録者，分内外二篇，内篇三十六事，外篇五十事，末附逸文及孫毓修校文。慎懋賞本爲後人僞託，論證者已多。甚至南宋末王柏天地萬物造化論（見魯齋集二）亦鈔襲於外篇中，其晚出可知。竊疑此本即慎懋賞有意尊崇慎到爲其先人而僞託者也。莊子天下篇論慎到之道術，幾全似道家，司馬遷亦謂慎到「學黄老道德之術」（附見孟子荀卿列傳）。荀子解蔽、非十二子兩篇及韓非子難勢篇則專從法家觀點論慎到之學。漢志遂正式列慎到於法家。治要所載慎

子節本七篇，道、法之説已可徵驗，可謂化道入法，兼涉及儒家、名家之説。一九七三年十一月至七四年初，湖南長沙馬王堆漢墓中發現甲、乙本帛書老子，乙本卷前有古佚書經法、十大經、稱、道原四種，其中稱篇之文詞，往往與治要所載慎子有關，最爲可貴。治要有影唐寫卷子本，未見。兹録四部叢刊景印日本天明七年刊本，依次標舉慎子每篇原文，逐條詳證其義。如有未備，且待來日之補苴矣。

附録三　慎子書目

慎子，四十二篇，慎到撰。慎到，趙人。戰國時處士，齊宣王時遊稷下，命曰「列大夫」。

殘。漢書藝文志著録。班固自注：「名到，先申韓，申韓稱之。」史記孟子荀卿列傳稱：「慎到，趙人，學黄老道德之術，著十二論。」羣書治要存因循、民雜、知忠、德立、君人、君臣等七篇，首篇佚其篇名。嚴靈峰按：説郛作「威德」，當從之。意林節録十二條，題作「十二卷」，並注：「名到，學本黄老，滕輔注。」嚴靈峰按：難勢篇：「慎子曰：飛龍乘雲，騰蛇游霧，雲罷霧霽，而龍蛇與螾螘同矣。以勢亂天下者多，以勢治天下者寡。夫勢者便治而利亂者也。」語見治要。荀子解蔽篇稱：「慎子蔽於法而不知賢。」天論篇云：「有見於後，無見於先。」莊子天下篇云：「非天下之大聖。」嚴靈峰按：吕氏春秋審分覽慎勢篇引慎子語見於意林，疑慎子尚有慎勢篇也。

明萬曆五年刊子彙本。

民國二十六年上海商務印書館元明善本叢書景印子彙本。

台灣商務印書館一九六九年宋元明善本叢書景印子彙本。

民國十七年中國學會慎子三種合帙景印子彙本。

明萬曆間刊且且庵初箋十六子本。

明萬曆三十年刊先秦諸子合編本。
清乾隆間四庫全書鈔本。
清嘉慶間海虞張氏刊墨海金壺本。
民國十年上海博古齋景印墨海金壺本。
清道光十三年王纕堂棠蔭館刊二十二子全書本。
清光緒元年湖北崇文書局刊子書百家本。
台灣古今文化出版社一九六三年景印本。
民國八年上海掃葉山房百子全書石印本。
清養素軒叢録鈔本。

慎子注，十二卷。滕輔，東晉人，官太學博士。

殘。羣書治要、意林、説郛並有節録，惟篇數不同。意林作「十二卷」，注云滕輔注。説郛作「一卷，全」，題「滕輔注」。治要存七篇。首篇無篇名，作「慎子」。嚴可均云：「滕輔，東漢人。藝文類聚六十有漢滕輔祭牙文，亦作滕撫，又作騰撫。後漢書有傳。元和姓纂騰本滕氏，因避難改爲騰氏。後漢相騰撫。蓋滕、騰一姓，輔、撫一聲，故二文隨作矣。東晉亦有滕輔。隋志：『梁有晉太學博士滕輔集五卷，録一卷。』舊新唐志皆五卷。慎子注爲漢爲晉未敢定之。」嚴靈峰按：東漢滕撫爲武人，當以東晉太學博士滕輔爲是，兹暫屬之。

民國十九年上海商務印書館刊説郛本。

慎子治要，魏徵。

存。以滕輔注本爲底本，節録慎子之威德、因循、民雜、知忠、德立、君人、君臣諸篇文字。首篇「威德」篇名脱佚，雙行夾注。引老子原文及荀子非相篇文作注。在羣書治要内。

慎子要語，馬總。

存。摘録慎子要語十二條。間附雙行簡注，作「十二卷」。並注：「名到，學本黄老。滕輔注。」嚴靈峰曰：「此本爲滕輔所注殘卷也。」在意林内。

慎子注節鈔，一卷，陶宗儀。

存。以滕輔注本爲底本，節鈔威德、因循、民雜、德立、君人五篇，雙行夾注，與治要略同，作「一卷，全」，下題「滕輔注」。在説郛内。按陶珽刊本闕。

民國十六年上海商務印書館排印本。

台灣新興書局一九六三年景印本。

慎子，一卷，余有丁、周子義。

存。全書存威德、因循、民雜、德立、君人五篇，間附雙行簡注，末接馬總意林所録十二條，並附萬曆丁丑潛菴子按語。在子彙内。

明萬曆五年十八子全書刻本。

明萬曆五年緜眇閣刻本。

民國十七年中國學會慎子三種合帙景印本。

慎子批點，一卷，鄭子龍、方疑。

存。無注。眉批、圈點。首題「趙慎到著」。前有敘録，卷末並附評語。在十二子内。

明萬曆間且且庵刊本（台灣國立中央圖書館藏）。

明萬曆間刊且且庵初箋十六子本（中國國家圖書館藏）。

校訂慎子，二卷，慎懋賞。慎懋賞，吴興人，字宇勳，號雲臺。

存。分内外二篇，無注，亦不標篇目。首題「戰國趙人慎到撰，明吴人慎懋賞校」。嚴靈峰按：四部叢刊本附逸文及孫毓修校勘記。

明萬曆間刊本。

清光緒間江陰繆氏蕅香簃寫本。
民國八年上海商務印書館四部叢刊景印蕅香簃本。
民國十八年四部叢刊重印本。
民國二十五年四部叢刊縮印本。

慎子解，二卷，慎懋賞。

存。內外兩篇，原篇無篇名，雙行順文作解，不採他説。序稱：「全書卒不可得，故爲輯其可知者，而其不可知者闕焉。」首題「戰國趙人慎到撰，明吴人慎懋賞解」。前有萬曆戊寅自序、萬曆己卯王錫爵序、慎子傳、慎子考、慎子評語，皆慎懋賞所輯者。內外篇末並附慎子直音，末卷附傳補、萬曆戊寅湯聘尹後序。
明萬曆七年慎氏耕芝館刊本。
民國十七年中國學會慎子三種合帙景印本。
台灣廣文書局一九七五年慎子三種合帙附佚文景印本。

慎子粹言，陳繼儒。

未見。國學總目著録。在古今粹言內。

明刊本。

慎子評點，歸有光輯，文震孟參訂。

存。節録威德、因情、德立三篇本文，雙行簡注、圈點。眉評引沈君典、祝石林、張東沙、熊悦之、董中峰、鄧定宇諸家雜説。前有慎到傳略。在諸子彙函内。

明天啓五年刻本。

慎子類編，李元珍。

存。節録慎子原文，分類編入各目下，並加圈點、旁注。在諸子綱目類編内。明刊朱墨套印本。

台灣商務印書館一九七四年景印本。

慎子奇賞，一卷，陳仁錫。

存。節録慎子原文，以文評爲主。前有慎子序，卷末附按語。在諸子奇賞前集内。

明天啓六年蔣氏三徑齋刊本。

慎子拔萃，李雲翔。

存。節録慎子之威德原文，無注。眉批、圈點，並附楊升庵評語。在新鐫諸子拔萃内。

明天啓七年金陵余思泉餘慶堂刊朱墨套印本。

校訂慎子，一卷，張海鵬。

存。校定慎子，無注。原題「周慎到撰」，前有慎子提要。在墨海金壺内。

清嘉慶十三年張海鵬校刊本。

民國十年上海博古齋景印本。

慎子佚文，姚東升。

存。僅收佚文一條，在佚書拾存内。

清嘉慶道光間鈔本。

慎子佚文。

未見。馬瀛唫香僊館書目著録。嚴靈峰按：未著輯者姓名。在逸子書十四種内。

清鈔本。

輯校慎子，嚴可均。

未見。四録堂類集總目著録。前有嘉慶乙亥慎子敘。略云：「余所見明刻本亦皆五篇，今從羣書治要寫出七篇，有注，即滕輔注。其威德篇又多出二百五十三字。雖云節本，視陳振孫所見本爲勝。因刺取各書引見之文，校補譌脱。其遺文短段不能成篇者凡四十四事，附於後。」

清嘉慶二十年刊本。

慎子叢録，洪頤煊。

存。節録慎子之威德、德立二篇文句，校訂文字、文義，並附按語。在讀書叢録内。

清道光二年富文齋刊本。

清光緒間重刊本。

校訂慎子，一卷，王纓堂。

存。以子彙本爲底本，加以校勘，無注。首題「周慎到撰」，末附丁丑潛菴子志。在二十二子全書内。

清道光十三年王纓堂棠蔭館刊本。

校訂慎子，錢熙祚。

存。以羣書治要殘存七篇慎子爲底本，更據唐宋類書所引，隨文補正，其無篇名者别附於後。首題「周慎到撰，金山錢熙祚錫之校」。末附慎子逸文及道光己亥錢熙祚跋文。在守山閣叢書内。前有四庫全書提要。嚴靈峰按：中國學會景印本無四庫提要。

清道光二十四年金山錢氏刊本。

民國十一年上海博古齋據錢氏景印本。

民國十五年上海中華書局四部備要排印本。

台灣世界書局一九五八年四部備要排印本。

台灣中華書局一九七〇年景印四部備要本。

民國十七年中國學會景印本。

百部叢書景印守山閣本。

台灣廣文書局一九七五年景印慎子三種合帙附佚文本。

台灣世界書局二〇〇九年排印本。

慎子文萃，李寶淦。

存。録慎子之威德、因循、民雜、德立、君人五篇原文，加以删節，圈點、斷句，間附按語。在諸子文萃内。

清光緒二十三年原稿本。

民國六年上海商務印書館排印本。

慎子佚文，一卷，王仁俊。

存。書目綜録著録。題「周慎到撰」。在經籍佚文内。

玉函山房輯佚書續編三種，上海古籍出版社一九八九年排印本。

輯慎子佚文，陶憲曾。

未見。方國瑜慎懋賞本慎子疏證序稱：「光緒間，安化陶憲曾輯慎子佚文二十六事，録入靈華館叢稿卷三，在二陶遺稿中。」

輯補慎子，二卷，繆荃孫。

存。鈔録慎懋賞刻本，分内外二篇，並從羣書治要鈔録知忠、君臣兩篇，加以校補。末附慎子佚文，並慎子内篇校文及庚申孫毓修題跋。

清光緒間江陰繆氏薵香簃鈔補本。

民國八年上海商務印書館四部叢刊景印本。

民國十八年四部叢刊重印本。

民國二十五年四部叢刊縮印本。

慎子內篇校文，一卷，孫毓修。

存。以繆荃孫輯補慎子本爲底本，更以藝文類聚、太平御覽、羣書治要及守山閣等本校其異同。附於繆本之後。並附庚申跋文。

民國八年上海商務印書館四部叢刊初編排印本。

民國十八年四部叢刊重印本。

民國二十五年四部叢刊縮印本。

慎子治要，張文治。

存。節録慎子內外篇文字，無注。斷句。前有慎到傳略。在諸子大綱內。

慎子校讀記，一卷，錢基博。

存。以守山閣校刊本慎子爲底本，參校四部叢刊景印藹香簃寫慎懋賞本及百子全書本，並附己見而成。分校勘、提要兩項，並增附各篇篇名，至三十餘篇。末附慎子傳及民國二十年後敘。在名家五種校讀記內。

民國二十年無錫國學專修學校叢書排印本。

台灣廣文書局一九七〇年景印本。

慎到考，錢穆。

存。考訂慎到活動年月，並對慎懋賞本僞慎子書加以辯駁。在先秦諸子繫年內。

古史辨第四册，民國二十二年北京書局初版。

上海書店據樸社一九三〇版景印。

商務印書館二〇〇一年版。

慎懋賞本慎子辨僞，羅根澤。

存。全文從來歷不明、與慎子思想矛盾、鈔襲他書、與古本不合等方面對慎懋賞本作辨僞。在古史辯第四册內。

民國二十二年北京書局初版。

上海書店據樸社一九三〇版景印。

慎懋賞慎子傳疏證，羅根澤。

存。爲慎懋賞慎子傳作疏證，並辨析。在古史辯第四册内。

民國二十二年北京書局初版。

上海書店據樸社一九三〇版景印。

慎懋賞本慎子疏證，方國瑜。

存。以慎懋賞本爲底本。民國二十三年十一月序略稱「讀周秦以下諸子百家之書，見其文與此本合者，輒隨手記諸簡端，久之日益多，乃復繕寫清本，題曰疏證，一一求慎氏所録之原」云云。

在方國瑜文集第五輯中。

雲南教育出版社二〇〇三年版。

慎子校正，一卷，王斯睿。

存。以江陰繆氏藕香簃鈔明慎懋賞校本爲底本，附加按語。其有譌奪不能補正者，一仍其舊。分内、外兩篇。前有民國二十三年自序，末附慎子佚文、民國庚申孫毓修跋及集説，採歷代各家詳語爲之。收入國學小叢書。

民國二十三年上海商務印書館排印本。

華東師範大學出版社二〇一〇年歷代子家選刊黄曙輝點校本。

慎子集説，一卷，蔡汝堃。

存。全書分四章：一，慎子考，爲慎子之篇數及版本；二，評傳；三，校注，集滕輔注與慎懋賞解兩家；四，佚文。前有民國二十六年自序，末有附識。收入國學小叢書。

民國二十九年上海商務印書館排印本。

慎子的名辯思想，汪奠基。

存。節録慎子外篇及太平御覽、長短經所引有關慎到文字，分選文及解釋二項，以説明慎到的思想。在中國邏輯思想史料分析内。

北京古籍出版社一九六〇年排印本。

慎子校注及其學説研究，徐漢昌。

存。分甲、乙、丙、丁四編，甲編爲慎子傳略，乙編爲慎子正文及佚文校注，丙編爲慎子一書之篇章、真僞、版本、注釋諸問題，丁編爲慎子學説研究。前有自序，後有結語。

台灣嘉新水泥公司文化基金會一九七六年版。

慎子佚文，譚樸森。

存。以英文著之，原題名爲THE SHEN TZU FRAGMENTS。署P. M. THOMPSON，漢譯名曰譚樸森。以羣書治要本爲底本，遍及列子注、經典釋文、北堂書鈔、藝文類聚、尚書正義、後漢書注、文選注、初學記、意林、荀子注、白氏六帖、太平御覽、雲笈七籤等，將威德、因循、民雜、知忠、德立、君人、君臣諸篇分割，列慎子佚文爲一百二十三則，並從莊子、韓非子、淮南子中輯出五則。每則佚文下有簡要疏注，異文亦於佚文下注明。文後列諸多漢文古籍圖版。（英）牛津大學出版社（OXFORD UNIVERSITY PRESS）一九七九年版。

慎子考佚，阮廷焯。

存。分考證、佚文二項，考證以傳記爲主，佚文並附校注。採歷代典籍、唐宋類書以及各家所引佚文加以校訂而成。在先秦諸子考佚内。

一九六八年油印本。

台北鼎文書局一九八〇年版。

慎子佚篇義證，王叔岷。

存。以羣書治要本爲底本，對羣書治要所載七篇分篇擇句作義證。既對字句作解，又旁引他書爲説，或有校勘説明。前有小序，末未收佚文。在先秦道法思想講稿内。

一九八二年定稿本。

一九九二年五月初版。

中華書局二〇〇七年版。

慎子中威德知忠君人等篇發微，金德建。

存。對慎子中威德、知忠、君人等篇的思想作探析，原載先秦諸子雜考，亦見藝文志第二輯。

中州書畫社一九八二年版。

山西人民出版社一九八三年版。

慎子。

存。張覺點校。以錢熙祚守山閣本爲底本，以新式標點出之。録錢氏所輯佚文，補唐馬總意林卷二與明初陶宗儀所輯説郛卷六讀子隨識所引慎子三條佚文。前有點校説明。見商君書韓非子附録二。

嶽麓書社一九九〇年版。

法家三派重勢之慎到，王叔岷。

存。分三個部分：慎到其人及慎子書、慎到生卒年、慎子之學。在先秦道法思想講稿内。

一九九二年五月初版。

中華書局二〇〇七年版。

慎子的思想，陳復。

存。分十章，重點論述慎子對周文化的吸收與轉化、慎子與戰國黄老法家的比較以及戰國諸子對慎子思想的評價。前有陳啓雲序。

台灣唐山出版社二〇〇一年版。

附録四　歷代評語（明吳人慎懋賞編輯）

荀卿曰：「慎子有見於後，無見於先。老子有見於詘，無見於信。墨子有見於齊，無見於畸。宋子有見於少，無見於多。有後而無先，則羣衆無門。有詘而無信，則貴賤不分。有齊而無畸，則政令不施。有少而無多，則羣衆不化。書曰：『無有作好，遵王之道。無有作惡，遵王之路。』此之謂也。」

莊周曰：「彭蒙、田駢、慎到聞墨子之風而悦之，齊萬物以爲首。曰：『天能覆之而不能載之，地能載之而不能覆之，大道能包之而不能辯之。』知萬物皆有所可，有所不可。故曰：『選則不徧，教則不至，道則無遺者矣。』是故慎到棄知去己，而緣不得已，泠汰於物，以爲道理。曰：『知不知，將薄知，而後鄰傷之者也。』謑髁無任，而笑天下之尚賢也。縱脱無行，而非天下之大聖。椎拍輐斷，與物宛轉，舍是與非，苟可以免，不師知慮，不知前後，魏然而已矣。推而後行，曳而後往，若飄風之還，若羽之旋，若磨石之隧，全而無非，動靜無過，未嘗有罪，是何故？夫無知之物，無建己之患，無用知之累，動靜不離於理，是以終身無譽。故曰：「至於若無知之物而已，無用賢聖，夫塊不失道。」豪傑相與笑之曰：「慎到之道，非生人之行而至死人之理，適得怪焉。」彭蒙、田駢、慎到不知道。

劉晝曰：法者，慎到、李悝、韓非、商鞅之類也。其術在於明罰，討陣整法，誘善懲惡，俾順軌度，以爲治本。然而薄者削仁廢義，專任刑法，風俗刻薄，嚴而少恩也。

韓嬰曰：夫當世之愚，飾邪説文姦言以亂天下，使混然不知是非。治亂之所存者，則是范睢、魏牟、田文、莊周、慎到、田駢、墨翟、宋鈃、鄧析、惠施之徒也。此十子者，説皆不足合大道美風俗治綱紀，然其持之各有故，言之皆有理，足以欺惑衆愚，交亂樸鄙！

司馬遷曰：自騶衍與齊之稷下先生，如淳于髡、慎到、環淵、接予、田駢、騶奭之徒，各著書言治亂之事，以干世主。

司馬遷曰：齊宣王喜文學遊説之士，自如騶衍、淳于髡、田駢、接予、慎到、環淵之徒七十六人，皆賜列第爲上大夫，不治而議論。是以齊稷下學士復盛，且數百千人。

司馬遷曰：慎到，趙人。田駢、接予，齊人。環淵，楚人。學黄老道德之術，各發明序其指意。故慎到著十二論，環淵著上下篇，而田駢、接予皆有所論焉。

張湛曰：列子所明，往往與佛經相參，大歸同於老、莊，慎到、韓非、淮南子多稱其言。

楊倞曰：談説者，以慎、墨、蘇、張爲宗，則孔氏之道，幾乎息矣。

楊倞曰：慎到，本黄老之術，明不尚賢不使能之道。故莊子論慎到曰「塊不失道」，以其無爭先之意。故曰「見後而不見先也」。漢書藝文志：慎子著書四十二篇。

周敦頤曰：稷下能言者，慎到最爲屏去繆妄，剪枝削葉，本道而附於情，主法而責於上，非田駢、尹文之徒所能及。五篇雖簡約，而明白純正，統本貫末，自古論王政者能及此鮮也。

蘇軾曰：莊子之學，無所不窺其論。天下道術，自墨翟、禽滑釐、彭蒙、慎到、田駢、關尹、老聃之徒，以至於其身，皆以爲一家，而孔子不與其尊之也至矣。

朱熹曰：韓子説荀、楊大醇，是泛説，與田駢、慎到、申不害、韓非之徒觀之，則荀、楊爲大醇。

朱熹曰：夫子既没，諸子之欲爲書以傳於後世者，其意存乎爲文。汲汲乎，唯恐其汩没而莫吾知也。是故皆喜立論。論立而争起，自孟子之後，老聃、莊周、楊朱、墨翟、田駢、慎到、申不害、韓非之徒，各持其私説以攻乎其外，天下方將惑之而未知其所適從。

陳淵曰：慎子，趙人慎到撰。按莊周、荀卿皆稱田駢、慎到。到，趙人；駢，齊人，見於史記列傳。今中興館閣書目乃曰瀏陽人。瀏陽在今潭州，吴時始置縣，與趙南北了不相涉，蓋據書目所稱，不知何謂也。

方孝孺曰：世以慎到與鄧析、韓非之流並稱。到雖刑名家，然其言有中理者，若彼之深刻也。其謂立天子以爲天下，非立天下以爲天子，不猶儒者所謂君爲輕之意乎？其謂役不得踰時，不猶不違農時之意乎？其謂用人之自爲，不用人之爲我，不猶舍己從人之意乎？其謂不設一方以求於人，不猶無求備之意乎？其謂人君任人而勿自躬，不猶任賢勿疑之意乎？但到不聞聖人之道，不知仁義之治，墮於曲學而流於卑陋爾，夫豈其性然哉？

薛應旂曰：愼到，趙人。與彭蒙、田駢爲友，學墨子弟子禽滑釐之術，聞宋鈃之風而悦之。稍以禁攻寢兵爲尚，故伐齊之事，旋以中止。

柯維騏曰：按太史公自序云：作老子韓非列傳，其莊子、申子特附載之耳。凡世家列傳附載者極多，如孟子荀卿傳附淳于髡、愼到、騶奭，其論贊或專或兼，無定體也。

鄭曉曰：滑釐即愼到，墨子弟子，善用兵，嘗與同門三百人持墨器守宋城禦楚寇。著愼子四十六篇。與宋鈃同時。孟子獨舉齊魯初封言者，以魯伐齊而取南陽，齊益不足，魯益有餘，非復太公、周公之舊疆。山南曰陽，岱山之南曰南陽，在齊之南，魯之北。

附録五　歷代辨僞

宋濂諸子辯（古書辨僞四種，商務印書館民國二十四年版）

慎子一卷，慎到撰。慎到，趙人，見於史記列傳中。館閣書目乃曰瀏陽人。瀏陽在今潭州，吴時始置縣，與趙南北了不相涉也，誤矣。漢志云四十二篇，唐志云十卷，不言篇數。崇文總目言三十七篇。今所存者，惟威德、因循、民雜、德立、君人五篇耳。威德篇曰：「立天子以爲天下，非立天下以爲天子也。立國君以爲國，非立國以爲君也。立官長以爲官，非立官以爲官長也。」民雜篇曰：「大君者，太上也，兼蓄下者也。下之所能不同，而皆上之用也。是以大君因民之能爲資，盡包而畜之，無取去焉。」君人篇曰：「君人者，舍法而以身治，則誅賞予奪，從君心出矣。然則受賞者雖當，望多無窮；受罰者雖當，望輕無已。」皆純簡明易，顯非刑名家所可及。到亦稷下能言士哉。莊周、荀卿稱之，一則曰慎到，二則曰慎到。雖其術不同，亦有以也。

欽定四庫全書總目提要（中華書局一九九七年版）

慎子一卷，周慎到撰。到，趙人，中興書目作瀏陽人。陳振孫書録解題曰：「慎到，趙人，見於史記。」瀏陽在今潭州，吴時始置縣，與趙南北了不相涉，蓋據書坊所稱，不知何謂也。則稱瀏陽者非矣。明人刻本又云：「到，一名廣。」案陸德明莊子釋文田駢下注曰：「慎子云，名廣。」然則駢一名廣，非到一名廣，尤舛誤也。莊子天下篇曰：「慎到棄知去己，而緣不得已，泠汰於物，以爲道理。曰『知不知，將薄知，而後鄰傷者也』。謑髁無任，而笑天下之尚賢也；縱脱無行，而非天下之大聖。椎拍輐斷，與物宛轉，舍是與非，苟可以免，不師智慮，不知前後，魏然而已矣。推而後行，曳而後往，若飄風之還，若羽之旋，若磨石之隧，全而無非，動静無過，未嘗有罪。是何故？夫無知之物，無建己之患，無用知之累，動静不離於理，是以終身無譽。故曰：『至於若無知之物而已，無用賢聖，夫塊不失道。』豪傑相與笑之曰：『慎到之道，非生人之行，而至死人之理，適得怪焉』」云云。是慎子之學，近乎釋氏，然漢志列之於法家。今考其書，大旨欲因物理之當然，各定一法而守之，不求於法之外，亦不寛於法之中，則上下相安，可以清浄而治。然法所不行，勢必刑以齊之。道德之爲刑名，此其轉關，所以申韓多稱之也（語見漢書藝文志）。其書漢志作四十二篇，唐志作十卷，崇文書目作三十七篇，書録解題則稱「麻沙刻本凡五篇，已非全書」。

此本雖亦分五篇，而文多删削，又非陳振孫之所見。蓋明人捃拾殘剩，重爲編次，觀「孝子不生慈父之家，忠臣不生聖君之下」二句，前後兩見，知爲雜録而成，失除重複矣。

姚際恒古今僞書考（古書辨僞四種，商務印書館民國二十四年版）

慎子，稱越人慎到撰。漢志法家有慎子二十四篇，唐志十卷，崇文總目三十七篇。今止五篇，其僞可知。

羅根澤慎懋賞本慎子辨僞（古史辨第四册，上海書店據樸社一九三〇年版影印）

慎子通行本，分威德、因循、民雜、德立、君人五篇，嚴可均（四録堂本）、錢熙祚（守山閣本）、繆荃孫（四部叢刊本）從羣書治要輯出知忠、君臣二篇，併舊有爲七篇，書雖非僞，而斷簡殘編，亦非秦漢舊觀（紀曉嵐等四庫全書提要子部雜家類：「慎子一卷……書録解題則稱麻沙刻本凡五篇，已非全書。此本雖亦分五篇，而文多删削，又非陳振孫之所見。蓋明人摭拾殘剩，重爲編次。」案周中孚亦謂今本非陳氏所稱之本，見所爲鄭堂讀書記子部雜家類，文不具引）。近商務印書館四部叢刊景繆荃孫寫明萬曆間吴人慎懋賞本，分内、外二篇，内篇三十六事，外篇五十三事（四部叢刊本孫毓修跋謂：「内篇三十六事，外篇五十事。」今覆檢，内篇同，外篇多出三事）。吾師梁任公先生言「顯係慎懋賞僞造，爲同姓人張目」（見梁任公所爲古書真僞及其年代卷一第二章）。吾恐世人忸於繆氏所藏而信以爲真也，不敢不辨。綜觀此書，可確證爲僞者無慮數十事，類聚並編，可釐爲八種：

一、來歷不明

書籍行世，必有傳授，目録學家爲之著録；或有不然，其特殊情形必可持以示人，如竹書紀年、穆天子傳等書之出於汲塚是也。崇文總目雖言慎子三十七篇，而通志藝文略即言「漢志四十二篇，隋唐分爲十卷，今亡九卷三十七篇」，是漁仲時已僅餘五篇。周中孚鄭堂讀書記謂總目三十七篇之言當有脱字（鄭堂讀書記子部雜家類：「崇文目（法家）作一卷，原釋云三十七篇。讀書附志（諸子類）、書録解題（法家）、通考（法家）、宋志（法家）亦俱作一卷。王厚齋漢志考證稱：『漢志四十二篇，今三十七亡，惟有威德、因循、民雜、德立、君人五篇，滕輔注。』據此知崇文目原釋爲陳氏所引，當有脱字，斷不只云三十七篇也」）。則僅餘五篇，爲時已久。自後著録家，若陳振孫直齋書録解題、王應麟漢書藝文志考證、馬端臨經籍考、黄震黄氏日鈔皆言五篇。即至於明代宋濂諸子辨、焦竑國史經籍志，亦皆言五篇。歸有光諸子彙函亦言所存者僅數篇。姜思睿諸子鴻藻更言祇四篇（周廣業意林卷二：「姜思睿諸子鴻藻有威德、因情、隆治、觀化四篇。」案歸有光諸子彙函亦有因情篇，實包括因循、民雜二篇，想姜氏本亦如之）。今慎氏本與諸書所載多出十數倍，授之何人，著之何書，無徵不信，僞證一也。

二、與慎子思想矛盾

一人之説，枝言蔓語，容有出入，根本主張決不能自相牴牾。莊子天下篇稱慎到：「謑髁無任，而笑天下之尚賢也；縱脱無行，而非天下之大聖。」又述其言曰：「無用賢聖。」荀子解蔽篇稱：「慎子蔽於法而不知賢。」楊倞荀子注謂：「慎到本黄老之術，明不尚賢不使能之道。」又述其言曰：「多賢不可以多君，無賢不可以無君。」是慎子以尚賢使能爲非也。慎氏本内篇第六事亦全録韓非子難勢篇慎子之言，中有曰：「吾以此知勢位之足恃而賢智之不足慕也。」又曰：「賢智不足以服衆，而勢位足以屈賢者也。」第七事亦採藝文類聚五十四、太平御覽六百三十八所載慎子之言，中有曰：「立君而尊賢，是賢與君争，其亂甚於無君。」又曰：「君立則賢者不尊。」第二十九事又採類聚三十八、御覽五百二十三所載慎子之言，中有曰：「有貴賤之禮，無賢不肖之禮。」是即慎氏本慎子亦非尚賢也。而第十三事鈔竊墨子尚賢上中兩篇之文，中有曰：「夫王公大人爲政於國家者，皆欲國家之富，人民之衆，刑政之治；然而不得富而得貧，不得衆而得寡，不得治而得亂，則是本失其所欲，得其所惡。是其故何也？不能以尚賢事能爲政也（墨子借事爲使，此亦遂同之）。

故國家有賢良之士衆，則國家之治厚；有賢良之士寡，則國家之治薄。故大人之務，將在於衆賢而已。」又曰：「故古者聖王之爲政，列德而尚賢，雖在農與工肆之人，有能則舉之。」又曰：「今王公大人有一衣裳不能制也，必藉良工；有一牛羊不能殺也，必藉良宰；至於治國家，則不使賢者能者在側，則此不肖者在左右也。……三代暴王桀紂幽厲之所以失措其國家、傾覆其社稷者，已此故也。」外篇第十事又曰：「好賢之心誠，則讒談利辭無以閒。」第二十六事又曰：「黄帝立明堂之議，上觀於賢也。」忽而尚賢，忽而非之，忽而使能，忽而詆之，一人之言，胡能僨亂若此？豈不以非尚賢之言鈔之韓非子、類聚、御覽所載慎子逸文；尚賢之言，懋賞雜採墨子等書以成之耶？僞證二也。

三、鈔襲他書

周秦諸子各自名家，雖有相互之關係，而絶無鈔襲他家之言據爲自己之説者；有之，大抵爲後人所竄入也。慎本慎子則鈔録他家者不一而足。約略言之，可分三類：

（甲）通章鈔襲者。内篇第六事，自「飛龍乘雲」至「而勢位足以屈賢也」，通章鈔自韓非子難勢篇。雖韓非子標爲慎子之言，但古子互引，多採取其意，因意製詞，即引用原文，字句亦多有出入（錢熙祚據羣書治要，此文在慎子威德篇，正與韓非子大同小異）。此獨文字全同，其爲鈔襲韓非子無疑。第三十三事，自「楚懷王爲太子時」至「東地復全」，通章七百餘字，完全鈔自戰國策楚策，而於章首冠以「慎子仕楚爲太子傅」八字，無論楚策慎子未必即慎到（梁玉繩漢書人表考卷六：「戰國策楚策有慎子，爲襄王傅；魯亦有慎子，見孟子；此與莊惠並列，則非其人也」）。即真爲慎到，此文爲慎子所記而國策採之耶，不容獨去章首八字；慎子與編國策者各記之耶，不能語句全同。第三十四事，自「不教民而用之」至「務引其君以常道志於仁而已」，通章鈔自孟子告子篇，而增益孟子「魯欲使慎子爲將軍，孟子曰」爲「慎子仕魯，魯使慎子爲將軍，伐齊取南陽，孟子興曰」，此較鈔襲國策者更爲明顯。慎子作書，烏肯將孟子申斥之言採入篇中？外篇第一事，自「古之全大體者」至「福莫久於安」，通章二百餘字，全鈔自韓非子大體篇。第六事，自「古之民未知爲宫時」至「衣服節而肌膚和」，通章千餘字，全鈔自墨子辭過篇，惟去其「子墨子曰」數字耳。第十四事，自「不肖者」至「猶謂之愚」，通章鈔自鬻子道符五帝三王傳政甲第二。第十五事，自「聖人在上」至「猶比肩也」，通章鈔自鬻子守道五帝三王周政甲第四（案賈誼新書大政下亦有此文，而略有異同）。第三十三事，自「衛小國也」至「不若畜士之安也」，通章百二十餘字，全鈔自墨子貴義篇，惟易墨子「子墨子謂公良桓子曰」爲「墨翟曰」。雖標爲墨子之言，但慎子著書豈稗販哉，何徒事鈔胥而毫無詮發或批評也？

（乙）通章鈔襲而略加補飾者。如内篇第十三事，自「夫王公大人」至「而不明大物也」，通章八百餘字，完全採自墨子尚賢上中兩篇，而酌加去取，約爲一章。墨子主尚賢，慎子非尚賢，此章力闡尚賢之旨，其爲慎懋賞鈔墨子何疑？外篇第三十四事，自「樂由所來者尚矣」（由所二字疑倒，呂氏春秋作所由）至「律呂之本」，通章採自呂氏春秋仲春紀古樂篇，而略加删削。第四十八事，自「榮啓期者」至「何不樂也」，通章採自説苑雜言篇，亦稍加剪裁。第五十一事，自「周成王問於鬻子曰」至「可得四生矣」，通章採自賈誼新書修政語下（葉德輝觀古堂所著書採入所輯鬻子），亦惟微去蔓詞而已。

（丙）摘録而加附益者。内篇第十二事，自「昔者宓羲氏」至「以類萬物之情」，鈔自易繫辭，而於前後施以附益。第十九事，自「是故明主知其然」至「慶賞之謂德」，鈔自韓非子二柄篇，於前後亦皆有附益。

鈔襲他書，如此之多，世間安有掠攫他人據爲已有而能成爲一家之言者？僞證三也。

四、據意林及他書所載慎子逸文而略有附益

據意林者九事：

（甲）内篇第九事，據意林「孝子不生慈父之家，忠臣不生聖君之下」，而於前附以戰國策秦策蔡澤之言曰：「君明臣直，國之福也；父慈子孝，夫信妻貞，家之福也。故比干忠而不能存殷，申生孝而不能安晉，是皆忠臣孝子而國家滅亂者何也？無明君賢父以聽之。」語意不能融洽。

（乙）第十事，據意林「藏甲之國，必有兵遁，市人可驅，安國之兵，不由忿起」，而於後附以「明主之征也」四十餘字。

（丙）第十二事，據意林「詩往志也，書往誥也，春秋往事也」，而於後附以「昔者宓羲氏」百餘字（「春秋往事也」下，有「至於易則吾心陰陽消息之理備焉」一句，朱彝尊經義考引即有之，錢熙祚言未知所出，當本慎本慎子）。

（丁）第十六事，據意林「有權衡者不可欺以輕重，有尺寸者不可差以長短，有法度者不可巧以詐僞」，而於後割賈誼新書大政下之言以附之曰：「王者有易政而無易國，有易君而無易民，湯武非得伯夷之民以治，桀紂非得跖蹻之民以亂，民之治亂在於上，國之安危在於政。」（新書原文：「王者有易政而無易國，有易吏而無易民。故因是國也而爲安，因是民也而爲治。故湯以桀之亂爲治，武王以紂之北卒爲强。故民之治亂在於吏，國之安危在於政。」）

（戊）第二十事，據意林「措鈞石，使禹察之，不能識也；懸於權衡，則氂髮辨矣」，而於後附以「聖君任法而不任智」二十餘字。案御覽八百三十載此文爲：「厝鈞石，使禹察錙銖之重，則不識也；懸於權衡，而釐髮之不可差，則不待禹之智，中人之知莫不足以識之矣。」則意林蓋爲節引，慎氏本不同御覽而同意林，非古本顯然。又意林「使禹察之」下，疑脱「錙銖之重」四字；不然，鈞石之鉅，禹何致不能識？而慎氏與之同誤，其爲鈔竊意林又何疑哉？

（己）第二十一事，據意林「愛赤子者不慢其保，絶險者不慢其御」，而於前附以「孔子謂子卜子曰」數語；於後附以「爲天下者不慢其民」一語。馬氏節録羣書，採其精義所在，若有「爲天下者不慢其民」之主意貫注句，馬氏不能不採，故此必爲慎氏所增。

（庚）第三十一事「兩貴不相事，兩賤不相使。家富則疏族聚，家貧則兄弟離。不聰不明不能王，不瞽不聾不能公。海與山争水，海必得之」，完全鈔自意林。惟子書百家本慎子後附意林所載慎子逸文，與此同，前後爲一事（案彙刻書目謂子書叢刻之子彙，每種後有潛菴跋，今子書百家本慎子亦有潛菴跋，蓋本之子彙；子彙爲明人所刻，然則慎懋賞採之意林者，倘據子彙本慎子所附耶）。而學津討原覆武英殿重雕本意林，聚學軒叢書周廣業意林注，崇文局本意林，並「兩貴不相事，兩賤不相使」爲一事；「家富則疏族聚，家貧則兄弟離」，多「非不相愛，利不足相容也」爲一事；「不聰不明」至「海必得之」爲一事。觀其意義，各不相屬，分之是也。而慎氏沿子彙之誤而合之，僞跡甚露。又「不聰不明不能王，不瞽不聾不能公」，意林及王應麟困學紀聞諸子「王」上「公」上皆有「爲」字，而慎氏本無之，知爲懋賞以意删之也。

（辛）第三十二事，據意林「小人食於力，君子食於道」，而益之以「先王之訓也」數字。又割裂墨子魯問篇之文以附之於後曰：「故常欲耕而食天下之人矣，然一身之耕，分諸天下，不能人得一升粟，其不能飽可知也。欲織而衣天下之人矣，然一身之織，分諸天下，不能人得尺布，其不能煖可知也。故以爲不若誦先王之道而求其説，通聖人之言而究其旨，上説王公大人，次匹夫徒步之士。王公大人用吾言國必治，匹夫徒步之士用吾言行必脩，雖不耕而食飢，不織而衣寒，功賢於耕而食之，織而衣之者也。」（墨子原文，較此有枝言，文長不具引。蓋草創之作，駢拇枝指，後人鈔襲，擷華去秕，亦事之當然，而辨僞者不可不於此留意也）末又據列子湯問篇注所載慎子之言：「治水者茨防決塞，雖在夷貊（慎氏改爲狄），相似如一，學之於水，不學之於禹也。」而於前附之以「許犯問於子慎子曰：『法安所生？』子慎子曰：『法非從天下，非從地出，發於人間，合乎人心而已』」。各自爲義，毫不相屬。

（壬）外篇第七事「匠人成棺，不憎人死。利之所在，忘其醜也」，全鈔意林。採之他書者，除内篇第六事全鈔自韓非子説已見前外，尚有七事：

（甲）内篇第七事，自「法之功」至「國之大道也」，採自藝文類聚五十四、太平御覽六百三十八，而於前附以「愛多者則法不立，威寡者則下侵上」二句。

（乙）第八事「故治國無其法則亂，守法而不變則衰，有法而行私謂之不法。以力役法者百姓也，以死守法者有司也，以道變法者君長也」，採自類聚五十四，而於前附以「虙羲、神農教而不誅，黄帝、舜、堯誅而不怒，及至三王，隨時制法，各適其用」。

（丙）第十四事，自「廊廟之材」至「非一人之力也」，採自文選盧子諒答魏子悌詩注、四子講德論注，而於後附以「故人主者」云云四五十字。

（丁）第十五事，自「離朱之明」至「其勢難覩也」，採自文選演連珠注、楊荆州誄注、類聚十七、御覽三百六十六，而於後附以「故用賞貴信」數語。

（戊）第二十九事，自「禮從俗」至「無賢不肖之禮也」，採之徐堅初學記、王應麟困學紀聞，而於後附以「故孔子言於魯哀公曰」至「以辨君臣之位」數語。考類聚三十八、御覽五百二十三「無賢不肖之禮」後，尚有「有長幼之禮，無勇怯之禮；有親疏之禮，無愛憎之禮也」，則慎本定非古本矣。

（己）外篇第二十七事，全採自文選張景陽雜詩注。惟選注原作「慎子曰：『夫道所以使賢，無奈不肖何也；所以使智，無奈愚何也。若此則謂之道勝矣。』又曰：『道勝則名不彰』」，顯係非一章之言，或一章而中有略去者也。慎氏本以「道勝則名不彰」逕續「則謂之道勝矣」之後，知其非慎子舊觀也。

（庚）第二十九事「匠人知爲門，能以門，所以不知門也，故必杜然後能門」，採自淮南子道應訓，而於後附以「富貴而禮人，人無有不敬；富貴而愛人，人無有不親」，意恉分歧，絶不連貫。

採掇逸文，冀掩其僞，用心良苦；而草蛇灰線，未能滅跡，則亦徒與人以辨僞之佐證耳。最奇者，凡見他書之文大氐皆在章首，間在章末，從無在一章之中者（惟内篇二十一事於末附「爲天下者不慢其民」一句，他書所採，遂若居一章之中者，辨見前）。馬氏所採，諸家所引，何皆巧至如此？良以摛詞纂言附益於後，最爲易易；附益於前，則比較困難；既附益於前，又附益於後，而求若一氣呵成，天衣無縫，幾於不可能矣，故慎氏不得不以所採摭逸文置章首章末，僞證四也。

五、與古本不合

史記只言慎到著十二論，漢志則謂四十二篇，此多出之三十篇是否僞託頗成疑問；假定不僞，則四十二篇必依次排列，如荀韓諸書。今慎氏本分内外篇，内篇三十六事（亦可謂之三十六章），外篇五十三事（亦可謂之五十三章），與史記、漢志皆不合。不惟此也，嚴可均、錢熙祚、繆荃孫從羣書治要寫出知忠、君臣二篇，慎氏本無之。治要作於唐魏徵，於時慎子尚完整，所據者仍爲秦漢之舊，此本若真慎子書，不容無此二篇。不惟此也，尚有與古本馳舛者五事：

（甲）「毛嬙西施，天下之至姣也，衣之以皮倛，則見者皆走；易之以玄緆，則行者皆止」，依治要在威德篇。下尚有「由是觀之，則玄緆色之助也，姣者辭之，則色厭矣」。慎氏本無後數句，不在威德篇，自爲一章（外篇第二十二事）。

（乙）「騰蛇遊霧，飛龍乘雲」一段，依治要亦在威德篇，與韓非子所引文字稍異，且上有「走背跋踚窮谷，野走千里，藥也。走背辭藥則足廢」，中有一「故」字。慎氏本則全同韓非子（「騰蛇」二句，韓非子互倒，慎氏本亦遂互倒），而别爲專章（内篇第六事）。

（丙）「愛赤子者不慢其保，絶險歷遠者不慢其御」二句，依治要亦在威德篇，（意林脱「歷遠」二字，慎氏本亦遂同之。）且尚有「舉重越高者不慢其藥」一句，慎氏本無之，而恣意羼雜，蔚爲專章（内篇第二十一事）。

（丁）「孝子不生慈父之家，忠臣不生聖君之下」，依治要在知忠篇，慎氏本附以戰國策「君明臣直」云云，標爲專章（内篇第九事）。

（戊）「廊廟之材（廊廟二字，慎本倒）非一木之枝，狐白之裘非一狐之腋，治亂安危存亡榮辱之施非一人之力也」，依治要亦在知忠篇，而慎氏本别爲一章，而附之以「故人主者」云云四五十字（内篇第十四事）。

若其爲慎子舊制，不能與古本馳舛；若綴輯逸文，又不容加以附會，僞證五也。

六、混慎子爲禽滑釐

孟子告子篇魯欲使慎子爲將軍章，慎子對孟子自稱「滑釐」。趙注不以爲慎到，謂滑釐其名。焦氏雖以爲即到，而謂「慎子與墨子之徒禽滑釐同名」；或以慎子即禽滑釐，或以慎子師事禽滑釐，稱其師滑釐不識，皆非是」。今慎氏既以滑釐爲慎到，採入其文（内篇第三十四事），又以吕氏春秋仲春紀當染篇謂「許犯學於禽滑釐，田繫學於許犯」，遂以許犯、田繫爲慎子之徒，於内篇第三十二事、外篇第三十一事、三十五事，載其請問慎子。慎子之書，何能紕漏至此？僞證六也。

七、有孟軻字

孟子之字，史漢不書，趙岐未聞。至王肅造聖證論駁馬、鄭，始謂「學者不知孟軻字，按子思書、孔叢子有孟子居，則軻少居貧坎軻，字子居也」。又曰：「孟子字子車。」傅玄傅子始謂字子輿；車輿同音（梁玉繩史記志疑孟子荀卿傳：「古車輿通用，如秦三良子車氏，史於秦紀、趙世家、扁鵲傳並作子輿、子驗」），仍襲王肅之謬耳。今慎本慎子一則曰孟子興，再則曰孟子興。若果爲慎到之真，遷、固博及羣書，不能闕焉不著，趙岐亦不能謂「字則未聞」，王肅亦不能只引子思、孔叢子之僞而遺慎到之真，僞證七也。

八、尚有逸文

完整之書，必無逸文，他家所引概見篇中。慎子逸文，慎氏本雖採入不少，而據嚴可均、錢熙祚所輯，軼出慎氏本者無慮數十則，知非慎子舊觀，僞證八也。

九、結論

即此八證，其非慎子之真而爲懋賞之僞，毫無疑義。張鈞衡適園藏書志謂：「懋賞淵博嗜古，讀書颺文塢中，廣採百家，爲之彙正。」蓋慎氏既得讀颺文塢藏書，以爲館閣秘笈，世人未覩，割裂鈔襲，孰能糾正。際明末學衰，其術遂售。入清以來，流傳未廣，魁儒碩士，無得釐定真僞。直至清之末造，繆荃孫、張鈞衡等收藏其書，詫爲異寶（張均衡適園藏書志子部雜家類：「此本作内外二篇，明湖人慎懋賞刻本，較四庫本、守山閣本均不同。守山閣據治要、御覽各書輯爲逸文者，此均有之；雖互見鬻子、莊、老等書，亦諸子之成例，似高出各本上，而各家書目亦未嘗著録」）。近人孫君毓修亦視爲「驚人秘笈」，謂「慎子善本，當推此矣」（見四部叢刊本慎子孫毓修跋），據以印入四部叢刊。顧君實作重考古今僞書考，亦謂「慎子非僞書，以四部叢刊本爲最多」，可謂失檢矣。

金德建慎子流傳與真僞（廈門圖書館聲第二卷第五期）

史記孟荀列傳云慎到趙人，後世有中興書目作瀏陽人，非也。陳振孫亦曰：「瀏陽在今潭州，吴時始置縣，與趙南北不相涉。」姚際恒古今僞書考以今本慎子僞書。他說：「漢志法家有慎子四十二篇，唐志十卷，崇文總目三十七篇，今止五篇，其僞可知。」姚氏之意以爲唐志僅十卷，亡佚已多，到崇文總目忽然增加至三十七篇，從表面上看，崇文本已有僞的成份。今本五篇之餘存，誠如姚氏所云，難信其爲漢志之舊了。不過其中還有問題，卷與一篇的内容未必相等，每一卷中所包括的往往不止一篇，唐志卷數雖僅十篇數卻必定有數十。這樣如何能知唐志的篇數一定比漢志少？即不少，更何能斷定崇文總目的篇數一定比唐志多？所以從唐志僅十卷，因而斷定漢志以後有亡佚，或崇文有三十七篇，而斷定崇文本有僞篇，似乎都不可能。況且史記集解引徐廣曰：「今慎子劉向所定，有四十一篇。」此云四十一即四十二之譌。宋徐廣時距離漢志已遠，而前於唐志較近。從徐廣所説有四十二篇，即可證唐志的十卷其中亦必有四十二篇無疑。據此，慎子的流傳，漢志四十二篇，徐廣時及唐志均仍四十二篇，崇文總目時已有亡佚，存三十七篇，到了現在更有亡佚，只存五篇，這樣很自然的漸次亡佚，不能據爲今本爲僞。

亡佚的時間，大概在宋代。至於亡佚的緣故，也可約略加以推測。宋代慎子的本子有二：

（一）五篇本。陳振孫書録解題云：「今麻沙刻本纔五篇，固非全書也。」通志藝文略云：「慎子舊有十卷四十二篇，亡九卷三十七篇。」王應麟漢志考證云：「漢志四十二篇，今三十七篇亡，惟有威德，因循，民雜，德立，君人五篇，滕輔注。」

（二）三十七篇本。書録解題引崇文總目有三十七篇。在相並期間篇數已有此不同。但三十七篇加了五篇，剛巧等於慎子的原有篇數四十二篇。這是很可注意。依我看，原本四十二篇，其時一定已經給人家拆散分成二本：一本是三十七篇，一是五篇；前者崇文總目等所見，後者陳振孫等所見。經過如是拆散，於是一種本子分别流傳。其中五篇本似乎通行，諸家均見；三十七篇本較少，故僅著録於官家的崇文總目。據此，自然通行的可永流傳，少見的易於亡逸，所以到了後來就一存一亡，崇文本亡逸，只有五篇尚流傳後世，這就使今本慎子只存五篇了。

以上是漢志後慎子流傳，證明今本篇幅雖少於漢志，卻不是漢志後的僞書。至於漢志本身的真僞，還是疑問。史記只説十二篇，與之相差太大，而且「論」與「卷」不同，每「論」應該只有一篇，那末漢志四十二篇中，不是已有三十篇爲僞嗎！至此我們便得發生兩種觀念：

一，以爲「四十二」與「十二」的兩個數目，常有脱衍之誤。或本屬「四十二」，而史記脱「四」字亦未可知。類此差誤，古書上也常有。有此版本上可能的疑問，則漢志慎子真僞，不如他書之易於從篇目多少來定奪了。這個觀念，其實不對。

二，風俗通姓氏篇云：「慎到爲韓大夫，著慎子三十篇。」應劭曾見過一部三十篇的慎子，但此書向來無所謂三十篇者，此三十之數，剛巧是史記十二論與漢志四十二之間的差。於此可證漢志的慎子，實併合二書爲一。史記的確是十二論，漢志加了其時另外有部三十篇，纔併成四十二。漢志的成份，已多出現於史記，這另外的三十篇，史記所没有，司馬遷都還没有見過，自然是僞書無疑了。

附表：

史記所見十二論→漢志四十二篇→徐廣所見及唐志爲四十二篇→　→五篇本→今本
另有三十篇僞———→　　　　　　　　　　　　　　　　　　　←三十七篇本（亡）

庚午夏月寫於嘉興。

錢穆慎到考（先秦諸子繫年，商務印書館二〇〇一年版）

孟子：「魯欲使慎子爲將軍，孟子曰：不教民而用之，一戰勝齊，遂有南陽，然且不可。慎子曰：此則滑釐所不識也。」趙注：「滑釐，慎子名。」焦循云：「釐與來通。詩周頌思文『貽我來牟』，漢書劉向傳作『飴我釐麰』是也。爾雅釋詁云：『到，至也。』禮記樂記云『物至知之』，注云：『至，來也。』到與來爲義同。然則慎子名滑釐，其字爲到，與墨子之徒禽滑釐同名。或以爲慎子即禽滑釐，或以爲慎子師事禽滑釐，稱其師滑釐不識，皆非是。」今按焦説是也（馬氏莊子義證又以孟子書慎子乃墨子耕柱篇駱滑釐，説益支離，不可信）。漢志法家者流有慎子四十二篇，注：「名到，先申韓，申韓稱之。」夫到與孟子同時，而按鹽鐵論，慎子以湣王末年亡去，則慎子輩行猶較孟子稍後，豈得先申子？荀子非十二子以慎到、田駢齊稱。莊子天下篇稱彭蒙、田駢、慎到。田駢學於彭蒙而與慎到同時，是慎到後於彭蒙也。近人胡適（中國哲學史大綱卷上）謂慎到稍在前，彭蒙次之，田駢最後，亦非矣。

至孟子、慎子在魯相遇之年，今已不可確指。薛方山云：「魯爲齊弱久矣，安能伐齊？此必因湣王敗而走莒時。」黄鶴四書異同商辨之云：「薛説非也。燕人畔，立昭王，孟子因此致爲臣而歸矣。史記載昭王立二十八年始伐齊，孟子此時未必猶存。」今按孟子以齊威王晚年（三十六年）曾返魯。後於宣王八年去齊至宋，其後或仍返老於魯。慎子亦居稷下，至湣王末而去。疑其居魯或當以威王晚節爲近是。姑以是時慎子年三十計，則湣王之末，慎子年垂七十矣。魯欲使慎子爲將軍，乃一時擬議之辭，其事成否不可知。至一戰勝齊，孟子特假爲之説耳，非必魯將慎子，必以伐齊取南陽爲幟志也。薛説自不可從（林春溥孟子年表後説及開卷偶得卷七，至謂「魯使慎子之役，竟取南陽」，益復失之。其戰國紀年又引呂氏春秋齊以東帝困於天下，而魯取徐州爲證。惟謂：「此事距孟子卒已十年，又不可以强合。」總緣看文字太死殺也）。

慎子雖戰國一顯士，然其事跡流傳者少，已難詳定。明人慎懋賞僞爲慎子書，綴其事若較備，然均不足信，兹再略辨如次。

楚策：「襄王爲子質於齊，懷王薨，太子辭於齊王而歸。齊王强索東地五百里。襄王退而問其傅慎子。」今亦見慎氏書。按懷王入秦爲周赧王十六年，其時齊湣王之二年也，豈慎子遂以其時爲楚襄傅乎？校其年代尚無不合，惟慎氏書顯係鈔撮僞造，不足據。史記正義云「慎子，戰國時處士」，亦不以爲楚王傅（風俗通義姓氏篇「慎到爲韓大夫」，亦無據，疑從其先申韓，申韓稱之而誤）。

趙策：「鄭同北見趙王，説以兵事。」今慎氏書引之，而云「慎子侍」。按鄭同之説云

「先見魏昭王」，魏昭王元年在楚襄王之四年，慎子既爲襄王傅，豈復重至於趙？惟年代亦略可及。今既趙策無此語，則慎子侍云云，乃慎氏襲趙策以爲慎子書，以慎子乃趙人，故云侍趙王也。此亦不足據。又云「藺相如困秦王歸，有矜色，謂慎子」云云。秦趙會澠池在魏昭王十七年，其獻璧在趙惠文王十八年秦拔趙石城之前，亦在魏昭王十三四年，與鄭同事時亦相當，而又稍後。豈慎子誠晚年及見藺子哉？

慎氏書又有「許犯問慎子」云云，許犯學於禽滑釐，即許行。慎氏以孟子有滑釐不識之語，故僞撰許犯問慎子矣。又「田繫問」云云，益不足據。

又有「環淵問慎子」云云，今按史記稱：「自騶衍與齊之稷下先生，如淳于髡、慎到、環淵、接子、田駢、騶奭之徒各著書。」故慎氏妄造環淵問。又稱：「孟子輿説齊宣王而不説，謂慎子。慎子曰：行無隱而不形，夫子居魯而魯削，何也？」是又襲淳于髡之言爲慎子也，皆不足信。

又有「鄒忌以鼓琴見齊王，稷下先生淳于髡、慎到、田駢、接子、環淵相與往見鄒忌子」云云，此事見史記田齊世家及劉向新序，皆僅説淳于髡。慎氏竊取其説，又加以孟荀列傳所舉慎到、田駢諸人，遂以實慎子書，其僞跡益顯。

今據史記孟荀列傳，慎到，趙人，爲齊稷下先生，與田駢齊名，至湣王時而去，則慎子事之可信者（太平寰宇記卷十三謂：「慎子墓在濟陰西南四里。」則慎子自滑王末亡去，蓋老死於齊，或未適他國。又郡齋讀書志以慎子爲瀏陽人，未識何據。唐志十篇，而讀書志只一篇，蓋已僞物矣）。至其學術宗旨，則莊子天下篇評之曰：「尚法而無法，下修而好作，上則取聽於上，下則取從於俗，終日言成文典，及紃察之，則倜然無所歸宿，不可以經國定分，慎到、田駢也。」荀子解蔽篇亦稱之曰：「慎子蔽於法而不知賢。」天論篇又稱之曰：「慎子有見於後，無見於先。」此則慎子之學也。其持論蓋爲後來道法開源。其「蔽於法而不知賢」，則韓非法家之言也。其「有見於後無見於先」，則老聃道家之旨也（此與宋子有見於少，無見於多，同爲稍後老子書所取）。故史記稱之曰「學黄老道德之術」，而漢志則謂「申韓稱之」。其實慎到爲稷下學士，尚在前，老聃、韓非道德刑名之説自在後。漢人誤認老子在孔子前，遂若慎到學老子，而韓非採慎到。以荀卿之論定之，可知其誤也。

蔡汝堃慎子考（慎子集説，商務印書館民國二十九年初版）

一、慎子之篇數

慎子篇數，各書所載不同，兹先論唐以前之慎子：

（一）史記孟荀列傳曰：「慎到，趙人。學黄老道德之術，因發明序其旨意，著十二論。」

（二）漢志法家類：「慎子四十二篇。」

（三）高誘呂氏春秋慎勢篇注曰：「慎子，名到，作法書四十二篇。」（畢沅曰：「舊本作四十一篇，今據漢書藝文志改）

（四）楊倞荀子脩身篇注曰：「齊宣王時處士慎到，……著書四十一篇。」

（五）應劭風俗通義曰：「慎子爲韓大夫，著慎子三十篇。」

（六）隋志、新舊唐志曰：「慎子十卷，滕輔注。」

總上所述，則慎子篇數，發生三問題如下：

（一）史記謂慎子著書十二論，漢志云四十二篇，名詞字數，均各不同。

（二）高誘、楊倞並云慎子四十一篇，較漢志所云少一篇；而應劭更云三十篇，其相差尤鉅。

（三）隋志及新舊唐志均著録慎子爲十卷，與上述各不相同。

關於上述第一問題，今人金德建謂「篇」、「論」二字同意，史記作爲十二者，以「二」上脱「四」所致（見廈門圖書館聲二卷五期金著慎子流傳與真僞）。其説穿鑿，不足信據。四庫提要總序曰：「自六經以外立説者，皆子書也。其初亦相亂，自七略區而別之，名品始定。其初亦相軋，自董仲舒别而白之，醇駁乃分。其中或佚不傳，或傳而後莫爲繼，或古無其目而今增，古各爲類而今合。」

由上觀之，則知慎子之最後釐定或整理，出自劉向手也。史記前於劉氏，自無從龜本，遂以己意析爲十二論，而漢志後於劉氏，自可準襲其説，仍析爲四十二篇，此其所以不同，實詞異而量同也。

第二問題，清畢沅謂爲高注之誤（見前引三），此説殊不足信。慎子篇數，至劉向始爲之確定，自後班固、高誘、楊倞等，均本劉氏之分篇，而因序録之計入與否，遂生一篇之差。徐廣史記孟荀列傳注曰：「今慎子劉向所定，有四十一篇。」斯爲確證。至於應劭所言，未詳所本。案慎子至唐時尚屬完帙，何能唐前反有殘闕？

第三問題，甚易解決。鄭樵通志藝文略曰：「慎子一卷，……舊有十卷，漢有四十二篇，隋唐分爲十卷。」案上言，則篇卷之意義已明，無庸贅述矣。

據上考，已知慎子在唐以前尚屬完帙，兹所論者，則爲唐以後殘佚之慎子：

甲、崇文書目：「慎子三十七篇。」

乙、鄭樵通志藝文略曰：「慎子一卷……隋唐分爲十卷，今亡九卷三十七篇。」

慎子經五代而亡失，固爲意料中事；然總目、通志所載篇數，何以相差甚多？此爲一極重要之問題。金德建曰：「慎子宋時有二本：一爲五篇本，鄭樵等所見者也；一爲三十七篇本，王堯臣等所見者也。其後三十七篇本亡，而五篇本得傳於後，試兩本相加，恰

爲原書之四十二篇也。」（詳見廈門圖書館聲二卷五期金著慎子流傳與真僞）

案上説不足信。使宋果有二本慎子同行，則博學如鄭、王，官修如總目者，不容不知也。且案宋修總目在景祐元年（合西元前八七八年），鄭纂通志在紹興年中（紹興元年合西元前七八一年），其相差已不下百餘年，慎子又不爲人所重視，中間固難免佚亡也。篇數相差之鉅，又何足怪哉。

通志以後，若陳振孫書録解題、王應麟漢志考證以及元、明諸目録家，均云慎子亡三十七篇，存五篇。直至明慎懋賞始僞纂爲内外二篇，清嚴可均及錢熙祚更從羣書治要中輯出知忠、君臣二篇，益前五篇，是爲今之七篇通行本也。兹圖解之於左：

史記	十二	論
漢志	四十二	篇
高注呂覽	四十一	篇
楊注荀子	四十一	篇
徐注史記	四十一	篇
風俗通義	三十	篇
隋志	十	卷
新舊唐志	十	卷
崇文總目	三十七	卷
通志	五	卷
書録解題	五	卷
諸子辨	五	卷
慎懋賞本	内一 外一	卷
守山閣本	七	卷

二、慎子之版本

慎子版本不同，内容各異，兹分述之如下：

（一）子彙本。明萬曆五年刊，全文五篇，通行於世，頗可信據。慎子自總目後，佚爲五篇，元、明以來諸著録家皆承此説。王應麟漢書藝文志考證曰：「慎子……漢志四十二篇，今三十七篇亡，惟有威德、因循、民雜、德立、君人五篇。」嚴可均鐵橋漫稿曰：「書録解題稱麻沙刻本纔五篇，余所見明刻本亦皆五篇。」

（二）四庫本。此本雖亦五篇，然與子彙本不同，不足信據。四庫提要曰：「此本雖亦五篇，而文多删削，又非陳氏之所見。蓋明人據拾殘賸，重爲編次。如云『孝子不生慈父之家，忠臣不生聖君之下』二句，前後兩見，知爲雜録而成，失除重複矣。」

（三）羣書治要本。羣書治要一書，魏徵等撰，唐後即亡失。直至日寬永中（寬永元年合西曆一六二四，明熹宗天啓四年）始自日本發現，天明五年（西曆一七八五，清乾隆五十年）始鏤版行世，内有慎子七篇，附滕輔注，較明各本多知忠、君臣二篇，已收入四部叢刊，並由商務及中國學會景印行世。予頗惑焉。案治要本較明五篇本除多二篇外，其餘大部相同，明本爲自然之佚存，治要乃人爲之删摘，十存一二，而存者大多相合，此實令人可疑者也。兹欲解決此問題，當先比較二本之孰爲可信（余非謂治要全書爲贋作，本文所論僅及治要中之慎子也）。

甲、來歷。治要一書，唐後即全亡，宋、元、明諸藝文志及私家藏目著述中，均無一言及之，何以經千餘年後，忽出現於日本？來歷不明，此其不如明本可靠者一也。

乙、字句。明子彙本，文意簡練，字句典雅。治要則文氣沮贅，意義含混，其所多二篇，踳駁尤甚，絶不類先秦子書及原有五篇之文氣，此其不如明本可靠者二也。

丙、時代。明本治要，不能並真或並僞，形影相依，非彼鈔此，即此鈔彼。今治要唐後即全亡，明末始出現於日。清中葉（乾隆五十年以後，因四庫未著録）始傳入中國，是只有治要抄襲明本（或更古宋本）之可能，而絶無明本抄襲治要之理，此其不如明本可靠者三也。

丁、篇數。慎子扺宋，佚爲五篇（見鄭樵通志），篇名具存（見王應麟漢志考證），自後諸書同説，迄未聞尚有知忠、君臣二篇，此其不如明本可靠者四也。

戊、其他。案日林敬宗及細井德民所撰治要序例，並未言明治要發現之始末，且數謂該書多經校改，知非治要之本來面目，雖真亦贋矣。何況日人性好作僞，似慎子之短而易纂者，難保其非僞古文孝經孔傳之儔歟。此其不如明本可考者五也。

（四）錢熙祚校本。清錢熙祚據日得治要慎子，並唐、宋類書所引，以相校正明五篇本，全書七篇，逸文五十七條，名守山閣本。現由世界書局景入諸子集成中，通行於世。

（五）嚴鐵橋校本。此本今不見，據鐵橋漫稿卷五云：「余所見明刻本，亦皆五篇。今從羣書治要寫出七篇，有注，即滕輔注。其多之篇，曰知忠、君臣。其威德篇多出二百五十三字。雖亦節本，視陳振孫所見本爲勝。」可知嚴氏所校，與錢校本無大異，此其所以不傳也。

（六）慎懋賞僞本。此本爲明慎懋賞所刻，有江陰繆氏手鈔本，已由商務及中國學會景印行世，總分内外二篇，篇各數十事，末附補遺、校語及逸文，較之明五篇本多出倍蓰，然不盡道法家言也。近人羅雨亭先生曾著文駁議之，謂爲懋賞所僞撰（見古史辨第四册）。（整理者按：下略去部分文字）

綜觀羅氏所論，立辨精詳，僞跡畢抉。今余復從其思想方面言之。案懋賞僞纂此書者，意欲爲同姓人張目耳。既欲張目，則難免於浮誇，浮誇正其僞跡也。吾人稽諸子史，慎子實爲出道入法之法家。而明慎氏牽引各家，穿鑿附會，使慎到反變爲雜而不家者矣。兹略述之於下：

甲、道家言：

「堯讓天下於許由……故曰：『全生爲上，虧生次之，死次之，迫生爲下。』」此節見莊子讓王篇及呂覽貴生篇，唯文稍有同異。

「萬物所異者也……非通道也。」此節見莊子盜跖篇。

以上皆道家言，蓋懋賞因史記有慎到學黄老道術一語，遂牽引上文而附會之。

乙、墨家言：

「古之民未知爲宫時，就阜陵而居，穴而處下……風雨節而五穀熟，衣服節而肌膚和。」此節見墨子辭過篇，乃墨翟節用之説。

「王公大人爲政於國者，皆欲國家之富……皆以明小物而不明大物也。」此節見墨子尚賢篇，稍有删置。

以上墨家言，與慎子不尚賢不使能之道相矛盾。其爲懋賞所竄入者，自無疑義。

丙、陰陽家言：

「天地既判，而生兩儀，輕清浮而爲天，重濁凝而爲地……或升或降，莫之覺也。」此節皆言天文陰陽之事。史記孟荀列傳曰：「鄒衍深觀陰陽消息，而作怪迂之變，終始大篇，千餘萬言，其語閎大不經。先列中國名山大川……及海外之人所未覩……。」

此外，如劉向别録、班固漢志、劉勰文心雕龍等書，均謂鄒衍之書，言天文，辨陰陽，閎大不經，慎子此文，竄自鄒書乎？

丁、法家言：

「古之全大體者，望天地，觀江海，……故曰：『利莫長於簡，福莫久於安。』」此節見韓非子大體篇。

「夫耕之用力也勞，而民爲之者何？……無戰之危，而有貴之實，則人孰不爲也。」此節見韓非子五蠹篇。

以上法家言。慎到爲法家，固無問題；惟似此襲人言以爲己説者，先秦子書，未之有也。

戊、儒家言：

「天地大矣……不誠則卑。」

「與天下於人……惟其義也。」

「禮從俗……故孔子言於魯哀公曰：『人之所以生，禮爲大，非禮無以辨君臣之位。』」

以上各節，均爲儒家言仁述禮之語，何以慎子亦力主之？其爲僞纂也無疑。

己、縱横家言：

「慎子仕楚，爲太子傅。楚襄王爲太子時，質於齊……解齊患，士卒不用東地後全。」

此節見戰國策楚策。

「慎子仕魯，魯使慎子爲將軍。……務引其君以當道，志於人而已。」此節見孟子告子篇。

案慎子乃戰國時處士（見成玄英莊子天下篇疏及楊倞荀子修身篇注），絶無此類事。

庚、名家言：

「行高者，人妬之；權重者，主疑之……故老子曰：『貴以賤爲本，高以下爲基。』」此節見文子符言篇。

「仁義禮樂，名法刑賞……名以正之，法以齊之，賞以勸之。」此節見尹文子大道下。

辛、雜家言：

「樂所由來者，尚也。必不可廢……故曰：『黄鐘之宫，律吕之本。』」此節見吕覽古樂篇。

「商容有疾……容曰：『嘻！天下事盡矣。』」此節見説苑敬慎篇。

「始吾未生之時，焉知生之爲樂也……臨蝯眩之岸，不足以滑其和。」此節見淮南俶真篇。

慎氏本尚有襲自韓詩外傳、管子、列子、孔子家語等書者，難以一一詳舉。

總之，周秦諸子各自名家，相互之關係甚淺，焉能一家而兼衆説，衆説又多自相矛盾？懋賞本之僞，瞭如掌上，無庸再辨矣。

蔣伯潛諸子人物考（諸子通考，浙江古籍出版社一九八五年版）

慎到，莊子釋文引慎子云：「又名廣。」孟荀傳曰：「趙人，學黄老之術。」漢志法家有慎子，自注曰：「名到，先申韓，申韓稱之。」韓子天論篇注謂慎子之術，本黄老，歸刑名。韓非難勢篇嘗引其言，以爲勢位足恃而賢志不足以服衆。蓋前期之法家分三派，商君言法，申子言術，慎子言勢也。孟子有「魯欲使慎子爲將軍」云云，觀下記慎子曰：「此則滑釐所不識也。」此慎子名滑釐，魯人，與孟子同時，别爲一人。按：孟子至魯，在平公時，約當周赧王四年。戰國策楚策記慎子爲楚襄王策守東地。楚襄王於周赧王十七年即位，此慎子當即見於孟子之慎滑釐。荀子解蔽篇論諸子各有所蔽，亦列慎子於申子之前，與漢志自注「先申韓」之説同。申子以周顯王十五年受知於韓昭侯。慎子之成名，當在周顯王初。明人輯慎子，舉凡諸書所載慎滑釐事，亦一律録入，誤。

蔣伯潛諸子著述考（諸子通考，浙江古籍出版社一九八五年版）

漢志所録法家之書，除上述商君書、韓非子外，慎子尚存殘帙。慎子者，道、法二家遞嬗之轉捩也。漢志：慎子四十二篇。自注曰：「名到，先申韓，申韓稱之。」王應麟曰：「史記：『慎到，趙人，著十二論。』正義：『慎子十卷，戰國時處士。』案漢書，四十二篇，今三十七篇亡，唯有威德、因循、民雜、德立、君人五篇。滕輔注。」今按王氏所引，爲史記孟子荀卿列傳。今本史記，此句下無正義。集解引徐廣曰：「今慎子，劉向所定，四十一篇。」較漢志少一篇。嚴可均鐵橋漫稿曰：「隋志、新舊唐志皆十卷，滕輔注。崇文總目三十七篇。書録解題稱麻沙刻本纔五篇。余所見明刻本，亦五篇。今從羣書治要寫出七篇，有注，即滕輔注。其多出之篇，曰知忠，曰君臣。其威德篇多出二百五十三字。雖亦節本，視陳振孫所見爲勝。」四庫書目提要曰：「此本雖亦分五篇，而文多刪削，又非陳振孫之所見，蓋明人捃拾殘剩，重爲編次。觀『孝子不生慈父之家，忠臣不生聖君之下』二句，前後兩見，知爲雜録而成，失除重複矣。」則四庫全書所收，殆即嚴氏所見之明刻本也。沈欽韓謂今本五篇亦非完篇，是也。又王應麟嘗謂「御覽所引皆在亡篇」，沈欽韓亦謂韓非子難勢篇、吕覽慎勢篇及意林所引皆在亡篇。蓋今本慎子，亡佚者多，殘存者少也。嚴可均又曰：「藝文類聚卷六十有漢滕輔祭牙文。隋志謂梁有晉太學博士滕輔集。慎子注爲漢爲晉，未敢定之。」錢熙祚有校本，附輯逸文。

慎子，稱趙人慎到撰。漢志法家有慎子四十二篇。唐志十卷。崇文總目三十七篇。今止五篇，其僞可知。

黄雲眉古今僞書考補證（齊魯書社一九八〇年版）

補證：

眉按：胡韞玉周秦諸子書目曰：「慎子，四庫書目列在雜家。今讀其書，如云：『法雖不善，猶愈於無法。』又云：『大君任法而弗躬，則事斷於法。法之所加，各以分蒙賞罰而無望於君，是以怨不生而上下和矣。』又云：『有權衡者不可欺以輕重，有尺寸者不可差以長短，有法度者不可巧以詐僞。』此皆法家之精言，故仍入法家。」余謂此亦恒語，非精言也。莊子天下篇謂「慎到棄知去己，而緣不得已，泠汰於物，以爲道理。推而後行，曳而後往，若飄風之還，若羽之旋，若磨石之隧。豪傑相與笑之曰：慎到之道，非生人之行，而至死人之理，適得怪焉」云云，求之今書慎子，似無此微影響。天下篇雖後人所作，若令得見今書，不當復有此語。荀子非十二子篇曰：「尚法而無法，下修而好作，上則取聽於上，下則取從於俗，終日言成文典；及糾察之，則倜然無所歸宿，不可以經國定分；然而其持之有故，其言之成理，足以欺惑愚衆，是慎到、田駢也。」則謂慎子尚法矣。然細味今書，亦與荀子所評不相應。雖曰刑名之學，原於道德，慎到之「棄知去己」，未嘗不可以「以無知之法治，代有知之人治」爲解；然使慎到之道，果僅如今書所言，則慎到乃一普通之法治家，彼豪傑何以笑其「非生人之行，而至死人之理」乎？ 吾意今書文字明白，不類先秦殘籍，當由後人鈔撮諸書法家語而成。 文獻通考引周氏涉筆曰：「稷下能言者，如慎到最爲屏去繆悠，剪削枝葉，本道而附於情，主法而責於上，非尹文、田駢之徒所能及。 五篇雖簡約，而明白純正，統本貫末。」果如所言，其書誠僞託矣。 夫四十二篇而僅存五篇，又安能統本貫末？ 五篇而能統本貫末，則其餘三十七篇不皆贅耶（其實是書雖僞託，在唐以前當不止五篇，故馬總意林所採十二條，皆不見今書，而嚴可均録自羣書治要者，蓋有七篇，但亦只得七篇耳。 崇文總目三十七篇，不可考）？

又按四部叢刊景印之江陰繆氏慎子鈔本，乃由海寧陳氏所藏明萬曆間吴人慎懋賞刻本鈔得者，分爲内外篇。 梁啓超謂：「其書鄙俚蕪穢，將見存五篇，改頭換面，文義全不相屬，諸書佚文，則一無所採；又攀引孟子書中之慎滑釐爲慎到（眉按：慎子，名到，史記等書皆同，别有一慎子名滑釐，見孟子。 而莊子天下篇謂慎子學墨子弟子禽滑釐之術。 後人不知其爲兩人，故有疑爲師弟子適同名者。 其實孟子之慎滑釐，非莊子之慎到也。 慎懋賞蓋故攀引之）；又因史記之文，而僞造爲鄒忌、淳于髡、慎到、田駢、接子、環淵問答語，真所謂小人無忌憚者。」（漢書藝文志諸子略考釋）羅根澤作慎懋賞本慎子辨僞，列八證以難之（見燕京學報第六期），皆甚確，可參閱。

劉建國慎子僞書辨證（陝西人民出版社二〇〇四年版）

慎子，慎到撰。慎到，戰國時期趙人，先於申不害、韓非，是法家代表人物之一。其完整的慎子一書早已佚失。現存慎子一書有兩個問題：其一是現存五篇或現存七篇的問題，其二是明萬曆間慎懋賞所刻慎子内外篇的問題。我們僅就現存的五篇或七篇而論其真僞，慎懋賞本暫擱置不論。

關於今本五篇或七篇慎子的真僞問題，惟有清姚際恒的古今僞書考認爲今止「五篇，其僞可知」，其餘一些學者皆認爲是佚失後之輯本。姚氏認爲僞書的理由很簡單，就是原書爲四十二篇，今本只有五篇，就證明是僞書。

我們不同意姚氏的看法，認爲這五篇或七篇不是僞書，而是輯本，是真書的部分内容，我們的理由也比較簡單。

第一，在唐代以前，歷代史志均有慎子一書的著録。漢書藝文志法家著録「慎子四十二篇」，注曰：「名到，先申韓，申韓稱之。」隋書經籍志法家著録「慎子十卷」，注曰：「戰國處士慎到撰。」舊唐書經籍志法家、新唐書藝文志法家均著録「慎子十卷，慎到撰，滕輔注」。並且在歷代史志之前，尚有司馬遷在史記孟子荀卿列傳中記載：「慎到，趙人；田駢、接子，齊人；環淵，楚人，皆學黄老道德之術，因發明其旨意。故慎到著十二論。」這些足以説明，在唐代以前確實有慎子一書完整地存在着。

第二，自宋以後，慎子原書已佚失，只剩部分篇章的輯本，這一點宋史藝文志著録「慎子一卷，慎到撰」，就可看出非全書。而宋陳振孫的直齋書録解題有過闡述。他説：「唐志十卷，滕輔注，今麻沙刻本纔五篇，固非全書也。……崇文書目言三十七篇。」就是説，在宋代形成崇文總目時，慎子還存三十七篇，到了明代，所見之慎子即今存的五篇之書。

第三，今存慎子一書，又有五篇和七篇之不同版本，如諸子集成本爲七篇，百子全書本則爲五篇。今存七篇本據嚴可均鐵橋漫稿記載，是他親手輯出整理的。然其後五篇本與七篇本並列於世至今。

第四，之所以説五篇、七篇係輯本，因爲書中所輯之言均可見其出處。比如五篇本，在君人中有小注曰：「以下十二條載意林。」這十二條即從「小人食於力，君子食於道」到「安國之兵，不由忿起」，是採自馬總意林的。而嚴可均的七篇本的知忠、君臣是據羣書治要採而補上去的，而在威德中的自「毛嬙、西施」至「其得助博也」二百四十五字，是採羣書治要補上去的。

第五，之所以説原五篇是原著的部分，因爲在後來的太平御覽、文選的神女賦注、四子講德論注、意林、羣書治要等類書，均有過對慎子五篇的引文可證。

第六，另在太平御覽、藝文類聚、寰宇記、六帖、北堂書鈔、文選、吕氏春秋、荀子注、莊子釋文（陸德明）、長短經等類書、注釋均有引證慎子之文，説明唐前慎子之完整的書是流行於世的。當然，輯佚文者把慎子引鬻子、墨子、列子之書的引文，也作爲慎子的佚文是不當的。比如「不自謂愚也，而愚見於言，雖自謂智，人猶謂之愚」是鬻子話，是慎子引鬻子的話，而不是慎子自己的文字。

我們依據慎子的五篇或七篇，及其逸文的内容可以看出，慎到是一位戰國時期的哲學家和法家。

首先，在他看來，天人關係，是自然的天給予人們以有利的自然資源條件，而人們能夠解決自己的生活問題，還是要靠發揮人的主觀能動作用。所以他説：「天有明，不憂人之暗也；地有財，不憂人之貧也；聖人有德，不憂人之危也。天雖不憂人之暗，闢户牖必取己明焉，則天無事也。地雖不憂人之貧，伐木刈草必取己富焉，則地無事也。聖人雖不憂人之危，百姓準上而比於下，其必取己安焉，則聖人無事也。」這是説人們的生産、生活，一切都不是老天賜予的，也不是什麽聖人給予的，而是人們自己的努力取得的。他又説：「故聖人處上，能無害人，不能使人無己害也，則百姓除其害矣。聖人之有天下也，受之也，非取之也。百姓之於聖人也，養之也，非使聖人養己也，則聖人無事矣。」這是説，聖人不能養治百姓，而是百姓養治聖人，這是一種多麼明顯的與儒家不同的稷下道家的思想體系。他在這一觀點的基礎之上，又推及國家行政事務及其各種分工。在他看來，皇帝、官臣、百工只是分工不同。他説：「古者，工不兼事，士不兼官。工不兼事則事省，事省則易勝；士不兼官則職寡，職寡則易守。故士位可世，工事可常。百工之子，不學而能者，非生巧也，言有常事也。今也國無常道，官無常法，是以國家日繆。教雖成，官不足，官不足則道理匱矣。道理匱則慕賢智，慕賢智則國家之政要在一人之心矣。古者，立天子而貴之者，非以利一人也。曰：天下無一貴，則理無由通，通理以爲天下也。故立天子以爲天下，非立天下以爲天子也；立國君以爲國，非立國以爲君也；立官長以爲官，非立官以爲官長也。」這就是説，帝、君、官只是分工不同，没有高低貴賤之分，所有的人都是「以能受事，以事受利」的。所以他説：「明君動事分功必由慧，定賞分財必由法，行德制中必由禮，故欲不得干時，愛不得犯法，貴不得踰親，禄不得踰位，士不得兼官，工不得兼事，以能受事，以事受利，若是者，上無羨賞，下無羨財。」都能正確地對待自己，對待别人，實際上是老子小國寡民的原始社會理想的進一步發揮，而成爲社會按職務分工不同而爲均的「使得美者，不知所以德；使得惡者，不知所以怨」的平等理想社會。

在慎子中反映了慎子的法治思想。在他看來，法律是十分重要的，有法勝於無法，「法雖不善，猶愈於無法」，就是説，法治雖然是嚴厲的，但有法比無法要强得多，有了法律就會除去一切私怨而得到賞罰分明。又説：「君人者，舍法而以身治，則誅賞予奪，從君心出矣。然則受賞者雖當，望多無窮；受罰者雖當，望輕無已。君舍法，而以心裁輕重，則同功殊賞，同罪殊罰矣。怨之所由生也。是以分馬者之用策，分田者之用鈎，非以鈎策爲過於人智也，所以去私塞怨也。故曰：人君任法而弗躬，則事斷於法矣。法之所加，各以其分，蒙其賞罰而無望於君也。是以怨不生而上下和矣。」這就是説，處理一切政務，都要以法辦事，而不是以君主的主觀願望辦事，這樣才能賞罰分明，從而上下不生怨，國家會很好地得到治理。因而他再三强調「爲人君者不多聽，據法倚數以觀得失。無法之言，不聽於耳。無法之勞，不圖於功。無勞之親，不任於官。官不私親，法不遺愛，上下無事，惟法所在」。還説：「法之功，莫大使私不行。君之功，莫大使民不争。今立法而行私，是私與法争，其亂甚於無法。立君而尊賢，是賢與君争，其亂甚於無君。故有道之國，法立則私議不行，君立則賢者不尊。民一於君，事斷於法，是國之大道也。」這是説有法不能行私的道理。那麽，所定之法也不是一勞永逸而不變的。他認爲：「故治國無其法則亂，守法而不變則衰。有法而行私，謂之不法。以力役法者百姓也，以死守法者有司也，以道變法者君長也。」就是説，變法思想也是慎到法治思想的主要組成部分。在他看來，法治不是天下掉下來的，也不是平地生出來的，而是一種符合人心的必然結果。他説：「法非從天下，非從地出，發於人間，合乎人心而已。」他還有在法律面前人人平等的觀念。他説：「法者，所以齊天下之動，至公大定之制也，故智者不得越法而肆謀，辨者不得越法而肆議，士不得背法而有名，臣不得背法而有功。我喜可抑，我忿可窒，我法不可離也。骨肉可刑，親戚可滅，至法不可闕也。」這是一種多麽難能可貴的在法律面前人人平等的思想啊。

從上述可以看出，慎到的天人關係的世界觀和法制理論，是十分重要的，尤其法治思想十分明確突出，可惜因佚失幾十篇著書，我們不能觀其全貌，如果硬把慎子僅存的一部分史料變成爲僞書，那勢必埋没了這位戰國時期法家代表人物的歷史地位，所以這就是我們辨正慎子的一個很主要的指導思想。

劉蔚華、苗潤田稷下學史（中國廣播電視出版社一九九二年版）

慎到，戰國中期趙國人。他與孟子、商鞅同時，同田駢、環淵、捷子齊名，是稷下黄老學派的創始人之一，也是先秦學術史上傑出的思想家。

班固説，慎到「先申韓，申韓稱之」（漢書藝文志自注）。申不害於公元前三五一年相韓（韓昭侯八年），卒於公元前三三七年（韓昭侯二十二年）。若慎到先申子，其生年當在公元前三九〇左右。但另據鹽鐵論論儒篇記載，齊湣王末年，慎到、捷子、田駢等離去稷下；史記孟荀列傳：「田駢之屬皆已死，齊襄王時，而荀卿最爲老師。」結合鹽鐵論，此「田駢之屬」是指慎到、捷子、環淵等人。由此來看，慎到當卒於齊襄王之前，約爲公元前二八三年前後。其確切生卒年代很難遽定。

慎到的事跡、思想及其在先秦文化史上的學術貢獻，都是和稷下學宫相聯繫的。他於齊威王末年入齊，涉足稷下學術舞臺；齊宣王時與田駢、環淵諸子共同創立了稷下黄老學派，成爲負有盛名的稷下先生。他上説下教，「不任職而論國事」，一直到齊湣王末年才「亡去」。因此，慎子一生的大部分時光都是在稷下度過的；他的思想學説也是在稷下形成、發展並通過稷下百家争鳴得到不斷修正、完善，進而在先秦思想史上産生重大影響的。

據東漢人應劭説：「慎到爲韓大夫，著慎子三十篇。」今人金德建據此以爲，慎到於齊湣王末年「亡去」之韓，遂爲韓大夫。慎到在韓任大夫期間，由在稷下時的好尚議論傾向保守，不任官職轉向政治改革，不再站在没落奴隸主的立場，代表新興地主力量而著論，闡述自己新的進步的政治主張。今本慎子是慎到在稷下時的作品，並不反映、代表其思想面貌。我們認爲，應劭説與史記、漢書等文獻記述不合，並不可信。慎到由齊「亡去」時年事已高，不久即卒，根本不可能再到韓國爲官。況且今本慎子的思想也不反映没落奴隸主階級的利益和願望，而是爲新興地主階級建立和鞏固封建統治秩序作論證的。因此，所謂慎到由保守轉向進步的觀點，也是不能成立的。

此外，還有慎到曾爲魯將軍一説。孟子告子下：「魯欲使慎子爲將軍。孟子曰：『不敬民而用之，謂之殃民。殃民者，不容於堯舜之世。一戰勝齊，遂有南陽，然且不可……。』慎子勃然不悦，曰：『此則滑釐所不識也。』」清人焦循孟子正義疑即慎到。於是便有人認爲慎到名滑釐，曾爲魯將軍。東漢趙岐孟子注則認爲此「慎子」是滑釐之名，非爲慎到。今人張岱年説：「此慎子名滑釐，不是慎到。有人認爲是一人，那是錯誤的。慎到是齊稷下學士，那裏能作魯國的將軍舉兵伐齊呢！」我們認爲張説爲是。因爲慎到的學術活動主要是在齊宣王、齊湣王時期。孟子大約在齊宣王八年（前三一二年）由齊過宋歸鄒，不久老死在故里。如果慎到與孟子有交，那一定是在齊宣王時，而此時慎到被宣王賜列第爲上大夫，孟子也被授「客卿」之位，同爲稷下先生，並爲齊宣王出謀劃策。在這種情況下，慎到怎麽能跑到魯國作將軍，反去攻打齊國呢？孟子告誡魯慎子説：「君子之事君也，務行其君以爲道，志於仁而已。」（孟子告子下）這説明此慎子是魯臣，且「善用兵者」（趙岐孟子注），並非遊説之士的稷下先生。

關於慎到的著作，史記「慎到著十二論」（孟荀列傳）；漢志著録慎子四十二篇。史記集解引徐廣曰：「今慎子劉向所定，有四十一篇。」隋書經籍志、舊唐書經籍志、新唐書藝文志均録慎子十卷，且標明：「慎到撰，滕輔注。」宋史藝文志録慎子一卷。陳振孫説：「唐志十卷，滕輔注。今麻沙刻本纔五篇，固非全書也。崇文總目言三十七篇。」（直齋書録解題）王應麟漢書藝文志考證：「今三十七篇亡，唯有威德、因循、民雜、德立、君人五篇。」唐羣書治要録慎子七篇（五篇外加知忠、君臣）。明子彙録慎子五篇。清人錢熙祚據羣書治要、子彙整理出較完整的慎子七篇本，另集有佚文十七條，收在守山閣叢書中（諸子集成刊印），這是現在通行的慎子書。對此，學術界仍有不同意見。

清人姚際恒認爲：「漢志法家有慎子四十二篇，唐志十卷，崇文總目三十七篇。今止五篇，其僞可知。」（古今僞書考）嚴可均説：「余所見明刻本，亦皆五篇。今從羣書治要寫出七篇，有注，即滕輔注。其多出之篇曰知忠、曰君臣。其威德篇多出二百五十三字。雖亦節本，視陳振孫所見本爲勝。」（鐵橋漫稿）梁啓超認爲，今五篇「其文簡短，似是後人掇輯所成」（漢書藝文志諸子略考釋）。今人金德建認爲：「崇文總目所録三十七篇加今本五篇，正等於漢志所録四十二篇。三十七篇亡逸，所存則唯有五篇了。因此，五篇非僞，乃慎到之舊作。」（見司馬遷所見書考）張岱年説：「史記記載『慎到著十二論』，漢書藝文志著録慎子四十二篇，大概十二篇比較真實，是慎到的原著，另三十篇是後人增益的。但是，今本五篇是否屬於十二篇之中？已不可考定了。」（中國哲學史史料學）我們認爲金説爲是。五篇（或七篇）雖係斷簡殘章，但從其基本精神看，與先秦文獻中保存的慎到遺説較爲一致，不應斷之爲僞。

現存慎子書，除錢熙祚校本，又有明人慎懋賞編定的慎子内外篇本（四部叢刊）。據羅根澤等人的考證，此書係慎懋賞之僞作，不可爲典要。

慎到的學説，除保存在七篇本慎子書中，莊子、荀子、韓非子和吕氏春秋等先秦文獻均有所記述。另外，有一種意見認爲管子中的任法、心術、内業、白心等篇，是慎到或其學派的遺著（朱伯昆管子四篇考，載中國哲學史論文集第一輯），這是很有見地的。這些文章，對研究慎到之學有著重要參考價值。

附録六　慎子書與慎子之學

慎懋賞慎子考（慎懋賞注慎子内外篇，見慎子三種合帙附佚文，廣文書局一九七五年印行）

按史記：慎到著十二論。漢書藝文志：慎子四十二篇。隋書經籍志：慎子十卷。唐志：慎子十卷，滕輔注。子鈔：慎子一卷。崇文總目：慎子二卷三十七篇。今纔數篇，闕略頗多。予走四方，自書肆以及士大夫藏書之家，索之勤矣。全書卒不可得，故爲輯其可知者，而其不可考者闕焉，以俟博洽君子。萬曆戊寅十月既望，吴興雲臺慎懋賞志。

王叔岷慎到其人及慎子书（先秦道法思想講稿，中華書局二〇〇七年版）

史記孟子荀卿列傳：「慎到，趙人，學黄老道德之術，因發明序其指意，故慎到著十二論。」裴駰集解：「徐廣曰：今慎子，劉向所定，有四十一篇。」

又田完世家：「[齊]宣王喜文學遊説之士，自如鄒衍、淳于髡、田駢、接子、慎到、環淵之徒七十六人，皆賜列第爲上大夫，不治而議論。」（參看劉向孫卿書録、應劭風俗通義窮通篇）

慎到爲齊宣王上大夫，不治而議論，其十二論或即完成於此時。據漢書藝文志法家：「慎子四十二篇。」注：「名到，先申韓，申韓稱之。」（荀子天論篇楊倞注、史記田完世家張守節正義引四十二篇並同）吕氏春秋慎勢篇舊本高誘注：「慎子名到，作法書四十一篇，在申不害、韓非前，申、韓稱之也。」清畢沅吕氏春秋新校正改高注「四十一篇」爲「四十二篇」，以合於今本漢志稱「四十二篇」之數，不知舊本高注作「四十一篇」，與史記孟子荀卿列傳晉徐廣注稱「四十一篇」合。據漢志稱「四十二篇」者較晚，疑漢志原作「四十一篇」也。宋鄭樵通志氏族篇引風俗通氏姓篇云：「慎到爲韓大夫，著慎子三十篇。」未知何據。慎到所著十二論，四十一篇或四十二篇已不可考。今傳慎子如次：

唐魏徵等輯羣書治要卷三十七，節引威德、因循、民雜、知忠、德立、君人、君臣七篇（有晉滕輔注）。唐馬總意林稱「慎子十二卷」，疑指十二論而言；引慎子十三條。宋李昉等太平御覽亦偶引慎子之文。

明陶宗儀説郛本慎子、周子義（潛菴）子彙本慎子並五篇。

清錢熙祚輯守山閣叢書本慎子七篇，據治要、御覽輯，存佚文十七條。

四部叢刊景印江陰繆氏（荃孫）藕香簃藏寫本，從明萬曆間吴人慎懋賞刻本鈔録者，分内外二篇，内篇三十六事，外篇五十事，孫毓修跋稱爲「驚人秘笈，高出衆本上」，然從未見收入著録之目。詳觀各節，乃知其鈔襲古書，飣餖成文。即鈔襲治要所引七篇，亦不全。而外篇中「天地既判」節，及「氣之犖歛而有質者爲陰」節，幾全鈔襲南宋末王柏天地萬物造化論（見魯齋集，清胡鳳丹輯金華叢書），其爲明人僞託可知。竊疑即慎懋賞所僞託，借以光大其先人慎到耳。故研究慎子之學，決不可據四部叢刊景印明慎懋賞本（王斯睿慎子校正即據此本）。倫敦大學譚樸森教授（P. M. Thompson）將羣書治要所載慎子七篇分别爲若干條，益以他書所引，共輯存慎子佚文一百二十三條，又補遺五條，可供參考。

王叔岷慎子之學（先秦道法思想講稿，中華書局二〇〇七年版）

最早論慎子之學者爲莊子，合彭蒙、田駢論之。天下篇云：「彭蒙、田駢、慎到……齊萬物以爲首。曰：「天能覆之而不能載之，地能載之而不能覆之，大道能包之而不能辯之。知萬物皆有所可，有所不可。故曰選則不徧，教則不至，道則無遺者矣。」是故慎到棄知去己，而緣不得已，泠汰萬物，以爲道理。曰：「知不知，將薄知，而後（復）鄰傷之者也。」謑髁無任，而笑天下之尚賢也。縱脱無行，而非天下之大聖［也］。椎拍輐斷，與物宛轉，舍是與非，苟可以免。不師知慮，不知前後，魏然而已矣。推而後行，曳而後往，若飄風之還，若磨石之隧，全而無非，動靜無過，未嘗有罪，是何故？夫無知之物，無建己之患，無用知之累，動静不離於理，是以終身無譽。故曰：「至於若無知之物而已，無用賢聖，夫塊不失道。」……常反人，不聚觀，而不免於魭斷。其所謂道非道，而所言之韙不免於非所論慎到之學，頗與老、莊近似，如齊萬物；棄知去己，而緣不得已；笑天下之尚賢，無用賢聖；推而後行，曳而後往；塊不失道諸義（後有詳説）。僅「椎拍輐斷，與物宛轉」二語，與法家之旨相符，意即「笞撻行刑，隨事而定」（上句本成玄英疏），郭象注：「法家雖妙，猶有椎拍。」就法家而言，是也。下文所謂「常反人，不聚觀，不免於魭斷」，意謂「常反人情，不取悦於人，不免於行刑」（「聚觀」借爲「取歡」，猶取悦。「魭斷」猶上文「輐斷」）。此評論法家之弊。天下篇固是莊子學派所著，論慎到之學，與道家關係最密，與法家亦略有關。司馬遷謂慎到「學黄、老道德之術」，則僅著眼於道家矣。慎到乃法家重勢派之代表人物，其思想與道、儒、名三家皆有關。兹分别論證於次。

（一）道家

1．重因循（猶因順）

司馬談論六家要指謂「其術以因循爲用」。慎子有因循篇，發明因循之義云：「天道因則大，化則細。因也者，因人之情也。化而使之爲我，則莫可得而用矣。是故先王不受禄者不臣，禄不厚者不與入難。人不得其所以自爲也，則上不取用焉。故用人之自爲，不用人之爲我，則莫不可得而用矣。」因，如今人言順應。化，如今人言改造。順應之作用大，改造之作用小。「因人之情」，雖用人，而使人「得其所以自爲」。此合乎道家之旨。改造人之情，意在「化而使之爲我」。此合乎法家之旨。如法家，則認爲順應之作用小，改造之作用大，故重嚴刑峻法。改造人情，用人之爲我，「則莫不可得而用矣」。慎到雖爲法家，然其説實偏向道家而不同於法家（唐趙蕤長短經是非篇引孟子佚文亦云：「天道因則大，化則細。因也者，因人之情也。」殊不類孟子語）。

又民雜篇：

大君因民之能爲資，盡苞而畜之，無能去取焉。是故不設一方以求於人，故所求者無不足也。如法家，則必設一方以求於民，而所求必足也。司馬談謂道家「以因循爲用」。老子所謂「正言若反」（七十八章），即因反以得正。老子未提及「因循」二字，但所言大都因循之理。莊子則明言因循。齊物論篇：「因是因非，因非因是。」即秋水篇所謂「因其所然而然之，則萬物莫不然；因其所非而非之，則萬物莫不非」。刻意篇：「去知與故，循天之理。」又在宥篇：「賤而不可不任者，物也；卑而不可不因者，民也；……麤而不可不陳者，法也。」任、因互文，任亦因也。此學莊之徒所言，運用任因之理於政治方面，由任因而及於法，尤可注意（僞慎子内篇：「賤而不可不因者衆也，……慘而不可不行者法也。」鈔襲莊子，下句則全同於法家矣）。莊子天下篇稱慎到「舍是與非，苟可以免」，乃畏首畏尾，因循處世之道。莊子意在「因是因非」，順是非之自然，而不是舍是與非。如此因循，目的只在「苟可以免」，則非莊子所取矣。

2. 任自然

「鳥飛於空，魚游於淵，非術也。故爲鳥、爲魚者，亦不自知其能飛、能游。苟知之，立心以爲之，則必墮、必溺。猶人之足馳手投，耳聽目視，當其馳投、聽視之際，應機自至，又不待思而施之也。苟須思之而後可施之，則疲矣。是以任自然者久，得其常者濟。」（佚文。見錢熙祚輯守山閣叢書本）

老子云：「道法自然（二十五章）。道之尊，德之貴，夫莫之命，而常自然（五十一章）。」慎子此節，由比喻以申論自然之義，似發明老子之指意也。

3. 明無事

慎子威德篇：「天有明，不憂人之闇也。地有財，不憂人之貧也。聖人有德，不憂人之危也。天雖不憂人之闇也，闢户牖必取已明焉，則天無事也。地雖不憂人之貧也，伐木刈草必取已富焉，則地無事矣。聖人雖不憂人之危也，百姓準上而比於其下，必取已安焉，則聖人無事矣。故聖人處上，能無害人，不能使人無已害也，則百姓除其害矣。聖人之有天下也，受之也，非取之也。百姓之於聖人也，養之也，非使聖人養己也，則聖人無事矣。」

老子云：「聖人處無爲之事（二章）。我無事而民自富（五十七章）。事無事（六十三章）。」慎子此節，由比喻以申論「聖人無事」之義，似發明老子之指意也。

4．反忠孝

知忠篇：「亂世之中，亡國之臣，非獨無忠臣也。治國之中，顯君之臣，非獨能盡忠也。治國之人，忠不偏於其君。亂世之人，道不偏於其臣。然而治、亂之世，同有忠、道之人。臣之欲忠者不絶世，而君未得寧其上。無（雖）遇比干、子胥之忠，而毁瘁主君於闇墨之中，遂染溺滅名而死。由是觀之，忠未足以救亂世，而適足以重非。何以識其然也？曰：父有良子，而舜放瞽叟。桀有忠臣，而過盈天下。然則孝子不生慈父之家，而忠臣不生聖君之下。故明主之使其臣也，忠不得過職，而職不得過官。……將治亂在乎賢使任職，而不在於忠也。」此發明老子「六親不和，有孝慈。國家混亂，有忠臣」（十八章）之義，而以反忠爲主。莊子亦云：「人主莫不欲其臣之忠，而忠未必信；人親莫不欲其子之孝，而孝未必愛（外物篇）。夫孝悌仁義忠信貞廉，此皆自强以役其德者也（天運）。」老子重在六親和，國家治，故不必有忠、孝。慎子重在賢使任職，故不必有忠，而因老子語，以孝附之。莊子重在保其自得之性，故不必勉强忠、孝。賢使任職，則國自治。慎子之意與老子較近也。

5．齊物理

前引莊子天下篇稱慎到（及彭蒙、田駢）之道術云：「齊萬物以爲首，曰：天能覆之而不能載之，地能載之而不能覆之，大道能包之而不能辯之。知萬物皆有所可，有所不可，故曰：選則不徧，教則不至，道則無遺者矣。」「齊萬物以爲首」，首借爲道（道从首，首亦聲，故得相通）。以道觀之，則萬物皆一。天地有能有不能，萬物有可有不可，皆包於道，所謂「道則無遺」。此並與莊子齊物之義相符。齊物論謂「天地與我並生，萬物與我爲一」，又「物固有所然，物固有所可。無物不然，無物不可。可於可，而不可於不可。不可於不可，而可於可（據崔譔本）。……道通爲一」可證。惟慎子以爲「大道能包之，而不能辯之」，是道亦有能有不能，與天地同，則失老、莊之旨。老子言「道可道，非常道」。莊子齊物論言「大道不稱，大辯不言」。辯則有限，大道無垠，尚何須辯邪？此莊子所以謂慎到「所謂道非道」也。天下篇又引慎到之言及豪桀相與笑之説云：「至於若無知之物而已，無用賢聖，夫塊不失道。」豪桀相與笑之曰：「慎到之道，非生人之行，而至死人之理，適得怪焉。」塊即無知之物，即死寂之物。道通爲一，「塊不失道」，似亦齊物之理。莊子亦謂「道在瓦甓」（知北遊篇）。然此乃莊子喻道之一端，固非道之本也。明道之本，故無不在，空靈不著，慎到之道，歸於死寂，則流於執著。故莊子謂「慎到不知道」也。

6．去知私

知與智同，謂巧智也。慎子知忠篇：「將治亂在乎賢使任職而不在於忠也。故智盈天下，澤及其君；忠盈天下，害及其國。」此所謂智，爲賢智，乃慎子所取，其所去者，乃巧智也。莊子天下篇：「慎到棄知去己，而緣不得已。」去己即去私，緣與順同義，不得已，即不得不然。謂慎到棄智巧，去自私，順乎不得不然之理。莊子刻意篇亦云：「不得已而後起，去知與故，循天之理。」言不得已，老子發其端，慎到、莊子、孟子皆繼之，此大可注意。老子云：「將欲取天下而爲之，吾見其不得已（二十九章）。兵者不祥之器，非君子之器，不得已而用之（三十一章）。」（山東臨沂縣西漢墓發現之孫臏兵法月戰篇亦云：不得已而後戰）老子之「不得已」，似兼「不得不然」及「無可奈何」兩義。莊子中屢言「不得已」，刻意篇之外，人間世篇：「一宅而寓於不得已。」又「爲人臣者固有所不得已」，及「託不得已以養中」。在宥篇：「君子不得已而臨蒞天下，莫若無爲。」天運篇：「天其運乎？地其處乎？日月其爭於所乎？孰主張是？孰維綱是？孰居無事推而行是？意者其有機緘而不得已邪？」庚桑楚篇：「欲當則緣於不得已，不得已之類，聖人之道。」凡此所謂「不得已」，皆偏重「不得不然」之義。「不得不然」，歸於「自然」。孟子中亦屢言「不得已」。梁惠王篇：「國君進賢，如不得已，將使卑踰尊，疏踰親，可不慎與？」又：「昔者太王居邠，狄人侵之，去之岐山之下居焉。非擇而取之也，不得已也。」公孫丑篇：「不得已而之景丑氏宿焉。」又：「不遇故去，豈予所欲哉？予不得已也！」滕文公篇：「予豈好辯哉？予不得已也！」孟子之「不得已」，似偏重「無可奈何」之意。慎子之「棄知去己，而緣不得已」，與莊子刻意篇之言相似。所謂「不得已」，雖皆含「不得不然」之義，但莊子之「不得不然」歸於「自然」，即「循天之理」，亦即順自然之理。慎子之「不得不然」，即「必然」，易轉爲法家之必於法矣。

（二）名家

1．名家三派

漢書藝文志名家有鄧析二篇，尹文子一篇，公孫龍子十四篇，惠子一篇。今傳鄧析子、尹文子、公孫龍子皆晚出。惠子即惠施，所稱一篇，不知是否莊子天下篇末所載「惠施多方」以下之説。四人分屬名家三派：

名實派。重在循名責實，爲名家正統派，以尹文爲代表。

詭辯派。倡無厚、堅白之説，以鄧析、公孫龍爲代表。韓非子問辯篇：「堅白，無厚之詞章，而憲令之法息。」（王應麟云：堅白，公孫龍之言也。無厚，鄧析之言也）劉向鄧析子敍録云：「其論無厚，言之異同，與公孫龍同類。」兒説亦屬堅白派，韓非子外儲説左上篇：「兒説，宋之善辯者也，持白馬非馬也，服齊稷下之辯者。」早期惠施亦屬堅白派，莊子德充符篇，莊子謂惠施，「天選子之形，子以堅白鳴」。

玄虚派。與莊子學説相近，以晚期之惠施爲代表（昔年岷曾撰「惠施與莊周」一文，第四章「莊周影響惠施」論之甚詳。見莊學管闚）。

2．尹文與慎到

法家反對詭辯與玄虚，與名家關係，僅在名實派。今傳尹文子蓋魏、晉時僞書。其大道上下篇之論説或較晚，而所載之故事，疑出自先秦。如大道上篇：「齊有黄公者，好謙卑。有二女皆國色，以其美也，常謙辭毁之，以爲醜惡。醜之名遠布，年過，而一國無聘者。衛有鰥夫，時冒娶之，果國色。然後曰：『黄公好謙，故毁其子不殊美。』於是争禮之，亦國色也。國色，實也。醜惡，名也。此違名而得實矣。」北齊劉晝劉子審名篇云：「黄公美女，乃得醜名。由此觀之，傳聞喪真，翻轉名實，美惡無定稱。俗之弊者，不察名實，虚信傳説，即似定真。」即論其事。尹文子大道下篇：「莊里丈人字其長子曰盜，次子曰歐。盜出行，其父在後追之，曰：『盜！盜！』吏聞，因縛之。其父呼歐喻吏，遽而聲不轉，但言『歐！歐！』吏因歐之，幾殪。」（莊里，戰國齊街里名。孟子滕文公篇：「引而置之莊、嶽之間。」趙岐注：「莊、嶽，齊街里名也。」）劉子鄙名篇載此事，並論云：「立名不善，身受其弊，審名之宜，豈不信哉！」此二事，可證尹文甚重名實，即重在循名責實。又大道上篇引彭蒙曰：「雉兔在野，衆皆逐之，分未定也。雞豕滿市，莫有志者，分定故也。」（唐馬總意林二引尹文子此文）此定名分之説。莊子天下篇彭蒙與慎到並稱，慎子亦有類此之詳説，呂氏春秋慎勢篇引慎子曰：「今一兔走（袁宏後漢紀卷二十九沮授諫「袁紘」曰：世稱一兔走衢，萬人逐之，一人獲之，貪者悉止，分定故也），百人逐之，非一兔足給百人分也，分未定也。分未定，堯且竭力（高誘注：屈，竭也），而況衆人乎！積兔滿市，行者不顧，非不欲兔也，分已定矣。分已定，人雖鄙不争，故治天下及國，在乎定分而已矣。」（後漢書袁紘傳注引慎子此文有出入）

所謂「分未定，堯且屈力」，畢竟是法家人物之意見，儒家最尊崇之堯，豈肯追逐名分未定之兔邪！商君書定分篇亦有類此之文，更謂「名分未定，堯、舜、禹、湯且皆如騖焉而逐之」矣！

慎子德立篇：「立天子者不使諸侯疑（擬）焉，立諸侯者不使大夫疑焉，立正妻者不使嬖妾疑焉，立嫡子者不使庶孽疑焉。疑則動，兩則争，雜則相傷，害在有與，不在獨也。」

（管子君臣篇、韓非子説疑篇、古佚帛書稱篇皆有此文）此亦合乎名家定名分之説也。

（三）儒家

慎子重定名分，與名家之正統派合，與儒家亦有關。孔子亦極重正名。論語子路篇：「子曰：名不正，則言不順。言不順，則事不成。事不成，則禮樂不興。禮樂不興，則刑罰不中。刑罰不中，則民無所措手足。」可注意者，名不正，由禮樂不興，至刑罰不中，則與法家有關。荀子亦有正名篇，云：「析辭擅作，以亂正名，使民疑惑，人多辨訟，則謂之大姦。」蓋評鄧析、公孫龍、惠施詭辯、玄虚之徒。法家固極反對詭辯、玄虚也。意林二引慎子曰：「詩，往志也。書，往誥也。春秋，往事也。」志，謂情志。誥，謂誥示。事，謂歷史。非深切瞭解儒家經典，決不能有此精闢簡要之説明。慎到固素習儒書者。因習儒書而重德、禮。

1．重德、禮

威德篇：「聖人有德，而不憂人之危也。」德謂恩惠。又云：「明君動事必由惠，定罪分財必由法，行德制（折）中必由禮。」惠、德互用，德亦惠也。禮有節制。慎子之意，蓋由禮以實現德惠，德惠方不致於偏差。法家言賞，不言德惠，所最缺乏者亦即德惠。司馬遷批評商鞅、韓非都極殘刻，慎到之説，能兼顧儒、法，此其學之特出處。論語爲政篇：「子曰：

道之以政，齊之以刑，民免而無恥；道之以德，齊之以禮，有恥且格。」意謂教導之以政令，整齊之以刑罰，則人民逃避而無恥。此法家也。教導之以德惠，整齊之以禮節，則人民有恥而歸於正。此儒家也。禮記緇衣篇：「子曰：夫民教之以德，齊之以禮，則民有格心；教之以政，齊之以刑，則民有遯心。」文義相同。儒、法之政，有明白區別。慎到以法家人物而重德、禮，此大不易！即使慎到歸入道家，道家亦只重德而不重禮。況道家所重之德，偏重自得之性，與儒家所重之德亦不盡同。論語「爲政以德」，晉郭象注：「德者，得其性者也。」乃以道家義釋儒家義。

2．爲國輕君

威德篇：「立國君以爲國也，非立國以爲君也。」儒家與法家皆尊君。法家以法建立一切，制裁一切，皆爲君。慎到能主爲國之説，亦大不易！孟子謂「民爲貴，君爲輕」（盡心篇），莫不重之。慎子爲國輕君之説，知之者罕矣！

（四）法家

1．重法

威德篇：「法雖不差，猶愈於無法。夫投鉤分財，投策分馬，非鉤策爲均也，使得美者不知所以賜，得惡者不知所以怨，此所以塞怨望使不上也。明君動事必由惠，定罪分財必由法。」「法雖不差，猶愈於無法」，而況法善乎！極强調法之重要性。又君人篇：「君人者，舍法而以身治，則誅賞奪與從君心出矣。然則受賞者雖當，望多無窮；受罰者雖當，望輕無已。君舍法而以心裁輕重，則是同功而殊罰也，怨之所由生也。」君臣篇：「爲人君者，不多聽，據法倚數，以觀得失。無法之言，不聽於耳；無法之勞，不圖於功；無勞之親，不任於官。官不私親，法不遺愛。上下無事，惟法所在。」此皆重法之説也。

莊子天下篇謂慎到「笑天下之尚賢」，又引慎到之説「至於若無知之物而已，無用賢聖」。荀子解蔽篇：「慎子蔽於法而不知賢。」楊倞注：「慎子本黄、老，歸刑名，多明不尚賢不使能之道。故其説曰：『多賢不可以多君，無賢不可以無君。』其意但明得其法，雖無賢亦可爲治，不知賢待君而後舉也。」司馬遷僅言慎到學黄、老之術（史記孟子荀卿列傳），不言其歸刑名。刑名有二義，一爲循名責實之刑名，一爲信賞必罰之刑名，並屬於法家。楊氏謂慎到「歸刑名」，即是歸於法。楊氏謂慎子「不尚賢」，則與老子三章「不尚賢，使民不争」、莊子庚桑楚篇「舉賢則民相軋」之旨相近。楊氏所引慎子「多賢不可以多君，無賢不可以無君」二語，乃就賢與君相比而言則重君，君乃用賢者。君之所以重，由於有勢位，威德篇所謂「勢位足以屈賢」是也。慎子知忠篇：「治國之君，非一人之力也，將治亂在乎賢使任職。」則慎到非不重賢矣。至於莊子天地篇「至德之世，不尚賢，不使能」，由於其時無所謂賢、能，取義不同，楊氏據之以説慎到之「不尚賢」，失之率矣。

2．重勢

慎到重法，然無勢則不能行法。故慎到又特重勢，而爲法家三派中重勢之代表。威德篇：「騰蛇遊霧，飛龍乘雲，雲罷霧霽，與蚯蚓同，則失其所乘也。故賢而屈於不肖者，權輕也。不肖而服於賢者，位尊也。堯爲匹夫，不能使其鄰家；至南面而王，則令行禁止。由此觀之，賢不足以服不肖，而勢位足以屈賢矣。」所謂「堯爲匹夫，不能使其鄰家」，乃法家觀念。就儒家言之，堯雖爲匹夫，非特能使其鄰家，鄰家亦樂爲堯使也。慎到之所以言此，加强其重勢之意耳。呂氏春秋有慎勢篇，似受慎子重勢之影響。其言有云：「失之乎勢，求之乎國，危。吞舟之魚，陸處則不勝螻蟻。權鈞則不能相使，勢等則不能相併。……所用彌大，所欲彌易，湯其無郼，武其無岐，賢雖十，不能成功。湯、武之賢，而猶藉之乎勢，又況不及湯、武者乎？……王也者，王也。王也者，勢無敵也。勢有敵，則王者廢矣。」此發揮重勢之義。勢不可失，故篇名慎勢也。韓非有難勢篇，則難慎子之重勢。蓋韓非重材美，桀、紂雖有勢而天下亂，材不美也。後論「韓非與慎到」有説。

慎到之學，法家而雜糅道、名、儒三家。岷頗疑其由道家轉入法家，莊子天下篇述其學大都與道家有關，司馬遷亦稱其「學黄、老道德之術」（史記孟子荀卿列傳），可證也。荀子謂其「蔽於法」，漢書藝文志列慎到於法家。韓非子難勢篇難慎到之重勢，後世遂以慎到爲法家重勢派之代表人物矣。據羣書治要所載慎到遺著，則慎到實以法家而兼通道、儒、名三家之學。岷曾有「評慎到」絶句云：「煖似春陽淒似秋，德威兼顧復何尤？發明黄老精微意，重勢偏歸法術流！」意謂不應僅視慎到爲法家中之重勢派也（莊子大宗師篇：「淒然似秋，煖然似春。」即詩首句所本）。

王叔岷韓非與慎到（先秦道法思想講稿，中華書局二〇〇七年版）

司馬遷謂慎到、韓非之學皆本於黄老，二子皆理論家，未從事政治。慎到之學本於黄老（以黄附老。據莊子天下篇，慎到之學與莊子頗近），無背道家之説；韓非學本黄老（與莊子亦有關），而有反道家之言。慎到威德篇重德惠，頗符儒家之旨；韓非顯學篇反德厚，則反儒家之義。此二子不同處。

莊子天下篇謂慎到：「笑天下之尚賢。」

荀子解蔽篇亦云：「慎到蔽於法而不知賢。」

韓非子忠孝篇：「廢常上賢則亂，合法任智則危，故曰上法而不上賢（上與尚同）。」

此與慎到不尚賢之旨合。然乃就法與賢相比而言。慎子知忠篇云：「治亂在乎賢使任職。」是慎子非不重賢。史記韓非傳云：「非疾治國不務求人任賢。」是韓非亦不重賢。

慎到於法家中最重勢，韓非則有難勢篇，以難慎子之重勢，然非亦非不重勢。難勢篇云：「慎子曰：賢人而詘於不肖者，則權輕位卑也；不肖而能服於賢者，則權重位尊也。堯爲匹夫，不能治三人；而桀爲天子，能亂天下。吾以此知勢位之足恃，而賢智之不足慕也。……堯教於隸屬而民不聽，至於南面而王天下，令則行，禁則止。由此觀之，賢智未足以服衆，而勢位足以缶（屈）賢者也。應慎子曰：夫釋賢而專任勢，足以爲治乎？則吾未得見也。……夫勢者，非能必使賢者用己而不肖者不用己也。賢者用之則天下治，不肖者用之則天下亂。人之情性，賢者寡而不肖者衆，而以威勢之利濟亂世之不肖人，則是以勢亂天下者多矣，以勢治天下者寡矣。夫勢者，便治而利亂者也。……勢之於治亂本末有位也，而語專言勢之足以治天下者，則其智之所至者淺矣。」

實則韓非所謂「賢者用之則天下治，不肖者用之則天下亂」，與慎子之意亦無不合。蓋「堯爲匹夫，不能治三人」，堯是賢者。反言之，則是「賢者用勢則天下治」。「桀爲天子，能亂天下」，即是「不肖者用勢則天下亂」。特慎子着眼在有勢與無勢，韓非着眼在賢與不肖耳。是韓非非不重勢，其所以難慎子者，在慎子之專言勢也。韓非着眼既在賢與不肖，故韓非非不尚賢，蓋用勢則須賢也。惟就賢之作用與勢之作用相較，則韓非較重勢而輕賢。功名篇云：「夫有材而無勢，雖賢不能制不肖。……桀爲天子，能制天下，非賢也，勢重也；堯爲匹夫，不能正三家（猶人），非不肖也，位卑也。」此又與慎子之説相符矣。非之所以難勢，乃難慎子之專重勢。非所重者，材與勢相配合，亦即賢與勢相配合也（淮南子主術篇：「堯爲匹夫，不能仁化一里；桀在上位，令行禁止。」由此觀之，賢不足以爲治，而勢可以易俗明矣。」而兼採慎子與韓子之言也）。

又人主篇：「萬乘之主，千乘之君，所以制天下而征諸侯者，以其威勢也。威勢者，人主之筋力也。今大臣得威，左右擅勢，是人主失力。人主失力而能有國者，千無一人。」

御覽六百二十引韓子佚文：「勢者，君之輿也；威者，君之策也；臣者，君之馬也；民者，君之輪也。勢固則輿安，威定則策勁，臣順則馬良，人和則輪利。而（猶如）爲國皆失，此有覆輿、走馬、折策、敗輪矣。」

或威勢連文，或威與勢分用，威與勢並謂權力也。淮南子脩務篇：「各有其自然之勢。」高誘注：「勢，力也。」廣雅釋詁：「威，力也。」韓非重勢，更配以威字，以加强重權力之義，韓非之重勢固不在慎子之下矣。又據姦劫弑臣篇：「人主無法術以御其臣，雖年長而材美，大臣猶將得勢擅事主斷，而各爲其私急。」韓非本重材與勢相配合，此更進而言材美亦不足恃，必須法、術、勢三者配合乃爲得矣。

阮廷焯慎子考證（先秦諸子考佚，台北鼎文書局一九八〇年版）

慎子一書，漢志著録四十二篇，與史記所稱之十二論，殆同實而異名。

案漢書藝文志法家：「慎子四十二篇。」史記孟子荀卿列傳稱慎到著十二論。疑慎子十二論，乃此書之全名，及劉向校書秘府，改題爲慎子，從省稱也。史記管晏列傳：「太史公曰：吾讀晏子春秋，詳哉其言之也。」是晏子春秋爲晏子之全名，漢書藝文志儒家著録晏子八篇，無「春秋」二字，殆爲劉氏校定時所删（史記正義：「七略云：晏子春秋七篇，在儒家。」此稱七略，當爲七録之誤。晏子敘録：「所校中書晏子十一篇。」正作晏子，是其證矣）。慎子十二論經劉氏校定之後，離析篇第，定著爲四十二篇，班氏藝文志遂據之著録。張舜徽漢書藝文志釋例云：「漢志著録羣書，仍用作者原題，此正例也。其變例，復據劉向新定之名而標題也。戰國策本號國策，或曰國事，或曰短長，或曰事語，或曰長書，或曰修書，至於劉向，乃易今名（見向所撰戰國策敘録）。淮南王書初名鴻烈，殆向校定，始號淮南（見高誘淮南子注序）。漢志率循新稱，是其例也。」（見廣校讎略附録）是班氏著録此書，與史公所載不同，其故可知矣。呂氏春秋高注云：「慎子作法書四十一篇。」（見慎勢篇。又見楊倞荀子修身篇注）較漢志所載，少一篇者，殆不含敘録一篇。漢書藝文志道家：「老萊子十六篇。」史記老子韓非列傳云著書十五篇，不同者，漢志所載，當含敘録一篇。又儒家：「孫卿子三十三篇。」劉向孫卿書録云定著三十二篇（與今本同），則漢志所載，正含敘録一篇，故史記集解引徐廣云：「今慎子，劉向所定，有四十一篇。」（見孟荀列傳）得其實矣。風俗通義佚文云：「慎到著慎子三十篇。」（見通志氏族略引）與漢志所載，篇數迥異。姚振宗隋書經籍志考證云：「除去十二論，正合三十篇之數，或漢時有兩本。」其説雖巧，殆非事實也。

及於晉世，有滕輔、劉黄老二家之注。隋唐史志著録十卷，當爲滕輔舊本。黄老所注，亡佚已久。

案馬總意林（卷二）云：「慎子十卷（舊作十二卷，今正，説詳後），滕輔注。」此之滕輔當爲晉人，嚴可均慎子敘云：「藝文類聚六十有漢滕輔祭牙文，隋志梁有晉太學博士滕輔集五卷。慎子注爲漢爲晉，未敢定之。」（見鐵橋漫稿卷五）今考祭牙文乃滕撫所作，非注慎子之滕輔。滕撫，後漢書（卷六十八）有傳。姚振宗後漢藝文志云：「初學記武部、類聚軍器部、御覽兵部並引後漢滕輔祭牙文。後漢滕輔，蓋即此滕撫。撫以都尉中郎將督揚徐二州，連進擊盜賊，故有祭牙文之作，傳寫譌爲輔耳。本傳略不言其注慎子。」是注慎子者，當爲晉之滕輔，丁國鈞、文廷式、吴士鑑、黄逢元四家補晉書藝文志，並收録此書，得其實矣。庾仲容子鈔舊目載有慎子一卷（見子略附載），一當作十，意林收録各書，一遵庾目

（見高似孫子略），則卷數當同，今本意林作十二卷者，二字爲衍文，舊當作十卷也。隋書經籍志法家：「慎子十卷。」舊唐書經籍志、新唐書藝文志法家：「慎子十卷，滕輔注。」此相承舊本，皆作十卷，當作始於滕輔之世。通志藝文略云：「慎子舊有十卷，漢有四十二篇，隋唐分爲十卷。」以十卷之本爲隋唐所分，失之不考。嚴可均慎子敘云：「羣書治要七篇有注，即滕輔注。」（見鐵橋漫稿卷五）今檢意林（卷二），載慎子云：「孝子不生慈父之家，忠臣不生聖君之下。」下有注云：「六親不和有孝慈，國家混亂有忠臣。」據羣書治要所載，知爲知忠篇文，其注正同。以此證之，則嚴説爲不謬。晉書劉波傳：「邵族子黄老，太元中爲尚書郎，有義學，注慎子、老子，並傳於世。」劉黄老慎子注，丁國鈞、文廷式、秦榮光、吴士鑑、黄逢元五家補晉書藝文志並見收録，惟其書隋唐史志已不著録，殆亡佚已久。

趙宋之世，書僅一卷，已亡九卷，三十七篇。

案宋史藝文志、崇文總目、中興館閣書目、郡齋讀書志附志、直齋書録解題、通志藝文略、文獻通考經籍考法家著録並作一卷。遂初堂書目則收在雜家，未著卷數。鄭樵通志藝文略云：「慎子一卷，隋唐分爲十卷，今亡九卷三十七篇。」陳振孫直齋書録解題（卷十）云：「今麻沙本纔五篇，固非全書也。」王應麟漢藝文志考證（卷六）云：「今惟有威德、因循、民雜、德立、君人五篇，滕輔注。」黄氏日鈔（卷五十五）云：「慎子者，始於威德，終於君人，説五篇。」據此，宋人所見，皆爲一卷，書僅五篇。今檢崇文總目（卷三）云：「慎子一卷，三十七篇。」（據錢東垣輯釋本）與此不同者，陳漢章崇文總目輯釋補正云：「崇文總目言三十七篇，乃言其亡篇耳，非崇文目中一卷有三十七篇也。」其説是也。儻存三十七篇，豈一卷所能容耶？金德建慎子流傳與真僞云：「慎子，宋時有二本：一爲五篇本，鄭樵等所見者也。一爲三十七篇本，王堯臣等所見者也。其後三十七篇本亡，而五篇本得傳於後，試兩本相加，恰爲原書之四十二篇也。」（見古籍叢考）則近於穿鑿，殆難憑信。

其在明代，行於世者，率爲五篇之本。

案明書經籍志、文淵閣書目子書：「慎子一册。」國史經籍志法家：「慎子一卷。」此著録或作一册，或作一卷，其實皆爲五篇。宋濂諸子辨云：「慎子一卷，今所存者惟威德、因循、民雜、德立、君人五篇耳。」即其證也。四庫總目提要雜家云：「慎子一卷，此本雖亦分五篇，而文多删削，又非陳振孫之所見，蓋明人捃拾殘剩，重爲編次。」此以今本五篇，文多删削，然周氏涉筆云：「稷下能言者如慎到，最爲屏去繆悠，剪削枝葉。五篇雖簡約，而明白純正，統本貫末。如云：『天下無一貴，則理無由通，故立天子以爲天下。』『君不擇其下，爲下易，莫不容，故多下，多下之謂大上。』『人不得其以自爲也，則上不取用焉。化而使之爲我，則莫可得而用矣。』自古論王政者，能及此者，鮮矣。又云：『君舍法而以身治，則誅賞予奪從君心出。』『法雖不善，猶愈於無法。』今通指慎子爲刑名家，亦未然也。」（見文獻通考經籍考引）黄氏日鈔（卷五十五）云：「慎到之書，説五篇，數百字，各自斷其説。大約謂立天子以爲天下，非爲天子。民雜處而各有所能，因其長短而用之，臣有事而君無事。説無背理，亦無過於人。其書無敘。古稱田駢、慎到殆此爾。」又云：「其言依法以治，曰：投鉤分財，投策分馬，非鉤策爲均也，所以爲人望也。愚謂此一斷於弊法者耳，若以理爲斷，則以吾心而裁輕重，何嫌耶！」諸書所引慎子之文，皆在今本五篇之中。而此五篇之文，與羣書治要所載大抵相合，則由來已舊，可以知矣。其刊本之可考者，有説郛本（民國十六年上海商務印書館據張宗祥重校本排印）、子彙本（明萬曆五年周子義輯刊）、慎懋賞刻本（明萬曆七年武康慎氏耕芝館刊）、且且菴初箋十六子本（明方疑輯刊）、先秦諸子合編本（明萬曆三十年緜眇閣刊）、諸子彙函本（明天啓六年歸有光輯刊）、十二子本（明末鄭子龍輯刊）、墨海金壺本（清嘉慶中海虞張氏刊）、廿二子全書本（清道光十三年王氏棠蔭館刊）、守山閣叢書本（清道光十九年金山錢氏輯刊）、子書百家本（清光緒元年湖北崇文書局輯刊）、百子全書本（民國八年上海掃葉山房石印）、四部叢刊本（民國上海商務印書館據江陰繆氏藕香簃鈔本景印）、慎子三種合帙刻本（民國十七年中國學會據慎懋賞刻本、子彙本、守山閣叢書本景印）、四部備要本（民國上海中華書局據守山閣叢書最早。

排印）、景印元明善本叢書本（民國上海商務印書館據子彙本景印），今得見者，以明刻爲最早。

輯此書佚文者，有烏程嚴氏、

案嚴可均慎子敍云：「書録解題稱麻沙刻本纔五篇，余所見明刻本，亦皆五篇。今從羣書治要寫出七篇，有注，即滕輔注。其多出之篇曰知忠、曰君臣。其威德篇又多出二百五十三字。雖亦節本，視陳振孫所見本爲勝。因刺取各書引見之文，校補譌脱。其遺文短段不能成篇者凡四十四事，附於後。」（見鐵橋漫稿卷五）嚴氏兹輯，凡四十四事，附於刻本之後，其答徐星伯書自云已刻（見鐵橋漫稿卷三），惟今無傳本。

金山錢氏、

案錢熙祚慎子跋云：「羣書治要有慎子七篇，今所存五篇具在，用以相校，知今本又經後人删節，非其原書。今以治要爲主，更據唐宋類書所引，隨文補正。其無篇名者，别附於後，雖不能復還舊觀，而古人所引，搜羅略備矣。」錢氏兹輯，亦四十四事，附於刻本之後。據輯之書，計有淮南子（道應篇）、尚書疏（序篇、益稷篇）、後漢書注（袁紹傳）、荀子注（非十二子篇、王霸篇、解蔽篇）、莊子釋文（天下篇）、長短經（勢運篇注）、意林（卷二）、北堂書鈔（卷四十三、四十四、一百四）、藝文類聚（卷十七、二十一、三十八、五十四）、初學記

（卷十六）、六帖（卷六十一）、文選注（班孟堅西都賦注、沈休文遊沈道士館詩注、張景陽雜詩注、謝玄暉始出尚書省詩注、陸士衡謝平原内史表注、吴季重答魏太子牋注，東方曼倩答客難注、嵇叔夜養生論注、陸士衡演連珠注、潘安仁楊荆州誄注、夏侯常侍誄注）、太平寰宇記（卷四十六）、雲笈七籤（卷三十二）、太平御覽（卷四十、七十六、三百六十六、四百二十四、四百二十九、四百三十、四百九十六、五百二十三、五百五十一、五百七十五、五百七十六、六百七、六百三十三、六百三十八、六百四十五、七百六十八、八百三十、八百四十九、九百七）諸書。其中「夫道所以使賢無奈不肖」一事，與「道勝則名不彰」一事，疑即一事之分，慎子外篇襲之，即合爲一事。據意林（卷二）所輯「詩，往志也。書，往誥也。春秋，往事也」一事，錢氏云：「經義考引此文，下云『至於易，則吾心陰陽消息之理備焉』，未見所出。」今檢慎子内篇有之，蓋未見慎懋賞刻本也。以是言之，疵病不免。錢氏此刻，在守山閣叢書中（子部）。繆荃孫慎子跋云：「嚴鐵橋據羣書治要有七篇，已多於明本，守山閣刻之，又輯零句四十二條（案此當作四十四），附於後。」（見藝風堂文漫存乙丁稾卷四）復檢書目答問（卷三）云：「慎子一卷，附逸文，嚴可均校輯，守山閣本。」亦以守山閣叢書所收錢氏此刻出於嚴氏。嚴氏稱威德篇羣書治要所載多出二百五十三字，而錢氏刻本據補者僅二百四十五字（删去「而勢位足以服不肖」八字），是兩本去取已有不同。又嚴氏稱其得見明刻本，似據明刻參校，而錢氏此刻，略不及之，其所據爲底本者，即墨海金壺本（詳拙撰守山閣本慎子跋）。或以錢氏此刻出於嚴氏，殆未足信也。姑志所疑，附載於此。

安化陶氏三家。惟嚴氏所輯未見傳本。

案方國瑜慎懋賞本慎子疏證自序云：「光緒間，安化陶憲曾輯慎子逸文二十七事，惟陶氏蓋未見錢熙祚本，故有已載錢本而未收者。」（見金陵學報第四卷第二期）陶氏輯本，在靈華叢稿（卷三）中。

今茲所輯，重加考訂，合爲一帙，都四十九事，存疑十九事，此書佚文，略盡於是矣。

案拙輯所據，計有淮南子（道應篇）、列子注（湯問篇）、水經注（河水注）、尚書疏（序篇、益稷篇）、後漢書注（陳元傳、袁紹傳）、荀子注（非十二子篇、王霸篇、解蔽篇、正論篇）、莊子釋文（天下篇）、長短經（勢運篇注）、意林（卷二）、北堂書鈔（卷八、四十三、四十四、八十、一百四、一百十三、一百三十七）、藝文類聚（卷十七、二十一、三十八、五十四）、初學記（卷十三、十六）、白孔六帖（卷六、十一）、文選注（班孟堅西都賦注、張平子南都賦注、嵇叔夜琴賦注、沈休文遊沈道士館詩注、盧子諒贈劉琨詩注、張景陽雜詩注、謝玄暉始出尚書省詩注、陸士衡謝平原内史表注、吴季重答魏太子牋注、東方曼倩答客難注、嵇叔夜養生論注、陸士衡演連珠注、潘安仁楊荆州誄注、夏侯常侍誄注、蔡伯喈陳太丘碑文注、陸士衡弔魏武帝文注)、路史(後紀十、十一、十二)、太平寰宇記(卷四十六)、困學紀聞(卷五、十)、雲笈七籤(卷三十二)、事類賦注(卷六、二十三)、太平御覽(卷四十、六十一、七十六、三百五十六、三百六十六、四百二十四、四百二十九、四百三十、四百三十七、四百九十六、五百二十三、五百五十一、五百七十五、五百七十六、六百七、六百三十三、六百三十八、六百四十五、七百六十八、八百三十、八百四十九、九百七)、事文類聚(前集卷十六)、玉海(卷一百九)、説郛(卷六)、永樂大典(卷一萬九千六百三十六)、廣博物志(卷十)、天中記(卷十一、二十二、四十二、四十三、六十)、駢語雕龍注(卷一)、升菴外集(卷六、四十八)、詩紀(卷十)、繹史(卷八十六、一百十九)、逸語(卷八)諸書。其中十六種，爲錢氏所未檢。復從北堂書鈔(卷一百三十七)輯出「今之重錙銖」一事，文選注(蔡伯喈陳太丘碑文注、盧子諒贈劉琨詩注)輯出「甘寢」一事，「世高節士」一事，皆舊輯所無。錢熙祚慎子跋云：「舊本後有逸文，不知何人所輯，内有數條，云出文獻通考。今檢之不可得，且鄭漁仲所見，已止五篇，安得通考中尚有逸文？尋其文句，蓋雜取鬻子、墨子、韓非子、戰國策諸書。以流傳既久，姑過而存之。」此所稱舊本，即墨海金壺本，所載逸文，凡十八事，其中「行海者」一事，「有虞之誅」一事，凡二事者，北堂書鈔(卷四十四)、白孔六帖(卷十一)、太平御覽(卷六百四十五、七百六十八)、路史(後紀十、十一)、繹史(卷一百十九)所引，皆作慎子之文,錢氏已據輯爲逸文。則舊本所載,未必不盡可信。此外「有勇不以怒」一事,「治小人食於力」一事,「水茨防決塞」一事,凡三事者,列子注(湯問篇)、太平御覽(卷四百三十三、八百四十九)、升菴外集(卷六)、繹史(卷一百十九)所引,亦作慎子之文,既有塙證,故據輯爲逸文。至如逸語(卷八)所引「子讀易至損益」一事,文與淮南子(人間篇)同,太平御覽(卷六百九)引正作淮南子文。説郛(卷六)所引「齊有黄公」一事,文與尹文子(大道篇)同,藝文類聚(卷十八)、太平御覽(卷三百八十一)引皆作尹文子之文。又「人生一世」一事,後漢書注(王符傳)、太平御覽(卷十一)引並作蘇子之文。凡此三事,當非本書之文。此外舊本所載,無以取證者,並附諸存疑之列。兹篇所輯,都四十九事。

李振綱慎到評傳(原刊河北大學學報一九八五年第三期)

(一)慎到的生平片斷

慎子,名到,戰國趙人(約公元前三五〇年至公元前二七五年)。戰國時早期法家學派的代表。現在爲慎到作評傳,是件比較困難的事,一是由於古人對慎子没有留下較完備的傳記資料;二則因爲年代久遠,關於他的生平事跡、活動範圍以及思想傾向等形成了許多種意見,至今,在没有新的確鑿史料發現以前,難成定論。因此,這裏只能就慎子生平中幾個有見於史書的片斷及其思想的主旨，作一淺述和分析。

慎到，在先秦頗有影響。莊子、荀子、韓非子、吕氏春秋等書都提到過他。在慎到一生中，有很長一段時間是在稷下學宫度過的。稷下學宫，是當時設置在齊國稷門之側的有名的學術研究場所。學宫在齊桓公時便初有規模，威宣兩朝，「喜文學遊説之士」，這時稷下呈現了一派鼎盛景象，四面八方學者紛紛薈聚，切磋學問。「齊稷下學宫復盛，且數百千人」（史記田齊世家）。慎到正值此時來到稷下學宫，據田齊世家記載，慎到同淳于髡、田駢、接子、環淵等七十六名較有名望的人，「皆賜列第爲上大夫，不治而議論」，很受齊王敬重。這些人，一邊著書立説，議論天下大勢；一邊「言治亂之事，以干事主」（史記孟荀列傳），過著半是學者、半是政治家的生涯。

關於慎子的爲人，史書鮮有記載。莊子天下篇説他「泠汰於物」，「謑髁無任而笑天下之尚賢，縱脱無行而非天下之大聖」。可見，他思想活躍，主張放任自然，隨物順情，且有些笑賢非聖的傲岸性格。

慎子不僅是當時負有盛名的學者，而且是一個頗熱心實際的人。從慎子一書來看，他對當時一些現實問題分析的那樣細致入微，絶不是一個脱離實際的人所能道出的。戰國策楚策有一段材料説：楚襄王爲太子時，曾被質於齊。當時慎子爲襄王的「太傅」。不久，楚懷王客死於秦，襄王要求回楚奔喪且繼承王位，齊王趁機要脅，提出的條件是割楚國東地五百里給齊，方允許襄王歸楚。襄王便請教慎子。慎子説：「獻之地所以爲身也，愛地而不送死父不義。臣故曰獻之便。」襄王於是答應割地而返回楚國。後來，齊派人向楚索取東地，襄王又向慎子請教。慎子回答説要召集文臣武將討論對策。在御前會議上，上柱國子良認爲，應如期割地於齊，然後再興師討伐，奪回失地，這樣「予之信，攻之武」，否則將失信於諸侯。楚臣昭常認爲不可割地，並自報奮勇領兵守地。楚王又問大臣景鯉。鯉説：不可予，也不可獨守，應該向秦請求援助。楚王將三人之計説給了慎子，並請他決定用誰的計策。慎子回答是：「王皆用之。」楚王聽了很不高興，又不得不按慎子的話辦。結果，當齊國派兵來向楚要地時，楚既早有防守，秦師又接近了齊國西境，楚終於保全了領土。假如這段材料可信，我們可以推知，慎子在稷下學宮做過襄王的「謀士」，一度成爲決策人物。

孟子告子下有這樣一段記載：「魯欲使慎子爲將軍。孟子曰：『不教而用民，謂之殃民。……一戰勝齊，遂有南陽，然且不可。』慎子勃然不悦曰：『此則滑釐所不識也。』」據此，有人認爲慎子名滑釐，把慎到同滑釐作爲一人。焦循在孟子正義中認爲「釐」與「來」古爲通訓，「來」與「到」同義，據此認爲慎子字到名滑釐。張岱年先生在他的中國哲學史史料學中認爲，孟子告子下中的慎子名滑釐不是慎到，有人認爲是一人，那是錯的。筆者認爲，慎到是齊稷下學士，後來又到了楚國，不可能做魯國的將軍伐齊。

明萬曆年間，有吴人慎懋賞，自認是慎子後人，並爲慎子作傳，對慎子籍貫、生平、家族世系描述甚詳。傳上説「慎到者，趙之邯鄲人也。其先居魯昌平鄉東，富者數世矣。有慎清者奢侈驕佚。魯定公十三年，孔子由大司寇行攝相事，殺大夫少正卯，與聞國政。(清)懼……踰境而徙於趙焉。清之子生到，……其後子孫傳而習之，率而行之，若慎温其、慎知禮、慎從吉、慎鏞、慎鉞、慎伯筠、慎德秀者，皆植節一時，樹勳當世，而到之學得不廢焉」云云。

這個傳文，就其内容而斷，雖然有稀薄的史影，但卻經不起考證，顯然是慎懋賞根據史書上有關慎子的一些片斷虚構杜撰的，作爲演義材料來看還可，作爲嚴肅的歷史人物傳記，是不可取的。

慎子曾有系統的著作。據史記孟荀列傳記載：「慎子，趙人。……學黄老道德之術，因發明序其指意。」又云：「慎到著十二論。」漢書藝文志云：「慎子四十二篇。」原書早已散失。今僅存慎子七篇。它是研究慎子思想的唯一直接資料。據這些資料來看，慎子思想確然是宗「黄老道德之術」，並在此基礎上有所發展，提出了尚法重勢的思想。整個思想援道入法，柔中寓剛，顯得説理透闢，莊重深沉。

下面就慎子七篇中的材料，對慎子的思想作一淺析。

(二)貴勢重民的權力説

在法、術、勢這些政治要素中，慎到把「勢」即權力放到了首要地位。慎子從歷史與現實的政治生活中，看到了權力在統治者與被統治者之間的決定意義。在他看來，統治者與被統治者的主僕關係，純粹是由權勢決定的。統治者統治被統治者，是由於統治者有「勢」，被統治者馴服於統治者，是由於被統治者無「勢」。他説：「賢而屈於不肖者，權輕也；不肖而服賢者，位尊也；堯爲匹夫，不能治其鄰家，至南面而王，則令行禁止。由此觀之，賢不足以服不肖，而勢位足以屈賢矣！」(威德)從理論上看，慎子把道德才能説成是權力的奴僕，把權力看得高於一切，這是荒謬的。但在實際上卻道出了一定歷史的真實情景。在剥削階級占統治地位的社會中，被統治者中道德才能高於統治者的並不鮮見，但他們未必能不聽命於統治者。慎子坦率地説破了在君主專制的社會中，不可能真正做到賢者任職，德者在位。這是對儒家「以德配天」的德治思想的無情嘲笑。慎子認爲，君子高於衆人的，不是他的道德學問，而是他的至尊權力。爲人君者一旦大權喪失，他就同衆人一樣，甚至連衆人還不如。這正如「騰蛇游霧，飛龍乘雲」一樣，一旦「雲罷霧霽」，失其所乘，騰蛇和飛龍便會掉進泥溝，與蚯蚓成爲同輩。

慎子進一步勸誡君主，權力既然這樣重要，務必牢牢握在自己手中，勿使權柄旁落。他説：「兩則爭，雜則相傷。」（德立）「兩貴不相事，兩賤不相使。」（佚文）務使君主權勢高於臣下，成爲制約臣下的工具。這樣才能南面而王，長治久安。否則，「君臣之間猶權衡也。權左輕則右重，右重則左輕，輕重相擛，天之理也」。如果臣下的權力過重，那將削弱了君的「勢」，甚至發生君臣易位。這是自然的道理。可見，慎子主張的是一種絶對的君主一元化的政治。

怎樣才能保證君主權威高於衆人呢？慎子又强調指出，勢以「得衆之助」爲基礎。他用日常生活的樸素道理來説明「得衆」的重要性。「弩弱而矰高者，乘於風也；身不肖而令行者，得助於衆也。故舉重越高者，不慢於藥；愛赤子者，不慢於保；絶險歷遠者，不慢於御。此得助則成，失助則廢矣」（威德）。慎到不是把君上的權力同下民的力量對立起來，而是在其統一性中，來擴大君的權力。把「得助」與「失助」看成是鞏固君主權力的根本條件，這一思想表明慎子重勢思想顯然兼採了儒家「民本」論的某些因素。

慎子還提出，君主能否「得助於衆」，關鍵在於能否「兼畜下者」。他説：「民雜處而各有所能。所能者不同，此民之情也。大君者，太上也，兼畜下者也。下之所能不同，而皆上之用也。是以大君因民之能爲資，盡包而畜之，無能去取也。是故不設一方以求於人，故所求者無不足也。大君不擇其下，故足。不擇其下，則易爲下矣。易爲下，則莫不容。莫不容，故多下。多下之爲太上。」（民雜）看來慎子是很懂辯證法的。他看到了君臣之上下間相輔相成的關係。如果一個君主，喪失了臣下的擁護，那麽即使他位尊皇極，把自己看得再高再大，終不免是孤家寡人。相反，君主如果能「兼畜下者」，廣泛地網羅人才，那麽就可成爲「多助」之君，從而使自己獲得真正的力量。這就是「多下之爲太上」的道理。

「得助於衆」思想的提出，是與當時特定的社會背景相適應的。當時正是各國諸侯「競於氣力」的時代，國與國之争，各國内部的權力之争，其勝敗都與能否「得助於衆」有關。正如同時期的孟子所説：「天時不如地利，地利不如人和。」誰能得到人民的支持，誰就在鬥争中居於有利地位。慎子作爲一個新興地主階級思想家，他貴勢重民的思想，正反映了這一時代的歷史潮流。

慎子貴勢重民思想又一重要組成部分是「立天子以爲天下」。他從歷史上君主的産生論述了這個問題。他説：「古者立天子而貴之者，非以立一人也。曰天下無一貴則理無由通，通理以爲天下也。」（威德）在慎子看來，歷史上設立君主，並不是爲了立君主一人，而是基於一種社會需要，即「通理以爲天下」。因此，「立天子以爲天下，非立天下爲天子也。立國君以爲國，非立國以爲國君也。立官長以爲官，非立官以爲官長也」(威德)。這真是開亘古新論，啓後人燭光的千古名言。它出色地説明了「天子」與「天下」、「君」與「國」、「長」(掌管一定職守的人)與「官」(職守，權利，責任)的關係。在慎到看來，立天子是爲天下百姓服務的，而天下百姓不是天子一人的私屬；立國君是爲國家任勞負重的，而國家重器不是國君一人的私産；立行政長官是爲履行一定的職任，而職任不是官長的特權。「立天子以爲天下」雖然在剥削制度下是不可能實現的，在當時更是一種幻想，但這一光輝思想的提出，是有進步意義的。它反映了新興地主階級對政治權力和權力結構的一種新的認識。在戰國中期，舊的以血緣關係爲紐帶的奴隸制國家已經潰解或正在潰解，新的帶有更加明顯的政治和經濟特徵的封建君主國家已經形成或正在形成，傳統的「普天之下，莫非王土，率土之濱，莫非王臣」的奴隸制法權觀念，已經爲時代所不容。此時，慎到明確把「天下」與「天子」、「國」與「君」、「官」與「官長」區分開來，强調天子、國君、官長的利益服從天下國家人民之利，這在政治思想史上是一個明顯的進步。

總之，慎到爲新興地主階級制訂了一套國家權力學説。一方面他要强化君主權力，一方面又看到了人民的力量。他力求在兩者的平衡和調和中，來鞏固君主權力。這是慎子權力學説的基本精神。

（三）尚法任公的法治觀

自韓非以來，不少思想家把慎到列爲法家中重「勢」的一派。其實，他也很注重法。法治還是禮治，是法家和儒家在政治上的一個重要的分野。儒家重禮治，主張行「仁政」於天下，使人們自覺遵守社會政治倫理準則——禮，達到「治國平天下」的目的。這就是儒家推崇的「王道」政治。但先秦時的儒家大都長於「禮」而短於「法」。他們不懂得，在階級對抗的社會中，人們不可能像孟子所說的那樣「心悦誠服」地共循同一個「禮」。没有法的强制性，社會各階級、階層不可能統一在某一個階級的意志下。法家學説在理論上補充了這一點。

慎到與儒家相對立，提出了「事斷於法」的理論。他説：「君人者，舍法而以身治，則誅賞予奪，從君心出矣。」這裏所謂「身治」，即人治。在慎子看來，「身治」無一定的客觀標準，隨心所欲地論是非，定刑賞，容易造成政治失明。君以「身」爲治則賞罰無定，予奪失平，臣無法可依則詭心滋生，朋比苟且，結果造成了君臣牴牾，上下離心。「受賞雖當，望多無窮，受罰雖當，望輕無已。君舍法而以心裁輕重，則同功殊賞、同罪殊罰矣，怨之所由起也」（君人）。歷史上這樣的事情很多：往往君王一「善」心起，雖不肖雞犬升天，君王之一殺機生，雖忠賢而株連九族。這何以長治久安呢？慎子反對「國家之政要在於一人之心」（威德），而力倡法治，正是爲了從制度上、從法律上爲君主政治制訂一個準則。這是有遠見卓識的。

慎到對立法的原則、法的職能、執法原則以及守法與變法的關係等一系列問題作了一定的解説。

首先，關於立法問題，慎到提出一個總的原則，就是「因人之情」。他説：「法非從天下，非從地出，發於人間，合於人心而已。」（佚文）這裏「合於人心」即「因人之情」。他説：「天道因則大，化則細。因也者，因人之情也。人莫不自爲也，化而使之爲我，則莫可得而用也。是故先王見不受禄者不臣，禄不厚者不與入難。人不得其所以自爲也，則上不取用焉。故用人之自爲而不用人之爲我，則莫不可得而用焉。」（因循）這是説立法要因人之情。慎子認爲，人之情即人之「自爲」之心。在人們之間存在着一種利害關係，這種關係正是人們互相利用的基礎。君臣之間也是一種利害關係，「不受禄者不臣，禄不厚者不與入難」。即使是兄弟之間也是如此，「家富則疏族聚，家貧則兄弟離，非不相愛也，利不足相容也」（佚文）。兄弟關係尚且如此，親族之外就更是這樣了：「匠人成棺，不憎人死，利之所在，忘其醜也。」（佚文）在這種利害關係中，慎子認爲，人都是自私的，而不是爲他的。因而制訂法律就是要根據人們這種自爲心，「用人之自爲而不用人之爲我」，將法律建立在人們的利害關係之上，從而使法律成爲維護統治階級利益的工具。慎到在當時還不可能從階級和階級鬥争的觀點上去解釋法的起源和本質，但他强調因人之情而立法，把法同人們現實的利害關係連結起來，在一定程度上接觸到了法的社會屬性及其同經濟關係的聯繫。

其次，慎到指出立法的目的是「立公去私」。他説：「法制禮籍，所以立公義也。凡立公所以去私也。」（威德）又説：「法者，所以齊天下之動，至公大定之制也。」（佚文）這是説，「法」和「禮」一樣，都是普遍性的社會準則。立法的目的在於確立一種共同準則，並使不同的人都循之而行。這裏所説「公」和「私」，是指對待法律的兩種態度。事斷於法謂之公。他説：「蓍龜所以立公識也，權衡所以立公正也，書契所以立公信也，度量所以立公審也。」（威德）法律制度就如同權衡度量一樣，是人人必須遵循的共同準則。處處依法辦事，就是「公」。所謂「私」，指違背法制按己意辦事。「立法而行私，是私與法争，其亂甚於無法」（佚文），這話講得十分深刻。「立法而行私」，講的是執法犯法的問題。慎子認爲，無法可依，固然會造成極大的患害，但倘若有法不依，執法犯法，其危害更爲嚴重，因爲執法犯法會使非法行爲合法化，使合法行爲非法化。這樣，法律不僅不能打擊犯罪，反而成了犯罪活動的保護傘。這話講得是十分有道理的。

再次，慎到指出法的根本職能是「定分」。所謂「分」，指人們在一定社會中地位、職守及與此有關的權力界限。在封建等級制下，統治者十分重視「正名」、「定分」。儒家主張以「禮」正名，法家主張以「法」定分。慎子認爲，「分」對於維護社會秩序十分重要。「一兔走街，百人追之，貪人俱存，人莫之非者，以兔未定分也。積兔滿市，過而不顧，非不欲兔也，分定之後，雖鄙不争」（佚文）。具體説來，有君臣之「分」：「臣事事而君無事，君逸樂而臣任勞。」（民雜）有守職之「分」：「士不得兼官，工不得兼事。」（威德）有許可權之「分」：「忠不得過職，職不得過官。」（知忠）有司法、守法、變法之「分」：「以力役法者，百姓也；以死守法者，有司也；以道變法者，君長也。」（佚文）守此「分」，便叫守法；不守此「分」，便叫不法，也叫「非分」。慎子不愧爲一個政治理論家。他把社會以法分爲不同的等級，又賦予不同等級不同的許可權，要人們在各自的「分」中「各盡智力以善其事」，「官正以敬其業，和順以事其上」（知忠）。法作爲一個總的紐帶把各種身份的人聯結爲一個整體。君主唯一的職責是牢牢把握住法，從而駕馭整個社會，這樣，他爲封建統治者提供了一整套較完備的組織法則。

第四，在執法問題上，慎子十分强調人君和官長們要秉公執法。「爲人君者不多聽，據法倚數以觀得失。無法之言，不聽於耳；無法之勞，不圖於功；無勞之親，不任於官。

官不私親，法不遺愛，上下無事，唯法所在」（君臣）。把法做爲察言、觀行、考功、任事的準繩。莊子天下篇把慎到所宗的「古之道術」概括爲四句話：「公而不當（黨），易而無私，決然無主，趣物而不兩。」這就是説執法要秉公而斷，不朋比勾結，不循私舞弊，不主觀武斷，不兩樣對待。他還强調執法要「守成理，因自然」，嚴格按照法律條文和事物真象來決斷。「不吹毛而求小疵，不洗垢而察難知。不急法之外，不緩法之内」，既不使人違法幸免，又不使人無辜受害。這樣才能使法成爲「法如朝露，純樸無欺」的治世之法。慎子認爲，只要做到了「民一於君，事斷於法」，使「智者不得越法而肆謀，辯者不得越法而肆議，士不得背法而有名，臣不得背法而有功」（佚文），就會出現國家政治昌明、百姓安居樂業的國泰民安的治世景象。

最後，慎到還講到了守法與變法的問題。他説：「治國無其法則亂，守法而不變則衰，有法不行謂之不法。」在他看來，「以道變法」，是君主的事。「我喜可抑，我忿可窒，我法不可離也」，只有這樣嚴於守法又善於變法，才能使法起到應有的作用。

（四）君無事而臣任勞的馭臣之術

慎到把黄老之學運用於政治上，提出了「君無事而臣有事，君逸樂而臣任勞」的馭臣之術。慎到認爲，君主的任務是據法依勢而斷是非，而不是做具體的事務。這是「治之正道」。如果「人君自任爲善以求先下，則是代下負任蒙勞也，臣反逸矣」（民雜）。君主把什麽事都包攬起來，看起來很有權，其實是把自己降低到了臣下的地位。君主以爲自己最有本事，最能干，那麽天下臣民又有誰敢於「與君争爲善而先君」呢？他們只好把自己的才能智慧隱藏起來。然而君主的智慧未必賢於衆人。這樣他能力有限，必然難以擔負起治天下之重任。即使君主是個最賢能的人，「以一君而盡贍天下則勞，勞則有倦，倦則衰，衰則復反於不贍之道也」（同上）。君主出了力，反而還不討好。一旦有過，「則臣反責君」，使君處於不利地位。慎到把這種情况稱爲「君臣移位」。他認爲這是不利於君的統治的。正確的馭臣之術應該是，「人君任臣而勿自躬」，充分調動臣民來爲自己辦事。這樣，君主就可高枕無憂了。這就叫做「君臣之順，治亂之分」。這種君道無爲、臣道有爲的政治見解，對後世是有一定影響的。

慎子還指出，君主要能够使自己無事，必須有爲自己服務的人。因此，君主要廣泛地網羅人才。他説：「廊廟之材，蓋非一木之枝也；粹白之裘，蓋非一狐之皮也。」君主要想衣白裘、居廊廟，就必須聚百木之枝，集百狐之腋。同樣，君主要想安逸而治，就必須善因衆人之資。

在用人問題上，慎子主張用人以「法」，而不主張用人以「忠」。因爲在慎到看來，人人都是「自爲」而不是爲他的。没有法律，没有利害，人誰也不會爲他人服務。他指出，用「忠」而不用「法」有很大的患害：「智盈天下，澤及其君；忠盈天下，害及其國。」（知忠）這話聽起來有些蹊蹺。讓慎子説起來，也别有道理。他認爲，「忠」與「法」是對立的。按照法，「忠不得過職，而職不得過官」，而「忠臣」呢，又往往要超出法的範圍，不在其位而謀其政。這樣由「忠」勢必壞了「法」。另外，在慎子看來，忠臣與世之治亂也没有必然聯繫。「亂世之中，亡國之臣，非獨無忠臣也；治國之中，顯君之臣，非獨能盡忠也」（同上），有忠臣也可以亡國，無忠臣也未必亂國。可見忠未必可以安國，而法足以治亂。他力誡君主，「君立而尚賢，是賢與君争，其亂甚於無君」，這話聽起來也有些悖理，倘若執法者不賢，法治何以維持呢？但他又説：「亡國之君，非一人之罪；治國之君，非一人之力也。將治亂，在乎賢使任職。」（知忠）讀這些話時，我們總覺着在慎到那裏，不尚賢，不任忠，並非真的要人不肖，讓人詐僞。他是在勸告君主，不要離開「法」而使臣，臣不要越「分」而事君。忠臣固可敬，但不可舍法而任忠；賢才固可愛，但不可離法而尚賢。這就叫「上下無事，唯法所在」，把法做爲治國之本，用人之綱。

慎子生活在社會性質急劇變革的戰國時期，各種社會矛盾的彙集，使他的思想自然地打上了複雜的時代印記。在他的思想中，既保留了黄老之學的影響，又吸收了儒家重民思想的積極因素，還初步形成了法家思想的雛型。不過，在慎子思想體系中，道法儒三家思想並不是斤兩並重的，道家思想是其哲學基礎，法家思想是其核心内容，儒家思想居於輔助地位。

慎子思想在先秦思想發展史上，是由道入法的中間環節之一。他上承老子，下啓韓非，初步創立了尚法重勢的法治學説，成爲後來法家韓非思想的重要來源之一。

慎子思想中最主要的缺陷是他「蔽於法而不知賢」（荀卿語），片面强調法治而忽視人治。但它並不失爲古代思想寶庫中的一件珍品。如果我們仔細品味慎子一書，便會發現慎子思想除去同後期法家相同點之外，還有明顯的優點，這就是貴勢而不獨斷，尚法而不苛殘，任術而不陰謀。這同後來韓非、李斯等人走上了極端專制主義的法治觀有明顯的區别。

慎子的法治學説，適應了當時新興地主階級建立中央集權制封建國家的需要，在當時具有進步的歷史意義。時至今日，慎子的思想早已成了歷史陳跡，但它的某些法學觀點，如「官不私親，法不遺愛」，「立天子以爲天下」等，仍有其積極意義。

附録七　慎子生平資料

慎懋賞慎子傳（慎子三種合帙附佚文，廣文書局一九七五年版）

雲臺子曰：開闢以來，天清地寧，民安物阜，孰尸而孰運焉。德以主之而法以翊之也。世無法度，人心之欲横縱肆發，其誰與禁之？皆欲相雄長而恥卑下，皆欲圖富貴而羞貧賤，皆欲享逸豫而憚奔走，欲熾則心迷，心迷則争起，争起則交相賊害。天地何以位，萬物何以育，倫紀何以明？故曰：治天下不可無法度也。法者，整齊斯民而平天下之要道。慎到專言法，吾有取焉。

慎到者，趙之邯鄲人也。其先居魯昌平鄉東，富者數世矣。有慎清者，奢侈驕佚。魯定公十三年，孔子由大司寇行攝相事，殺大夫亂政者少正卯，與聞國政。懼而謀曰：「孔子爲政，必誅敗禮者。我之爲首必矣。」踰境而徙於趙焉。清之子生到。到博識强記，於學無所不究。自孔子之卒，七十子之徒散遊列國，或爲卿相，或友教士大夫，故卜子夏館於西河，吴起、段干木、慎到之徒受業於其門，及門弟子者甚衆。到與孟軻同時，皆通五經。軻長於詩，到長於易。

齊威宣王時，喜文學遊説之士，如騶衍、淳于髡、田駢、接予、慎到者流七十六人，命曰列大夫，爲立館稷山之下，高門大屋，尊寵之，不治而議論。天下諸侯賓客，言齊能致天下賢士也。是以齊稷下學士多至數百千人。

到仕楚，爲楚襄王傅。襄王之爲太子也，常質於齊，及其歸也，齊王求東地五百里迺得歸，不與，不得歸。襄王退而就慎子計。慎子令朝羣臣而皆獻策焉。上柱國子良曰：「不與則不信。請與，而復攻之。」昭常曰：「去東地五百里，是去國之半也。王勿與。臣請守之。」景鯉曰：「不可與也，臣請西索救於秦。」王謂慎子曰：「寡人誰用三子之計？」慎子曰：「王皆用之。」迺遣子良北獻地於齊；遣子良之明日，立昭常爲大司馬，使守東地；又遣景鯉西索救於秦。齊王恐焉，乃請子良南道楚，西使秦，解齊患。士卒不試，東地復全。

過魯，魯平公慕其爲人。時魏與秦、趙、韓、燕共伐齊，敗之濟西，湣王出亡。平公欲乘亂割齊岱以南爲己屬，乃拜慎子爲上將軍，將五百乘以往。孟子自齊歸，止於魯，謂慎子曰：「周公之封於魯，爲方百里也。今魯方百里者五，子以爲有王者作，則魯在所損乎，在所益乎？徒取諸彼以與此，然且仁者不爲，況於殺人以求之乎？君子之事君也，務引其君以當道，志於仁而已。」慎子悦其言，辭於平公而去之。

是時蘇秦、張儀者，工縱横之學，以惑亂黔首，欲以一人之辨，反覆山東之人主。人主又不務大道，而任私智。慎子知其道之不行也，迺與其徒許犯、環淵、田繫之屬，退老於邯鄲之上，著書八千言。其大要本道而不離乎情，任法而還責於主，雖見窮擯而不黜其志，非談天雕龍支離其説者比也。故其後世子孫傳而習之，率而行之。若慎温其、慎知禮、慎從吉、慎鏞、慎鈇、慎伯筠、慎德秀者，皆植節一時，樹勳當世，而到之學，得不廢焉。

嗟乎！孟子有言曰：「不用賢則亡，削何可得歟？」六國破滅，豈兵不利戰不勝哉？見慎子之賢而不能舉也。無賢則國從之，勿可救已。然則賢才之用舍，果人主操之耶？抑氣運使然耶？余讀慎子書，蓋深爲六國惜云。

羅根澤慎懋賞慎子傳疏證（古史辨第四册，上海書店據樸社一九三〇年版影印）

慎子，漢志著四十二篇，至宋衹餘五篇，錢熙祚、嚴可均等從羣書治要輯出二篇，共得七篇。明慎懋賞獨鈔襲僞託，成慎子内外篇，較五篇及七篇本增多數十倍。然流傳不廣，因之無人論述。至涵芬樓輯印四部叢刊，據繆荃孫寫本景印，流傳始盛，不學之士奉爲驚人秘笈。其贋僞已詳拙撰慎懋賞本慎子辨僞矣（載燕京學報第六期）。近中國學會印慎子三種，亦收慎懋賞本，較四部本增多慎懋賞序、王錫爵序、湯聘尹序，及慎懋賞所作之慎子傳、慎子考（慎子書之著録）、慎子評語、傳補、外篇直音。由是此驚人秘笈始全暴於世。序考、評語皆無關宏恉，慎子傳全非事實，而與其内外篇相依爲命，故不嫌辭費，再爲疏辨駁正之。羅根澤，二十年三月二十五日識於北平。

雲臺子（慎懋賞别號）曰：開闢以來，天清地寧，民安物阜，孰尸而孰運焉。德以主之而法以翊之也。世無法度，人心之欲横縱肆發，其誰與禁之？皆欲相雄長而恥卑下，皆欲圖富貴而羞貧賤，皆欲享逸豫而憚奔走，欲熾則心迷，心迷則争起，争起則交相賊害。天地何以位，萬物何以育，倫紀何以明？故曰：治天下不可無法度也。法者，整齊斯民而平天下之要道。慎到專言法，吾有取焉。

按此泛論，應無馳舛，然謂慎到專言法，亦未盡當。莊子天下篇曰：「公而不當（應依崔本作黨），易而無私，決然無主，趣物而不兩，不顧於慮，不謀於知，於物無擇，與之俱往；古之道術有在於是者，彭蒙、田駢、慎到聞其説而悦之。齊萬物以爲首，曰：『天能覆之而不能載之，地能載之而不能覆之，大道能包之而不能辯之。』知萬物皆有所可，有所不可。故曰：『選則不徧，教則不至，道則無遺者矣。』是故慎到棄知去己而緣不得已，泠汰於物，以爲道理。曰：『知不知，將薄知，而後鄰傷之者也。』謑髁無任，而笑天下之尚賢也；縱脱無行，而非天下之大聖。椎拍輐斷，與物宛轉，舍是與非，苟可以免，不師知慮，不知前後，魏然而已矣。推而後行，曳而後往，若飄風之還，若羽之旋，若磨石之隧，全而無非，動静無過，未嘗有罪，是何故？夫無知之物，無建己之患，無用知之累，動静不離於理，是以終身無譽。故曰：『至於若無知之物而已，無用賢聖，夫塊不失道。』豪桀相與笑之曰：『慎到之道，非生人之行，而至死人之理，適得怪焉。』」韓非子難勢篇曰：「飛龍乘雲，騰蛇遊霧，雲罷霧霽，而龍蛇與螾螘同矣，則失其所乘也。賢人而詘於不肖者，則權輕位卑也；不肖而能服於賢者，則權重位尊也。堯爲匹夫，不能治三人，而桀爲天子，能亂天下。吾以此知勢位之足恃而賢智之不足慕也。夫弩弱而矢高者，激於風也；身不肖而令行者，得助於衆也。堯教於隸屬而民不聽，至於南面而王天下，令則行，禁則止。由此觀之，賢智未足以服衆，而勢位足以詘賢者也。」（詘，原作缶，依俞樾改）據二文，知慎子蓋爲由道家至法家之過渡人物，雖言法，然主勢治主義，反對尚賢，反對用智，謂之爲專言法，似於其全部學説未能洞悉。

慎到者，趙之邯鄲人也。其先居魯昌平鄉東，富者數世矣。有慎清者，奢侈驕佚。魯定公十三年，孔子由大司寇行攝相事，殺大夫亂政者少正卯，與聞國政。懼而謀曰：「孔子爲政，必誅敗禮者。我之爲首必矣。」踰境而徙於趙焉。

按慎到先人，古書不載，慎懋賞欲使慎子與儒家孔孟發生關係，故謂「其先居魯昌平束」。懋賞於此傳外，又有傳補，自注：「傳中不能盡録者補載之。」其第一條云：「愼清見孔子家語、荀子、劉向新序。」自注：「周敬王時人。劉向新序作潰。」今徧檢孔子家語、荀子、劉向新序，祇有愼潰氏，並無愼清。家語相魯第一曰：「初，魯之販羊有沈猶氏者，常朝飲其羊以詐市人；有公愼氏者，妻淫不制；有愼潰氏者，奢侈踰法。……及孔子之爲政也，則沈猶氏不敢朝飲其羊，公愼氏出其妻，愼潰氏踰境而徙。」荀子儒效篇曰：「仲尼將爲司寇，沈猶氏不敢朝飲其羊，公愼氏出其妻，愼潰氏踰境而徙。」（新序雜事第五採其文）新序雜事第一：「魯有沈猶氏者，旦飲羊飽之以欺市人，公愼氏有妻而淫，愼潰氏奢侈驕佚。……孔子將爲魯司寇，沈猶氏不敢朝飲其羊，公愼氏出其妻，愼潰氏踰境而徙。」愼懋賞以「潰」字不若「清」字之善也，由是改爲「清」字；又以良心之憚於改古也，由是注曰：「劉向新序作潰。」對荀子、家語之作「潰」，則故作昏瞶，以自欺欺人。且愼潰氏以「愼潰」爲氏者也，非姓「愼」名「潰」也。風俗通義姓名篇曰：「人之所以有姓者何？所以崇恩愛，厚親親，遠禽獸，別婚姻也。……所以有氏者何？所以貴功德，賤力役。」……以愼潰氏謂爲姓「愼」名「潰」，紕漏已極，至改爲「愼清」，更所謂無知妄爲者矣。孔子家語、荀子、劉向新序祇言「踰境而徙」，未言徙於何國，此曰「踰境而徙於趙」，以愼到爲趙人故也。改古牽附，又下於向壁虛造者矣。

清之子生到。

按古無慎清，已辨之詳矣。即果有慎清，慎清之子亦不能生到。慎潰氏生卒年月不可考（懋賞所謂慎清），然既曰孔子爲大司寇，踰境而徙，則孔子爲大司寇時，慎潰氏必已屆中年可知。孔子爲大司寇確在何年不可考，然必在魯定公十年以前。史記孔子世家曰：「定公以孔子爲中都宰，一年，四方皆則之。由中都宰爲司空，由司空爲大司寇。定公十年春，及齊平，……會於夾谷，魯定公且以乘車好往，孔子攝相事。」定公十年，爲周敬王二十年（據史記十二諸侯年表），當西曆紀元前五百年，依懋賞在定公十三年，則當西曆紀元前四百九十七年。慎到生年亦不可考，然知爲齊宣王時人，所以史記田敬仲完世家曰：「宣王喜文學遊説之士，自如騶衍、淳于髡、田駢、接予、慎到、環淵之徒七十六人，皆賜列第爲上大夫。」據六國表，齊宣王立於周顯王二十七年，當西曆紀元前三百四十二年，上距孔子爲大司寇之年已一百六十年，祖孫之相差，抑太遠矣！

到博識强記，於學無所不究。自孔子之卒，七十子之徒散遊列國，或爲卿相，或友教士大夫，故卜子夏館於西河，吴起、段干木、慎到之徒受業於其門，及門弟子者甚衆。到與孟軻同時，皆通五經。軻長於詩，到長於易。

按史記仲尼弟子列傳言：「孔子既没，子夏居西河教授，爲魏文侯師。」儒林傳言：「田子方、段干木、吴起、禽滑釐之屬，皆受業於子夏之倫。」未有言慎到爲子夏弟子者。據仲尼弟子傳，子夏少孔子四十四歲，其居西河教授在孔子既没。孔子生年，依史記十二諸侯年表、魯周公世家、孔子世家，在魯襄公二十二年，公羊傳、穀梁傳則謂在襄公二十一年，孔廣牧先聖生卒年月日考繁徵博引，證明史記爲是。卒年，公、穀、史記皆謂在魯哀公十六年。考史記十二諸侯年表，襄公二十一年爲周靈王二十一年，當西曆紀元前五百五十一年，哀公十六年爲周敬王四十一年，當西曆紀元前四百七十九年。子夏少孔子四十四歲，則其生當西曆紀元前五百零七年。卒年無考，約之不能越西曆紀元前四百零七年。且孔子之卒爲西曆紀元前四百七十九年，傳言孔子既没，子夏在西河教授，則其設教西河當在西曆紀元前四百七十九年以後，但不能距四百七十九年太遠。慎到與齊宣王同時（據史記田敬仲完世家，引見前），宣王之立當周顯王二十七年，爲西曆紀元前三百四十二年，上距「孔子既没，子夏居西河教授」之年已一百三四十年；若以宣王十八年計算，則更遠矣；慎到烏能受業於其門？史記孟子荀卿列傳云：「孟子受業子思之門人。」趙岐孟子題辭言：「長師孔子之孫子思。」漢書藝文志亦曰：「子思弟子。」風俗通義窮通篇亦曰：「軻受業於子思。」從無言孟子受業子夏之門者。後儒謂孟子生於周烈王四年（此説出於明人所傳之孟寧孟氏譜，晚出僞説，本不足信，然據以推考孟子事跡，皆不抵觸，知其與事實不甚相遠，故後儒多承用之。詳載拙撰（孟子評傳），雖未必盡確，然及見梁襄王則絕對無疑。梁襄王之立，依史記在周顯王三十五年，依竹書紀年在周慎靚王三年。顯王三十五年爲西曆紀元前三百三十四年，上距子夏居西河教授亦已百三四十年；慎靚王三年爲西曆紀元前三百十八年，更多十六年，則無論依史記、竹書，皆無受業子夏之理。此傳雖未直言孟子受業於子夏，然於「及門弟子者甚衆」下，緊接以「到與孟軻同時，皆通五經，軻長於詩，到長於易」，而慎到固認爲子夏弟子者，則似乎亦以孟子謂爲子夏弟子。所以不明言者，以孟子師承，古書已有記載，不敢與古說顯異也。於是爲影射附會之說，使與認爲子夏弟子之慎到同時，而且同通五經，一長於詩，一長於易。即使懋賞之意未以孟子爲子夏弟子，然孟子固未能與子夏弟子同時。無論如何，其説與事實完全不符。孟子通五經，長於詩，固古有明文；慎到通五經，長於易，抑何據乎？慎懋賞生晚明之時，爲儒家統一時代，是非善惡純以孔孟儒家之言爲斷，欲崇高慎到地位，不能不設法與孔孟發生關係，故前謂慎到「其先居魯昌平鄉東」，以謂其祖與孔子爲鄰，此又謂與孟軻同受業於子夏之門，以使其爲孔子之再傳弟子、孟子之同學，且使通儒家之五經，長於儒家之易，可謂心勞日拙矣。

齊威宣王時，喜文學遊説之士，如騶衍、淳于髡、田駢、接予、慎到者流七十六人，命曰列大夫，爲立館稷山之下，高門大屋，尊寵之，不治而議論。天下諸侯賓客，言齊能致天下賢士也。是以齊稷下學士多至數百千人。

按此段蓋本史記田敬仲完世家，惟彼祇言宣王，不言威王，其文曰：「宣王喜文學遊説之士，自如騶衍、淳于髡、田駢、接予、慎到、環淵之徒七十六人，皆賜列第爲上大夫，不治而議論，是以齊稷下學士復盛，且數百千人。」

到仕楚，爲楚襄王傅。襄王之爲太子也，常質於齊，及其歸也，齊王求東地五百里迺得歸，不與，不得歸。襄王退而就慎子計。慎子令朝羣臣而皆獻策焉。上柱國子良曰：「不與則不信。請與，而復攻之。」昭常曰：「去東地五百里，是去國之半也。王勿與。臣請守之。」景鯉曰：「不可與也，臣請西索救於秦。」王謂慎子曰：「寡人誰用三子之計？」慎子曰：「王皆用之。」迺遣子良北獻地於齊；遣子良之明日，立昭常爲大司馬，使守東地；又遣景鯉西索救於秦。齊王恐焉，乃請子良南道楚，西使秦，解齊患。士卒不試，東地復全。

按此純本戰國策楚策二，其文與此略同，不贅列。考史記六國表，有頃襄王，無襄王；楚世家於頃襄王亦時稱襄王，是襄王即頃襄王。據六國表，立於周赧王十七年，卒於周赧王五十二年。再據六國表及田敬仲完世家，齊無懷王。戰國策此段似有問題。説者謂周書謚法解曰：「慈義短折曰懷。」晉有懷公，失國早喪，楚有懷王，客死於秦，齊王建國亡被虜，或者後人遂謚爲懷王，而史記失載，亦未可知。如即齊王建，其立在周赧王五十一年，與頃襄王相值者祇王建之元二年，頃襄王之末二年。傳文言：「襄王之爲太子也，嘗質於齊，及其歸也，齊王求東地五百里迺得歸。」（國策文小異而意同）可見爲頃襄王元年事。頃襄王元年，王建固未立也。故無論如何，此事未可輕信。即可信從，其所謂慎子亦非慎到。梁玉繩漢書人表考曰：「戰國策有慎子，爲襄王傅，魯亦有慎子，見孟子。此與莊惠並列，則非此人也。」良然。

過魯，魯平公慕其爲人。時魏與秦、趙、韓、燕共伐齊，敗之濟西，湣王出亡。平公欲乘亂割齊岱以南爲己屬，乃拜慎子爲上將軍，將五百乘以往。孟子自齊歸，止於魯，謂慎子曰：「周公之封於魯，爲方百里也。今魯方百里者五，子以爲有王者作，則魯在所損乎，在所益乎？徒取諸彼以與此，然且仁者不爲，況於殺人以求之乎？君子之事君也，務引其君以當道，志於仁而已。」慎子悦其言，辭於平公而去之。

按孟子載魯欲使慎子爲將軍，未言名到，對孟子自言「此則滑釐所不識也」，則其名似爲滑釐，非到也。慎懋賞茫然不察，以爲即慎到，以孟子此文入慎子内外篇，又據以作傳，荒謬一至於此。考史記魯周公世家，平公十二年，秦惠王卒；三十二年，平公卒，是秦惠王卒後二十年而平公卒。據六國表，秦惠王卒於周赧王四年，當西曆紀元前三百十一年，又二十年爲赧王二十四年，當西曆紀元前二百九十一年。秦、燕、韓、趙、魏五國伐齊，六國表及各世家皆繫在赧王三十一年，當西曆紀元前二百八十四年；平公已卒五年矣，烏能欲乘亂割齊岱以南爲己屬？烏能於此時拜慎子爲上將軍？蓋慎懋賞知孟子與魯平公同時，故以此事歸之平公，以便牽附魯欲使慎子爲將軍故實，而不知其時之不相值也。慎懋賞僞慎子，爲慎子作傳，爲强認之遠祖張目也，然以被孟子呵斥之慎滑釐附會慎子，慎子有知，必曰：「懋賞非吾孫也，何爲使爾祖拾唾駡之言耶？」

是時蘇秦、張儀者，工縱横之學，以惑亂黔首，欲以一人之辨，反覆山東之人主。人主又不務大道，而任私智。慎子知其道之不行也，迺與其徒許犯、環淵、田繫之屬，退老於邯鄲之上，著書八千言。其大要本道而不離乎情，任法而還責於主，雖見窮擯而不黜其志，非談天雕龍支離其説者比也。

按吕氏春秋當染篇，禽滑釐學於墨子，許犯學於禽滑釐，田繫學於許犯，是許犯爲禽滑釐弟子，田繫又爲許犯弟子。慎懋賞所以謂爲慎到之徒者，亦基於孟子「此則滑釐所不識也」一語；故於所僞慎子内外篇列許犯、田繫問慎子之言（中國學會本頁二十一、二十二），於此復謂「迺與其徒許犯、環淵、田繫之屬，退老於邯鄲之上，著書八千言」。滑釐爲魯將慎子所自稱，則決非禽滑釐；若爲禽滑釐（趙注曰：滑釐，慎子名。焦循正義曰：慎子與墨子之徒禽滑釐同名，或以慎子即禽滑釐，或以慎子師事禽滑釐，稱其師滑釐不識，皆非是），則又非慎到矣。以彼處稱慎子，遂以爲慎到，又以自稱滑釐，遂以爲爲禽滑釐，可謂紕繆之至矣。據史記田敬仲完世家，環淵與慎到同客齊宣王（見前），亦非其徒也。

故其後世子孫傳而習之，率而行之。若慎溫其、慎知禮、慎從吉、慎鏞、慎釴、慎伯筠、慎德秀者，皆植節一時，樹勳當世，而到之學，得不廢焉。

按此蓋慎懋賞僞慎子及作傳之本指，崇高遠祖，即以自尊，猥鄙之至。

嗟乎！孟子有言曰：「不用賢則亡，削何可得歟？」六國破滅，豈兵不利戰不勝哉？見慎子之賢而不能舉也。無賢則國從之，勿可救已。然則賢才之用舍，果人主操之耶？抑氣運使然耶？余讀慎子書，蓋深爲六國惜云。

蔡汝堃慎子評傳（慎子集說，商務印書館民國二十九年版）

慎子生平事跡，文獻失載，史實難徵。明慎懋賞撰有慎子傳，穿鑿附會，妄造事實，羅雨亭先生已駁議之（古史辨第四册慎懋賞慎子傳疏證），茲余復擬一如下：

慎子名到。

徧考周秦子書、史記、漢志、通志等書，皆云愼子名到，無言其字者。惟孟子告子篇曰：「魯欲使愼子爲將軍，孟子曰：『不教民而用之，謂之殃民。殃民者，不容於堯舜之世，一戰勝齊，遂有南陽，然且不可。』愼子勃然不悦曰：『此則滑釐所不識也。』」案上文趙岐、朱熹注曰：「滑釐，愼子名。」是趙、朱並未言愼子與愼到爲一人。「子」乃古代男子有德爵者之美稱，同姓者盡可同稱爲囡子，其意至顯，而後人不察，竟因告子文穿鑿附會。一説愼到即愼滑釐，或師事滑釐，一説釐與來通（詩周頌思文「貽我來牟」，漢書劉向傳作「飴我釐麰」），到同釐義（爾雅釋詁釋到爲至，禮記樂記注解至爲來，是到與釐義同也），故愼子字到，滑釐其名也（見焦循孟子正義）。愚謂上二説均妄。依前説，則愼子爲墨徒，當主非戰，何以反駁孟子息戰之説？依後説，則「魯爲齊弱久矣，安能伐齊？若謂因湣王敗而走莒」之時（見黄鶴四書異同商辨引薛方山説），則此時愼子已年老力衰，烏能將魯而伐齊？或謂此乃一時擬議之辭，然擬議亦須先有可能之條件；再按鹽鐵論及太平寰宇記所云，知愼子於湣末稷下散後，實老死於齊，並未去國（見後考）。故知告子中之愼滑釐，乃另一魯將，非愼到也。戰國策楚策曰：「襄王爲子質於齊，懷王薨，太子辭於齊王而歸。齊王强索東地五百里，襄王退而問愼子。」懷王入秦，案史記大事年表在周赧王十六年，當齊湣王之二十五年。近人錢穆先秦諸子繫年考辨云爲齊湣王二年（史記年表謂湣王在位四十年，錢穆謂湣王在位十九年），姑無論其孰是孰非，即以二人年齡而論，則楚慎子與魯慎子爲一人，頗有可能也。

趙人。

偏考周秦子書及各史志，皆曰慎子趙人。惟高誘淮南道應注爲齊人，中興書目署爲瀏陽人，均不足信。蓋前者因慎子嘗客於齊，因而致誤。後者未詳所本。然案瀏陽，在今潭州，吴時始置縣，與趙南北實不相涉。

先世不可考。

案周秦子書及各史志，均未言及慎子先世。至明慎懋賞慎子傳僞爲慎清之後，羅雨亭先生已駁難之，可勿復言。

齊宣湣時，與鄒衍、淳于髡、接予、環淵之徒，並爲齊稷下學士。

史記田敬仲完世家曰：「齊宣王喜文學遊説之士，自如鄒衍、淳于髡、田駢、接予、慎到、環淵之徒七十六人，皆賜列第爲上大夫，不治而議論，是以齊稷下學士復盛，且數百千人。」又莊子天下篇曾數以田駢、彭蒙、慎到並稱，亦爲一證。

至湣王末年而散去，

鹽鐵論曰：「……及湣王奮二世之餘烈，南舉楚淮，北併巨宋，苞十二國，西摧三晉，卻强秦，五國賓從。鄒魯之君，泗上諸侯，皆入臣。矜功不休，百姓不堪，諸侯分散，慎到、接予亡去，田駢如薛，而孫卿適楚。」

終隱於齊。

案張守節史記田敬仲完世家正義、楊倞荀子修身篇注、鄭樵通志藝文略，均稱慎子爲戰國時處士。又太平寰宇記卷十三謂「慎子墓在濟陰縣西南」。可知慎到自齊稷下散後，遂隱處於齊，並未他去也。

其學本黄老。

史記孟荀列傳：「慎到，趙人，學黄老之術……。」楊倞荀子修身篇注：「齊宣王時處士，其術本黄老。」荀子天論篇曰：「慎子有見於後，無見於前。」是慎子之學，本於黄老也。

明不尚賢因循自然之道。

莊子天下篇曰：「是故慎子棄知去己，而緣不得已，泠汰於物，以爲道理。曰：『知不知，將薄知，而後鄰傷之者也。』謑髁無任，而笑天下之尚賢也；縱脱無行，而非天下之大聖。椎拍輐斷，與物宛轉，舍是與非，苟可以免，不師知慮，不知前後，魏然而已矣。推而後行，曳而後往，若飄風之還，若羽之旋，若磨石之隧，全而無非，動静無過，未嘗有罪，是何故？夫無知之物，無建己之患，無用知之累，動静不離於理，是以終身無譽。故曰：

『至於若無知之物而已，無用賢聖，夫塊不失道。』豪傑相與笑之曰：『慎到之道，非生人之行，而至死人之理，適得怪焉。』」成玄英疏曰：「息慮棄知，忘身去己，機不得已，感而後應，揀鍊是非，據法斷決，慎到守此，用爲道理。」慎子威德篇曰：「故聖人處上，能無害人，不能使人無己害也，則百姓除此害矣。聖人之有天下也，愛之也，非敢取之也；百姓之於聖人也，養之也，非使聖人養己也，則聖人無事矣。」又因循篇曰：「天道，因則大，化則細。因也者，因人之情也；人莫不自爲也，化而使之爲我，則莫可得而用……故用人之自爲，不用人之爲我，則莫可得而用矣，此之謂因。」

後歸於法，明尚法尚勢之要。

自漢志以下，多列慎子於法家。四庫提要曰：「其大旨，欲因物理之當然，各定一法而守之。不求於法而守之，亦不寬於法之中，則上下相安，可以清淨而治。然法所不行，勢必刑以齊之……。」此乃慎子由道入法之轉樞。慎子威德篇曰：「法雖不善，猶愈於無法，所以一心也。」又君人篇曰：「君人者，舍法而以身治，則誅賞予奪，從君心出。然則受賞者雖當，望多無窮；受罰者雖當，望輕無已。君舍法以心裁輕重，則同功殊賞、同罪殊罰矣，怨之所由生也。……故曰：『大君任法而弗躬，則事斷於法；法之所加各以分，蒙賞罰而無望於君，是以怨不生而上下合矣。』」此明法之重要也。又太平御覽引慎子逸文曰：「離朱之明，察秋毫之末於百步之外，下於水尺而不能見淺深，非目不能見也，其勢難覩也。」此明勢之重要。

蓋無勢則法不行，

韓非子難勢篇引慎子曰：「飛龍乘雲，騰蛇遊霧，雲罷霧霽，而龍蛇與螾螘同矣，則失其所乘也。賢人而詘於不肖者，則權輕位卑也；不肖而能服於賢者，則權重位尊也。堯爲匹夫，不能治三人，而桀爲天子，能亂天下。吾以此知勢位之足恃，而賢智之不足慕也。」

有法則私爭不起。

書鈔四二引慎子曰：「法之功，莫大於使私不行；君之功，莫大於使民不爭。今立法而行私，是私與法爭，其亂甚於無法。」

明僞定分，唯法是賴。

御覽八四九引慎子曰：「一兔走街，百人追之，貪人具存，人莫之非者，以兔爲未定分也；積兔滿市，過而不顧，非不欲兔也，分定之後，雖鄙不爭。」又意林引慎子曰：「有權衡者，不可欺以輕重；有尺寸者，不可差以長短；有法度者，不可巧以詐僞。」

工有專事，國有常法。

慎子威德篇曰：「古者，工不兼事，士不兼官；工不兼事則事省，省則易勝；士不兼官則職寡，寡則易守。故士位可世，工事可常。百工之子，不學而能者，非生巧也，言有常事也。今也國無常道，官無常法，是以國家日繆。教雖成，官不足；官不足，則道理匱矣。」

權須定於一尊，而一尊實非專制。

慎子德立篇曰：「立天子不使諸侯疑，立諸侯不使大夫疑……疑則動兩，兩動則争，雜則相傷，害在有與，不在獨也。故臣有兩位者，國必亂；……臣疑君，而無不危國……。」又威德篇曰：「古者，立天子而貴之者，非以利一人也。曰：天下無一貴，則理無由通，通理以爲天下也。故立天子以爲天下，非立天下以爲天子也；立國君以爲國，非立國以爲君也；立官長以爲官，非立官以爲官長也。」

臣勞君逸，反之則亂。

慎子民雜篇曰：「君臣之道，臣有事而君無事也。君逸樂而臣任勞，臣盡智力以善其事，而君無與焉，仰成而已，事無不治，治之正道然也。……是以人君自任而躬事，則臣不事事也。是君臣易位也，謂之倒逆；倒逆，則亂矣；人君任臣而勿自躬，則臣事事矣。是君臣之順，治亂之分，不可不察也。」

此慎子思想之大概，亦後世勢、術、法三派法家之濫觴也。

王叔岷慎到生卒年（先秦道法思想講稿，中華書局二〇〇七年版）

錢穆先生先秦諸子繫年將慎到生卒年，約定爲前三五〇—前二七五。岷以爲慎到當較長於莊子（前三六八？—前二八八？）。漢志班固自注、吕氏春秋高誘注並謂慎到在申不害前（前有説），而申不害生卒年約爲前四〇一（錢先生定爲四〇〇）？—前三三七，長於莊子。然則慎到自應長於莊子矣。戰國策楚策二稱楚襄王爲太子時，質於齊，錢先生以爲不足據（先秦諸子繫年一三七慎到考），蓋是，故史記不載。唐歐陽詢藝文類聚八三引韓詩外傳，載楚襄王欲聘莊子爲相事，亦不足據，故史記亦不載。聘莊子爲相事，史記莊子傳作楚威王。楚威王與齊宣王、魏惠王同時。楚襄王爲楚威王之孫。史記稱慎到爲齊宣王上大夫，則慎到固與莊子同時，蓋略年長耳。然其生卒年亦不敢確定也。

阮廷焯慎子考證（先秦諸子考佚，台北鼎文書局一九八〇年版）

慎子名到，其字未聞。

案漢書藝文志法家著録慎子四十二篇，班氏自注：「名到。」吕氏春秋慎勢引慎子之説，高注：「慎子名到。」皆不言其字。孟子告子下：「魯欲使慎子爲將軍，孟子曰：『不教民而用之，謂之殃民。殃民者，不容於堯舜之世，一戰勝齊，遂有南陽，然且不可。』慎子勃然不悦曰：『此則滑釐所不識也。』」趙注：「滑釐，慎子名。」詳趙注之義，殆以滑釐爲魯將軍慎子之名，非指慎到而言。焦循孟子正義云：「按釐與來通。詩周頌思文『貽我來牟』，漢書劉向傳作『飴我釐麰』，是也。爾雅釋詁云：『到，至也。』禮記樂記云：『物至知知。』注云：『至，來也。』到與來爲同義。然則慎子名滑釐，其字爲到。」今人錢穆遂從其説，以爲一人（見先秦諸子繫年考辨一三七），其實妄也。蔡汝堃慎子集説云：「依其説，則魯爲齊弱久矣，安能伐齊？若謂因湣王敗而走莒之時（見黄鶴四書異同商辨引薛方山説），則此時慎子已年老力衰，烏能將魯而伐齊？或謂此乃一時擬議之辭，然擬議亦須先有可能之條件。再按鹽鐵論及太平寰宇記所云，知慎子於湣王末稷下散後，實老死於齊，並未去國。」據此，孟子之慎滑釐，斷非慎到，可以知矣。國策楚策二：「楚襄王爲太子時，質於齊。懷王薨，太子辭於齊王而歸。齊王隘之，予我東地五百里乃歸子，子不予我，不得歸。太子曰：『臣有傅，請追而問傅。』傅慎子曰：『獻之地所以爲身也，愛地不送，死父不義，臣故曰獻之便。』」此文之慎子，未詳何人。檢史記正義云：「慎到，戰國時處士。」（見史記田敬仲完世家）不以爲襄王傅。梁玉繩人表考云：「戰國策有慎子，爲襄王傅。此與莊惠並列，則非此人也。」亦以國策之慎子非指慎到，殆屬知言矣。

趙人。

案史記孟子荀卿列傳：「慎到，趙人。」（又見田敬仲完世家正義。直齋書録解題卷七云：「今中興館閣書目乃曰瀏陽人，瀏陽在今潭州，吳時始置縣，與趙南北不相涉，蓋據書坊所稱，不知何謂也。」）高誘淮南子道應注以爲齊人，殆因其居齊稷下，遂有此誤歟。

齊宣湣之時，爲齊稷下學士。

案史記田敬仲完世家：「宣王喜文學遊説之士，自如騶衍、淳于髡、田駢、接予、慎到、環淵之徒七十六人，皆賜第爲上大夫，不治而議論，是以齊稷下學士復盛，且數百千人。」集解：「齊有稷門，城門也。談説之士，期會於稷下也。」是慎到遊居稷下之證。今人錢穆以爲在宣湣之時（見先秦諸子繫年考辨七五），殆得其實矣。

湣王末年散去，終老於齊。

案鹽鐵論論儒：「及湣王奮二世之餘烈，南舉楚淮，北併巨宋，苞十二國，西摧三晉，卻强秦，五國賓從。鄒魯之君、泗上諸侯皆入臣。矜功不休，百姓不堪。諸儒諫不從，各分散，慎到、捷子亡去，田駢如薛，而孫卿適楚。」此稱慎到亡去，不舉其所往之地，殆離稷下，實未去國。莊子天下篇成疏云：「慎到，齊之隱士。」太平寰宇記卷三十云：「慎子墓在濟陰縣西南四里。」是慎到自湣王末年散去，即老死於齊矣。史記正義稱慎到爲戰國時處士（見田敬仲完世家），殆未曾仕也。而風俗通義姓氏篇謂其爲韓大夫（見通志氏族志），不知何據。漢書藝文志法家著録慎子四十二篇，班氏自注云：「先申韓，申韓稱之。」此言其先申子，殆非事實。陳直周秦諸子述略云：「慎子與田駢並稱，當爲齊宣王時人（莊子慎到亦與田駢並稱）。史記六國年表，宣王元年，當韓昭侯之十七年，正申子相韓之時，又五年申子即卒。申子之書，今已亡佚，縱引慎子，亦同時之問答語。然則慎子先乎申子，恐爲班氏之駁文也。」今考鹽鐵論之文，即以慎子滑末亡去，則其年世後於申子，斷無疑矣。

其學本於黃老，棄知去己，而不尚賢。

案史記孟子荀卿列傳：「慎到，學黃老道德之術。」荀子楊注：「其術本黃老。」（見修身篇）是慎到之説，本於黃老。莊子天下云：「是故慎子棄知去己，而緣不得已，泠汰於物，以爲道理。曰：『知不知，將薄知，而後鄰傷之者也。』謑髁無任，而笑天下之尚賢也。縱脱無行，而非天下之大聖。椎拍輐斷，與物宛轉。舍是與非，苟可以免。不師知慮，不知前後，魏然而已矣。推而後行，曳而後往，若飄風之還，若羽之旋，若磨石之隧。全而無非，動静無過，未嘗有罪。是何故？夫無知之物，無建己之患，無用知之累，動静不離於理，是以終身無譽。故曰：『至於若無知之物而已，無用賢聖，夫塊不失道。』豪桀相與笑之曰：『慎到之道，非生人之行，而至死人之理，適得怪焉。』」此稱其棄知去己，而不尚賢。錢基博疏記云：「老子常使民無知無欲（老子第三章）。曰愛民治國，能無知乎（老子第十章）。民之難治，以其知多。故以知治國，國之賊；不以知治國，國之福（老子第六十五章）。常使知者不敢爲也（老子第三章）。是故慎到棄知去己，而緣不得已，泠汰於物，以爲道理。曰：知不知，將薄知，而後鄰傷之者也。老子不尚賢，使民不争（老子第三章），是故慎到謑髁無任，而笑天下之尚賢也。老子絶聖棄知（老子第十九章），是故慎到縱脱無行，而非天下之大聖。曰：至於若無知之物而已，無用賢聖，夫塊不失道。」（見讀莊子天下篇疏記）今考之慎子佚文云：「匠人知爲門，不能以閉，所以不知門也。故必杜，然後能開。」（王遽常諸子學派要詮謂此即慎子棄知之説）又云：「多賢不可以多君，無賢不可以無君。」棄知而不尚賢之意可見。荀子天論云：「慎子有見於後，無見於先。有後而無先，則羣衆無門。」楊注：「慎到本黄老之術，明不尚賢不使能之道。以其無争先之意，故曰見後而不見先也。」其説棄知而不尚賢，故不免爲荀卿所譏矣。

任法爲治，因循爲用。

案荀子非十二子云：「尚法而無法，下修而好作。」于省吾新證云：「下修乃上循之譌，卜辭金文上作𠄞，下作𠄟。案易紊也。蓋荀書本作尚法而無法，上循而好作，言既以法爲上而反無法，以循爲上而反好作。」（見荀子新證）此稱其尚法尚循之義，當據本書證之。慎子佚文云：「法者所以齊天下之動，至公大定之制也。故智者不得越法而肆謀，辯者不得越法而肆譏，士不得背法而有名，臣不得背法而有功。我喜可抑，我忿可窒，我法不可離也。骨肉可刑，親戚可滅，至法不可闕也。」君人：「故曰：大君任法而弗躬，則事斷於法。法之所加各以分，蒙賞罰而無望於君，是以怨不生而上下和矣。」此尚法之説也。然尚法之過，法雖不善，猶愈於無法（見慎子威德篇），不善之法，豈非無法乎？慎子因循：「天道因則大，化則細。因也者，因人之情也，人莫不自爲也。化而使之爲我，則莫可得而用矣。故用人之自爲，不用人之爲我，則莫不可得而用矣。」此尚循之證也（漢書杜周傳：「不循三尺法。」顔注：「循，因也」）。尚循則不作，而謂之好作，何耶？此謂因人之情之自爲而用之，以致其效，故曰大君因民之能爲資，盡包而畜之（見慎子民雜篇）。若此，反成好作矣。

然徒法不可以行，必假勢以成之。勢成法立，國道以治矣。

案荀子解蔽云：「慎子蔽於埶而不知賢。」蔽於埶，舊作蔽於法，王遽常諸子學派要詮云：「慎子雖言法而特重勢，故韓子難勢、吕覽慎勢皆論其説。疑下申子蔽於勢，與此誤易，申子固任法而不言勢者也。」其説是也。今檢慎子威德云：「騰蛇遊霧，飛龍乘雲，雲罷霧霽，與蚯蚓同，則失其所乘也。故賢而屈於不肖者，權輕也。不肖而服於賢者，位尊也。堯爲匹夫，不能使其鄰家；至南面而王，則令行禁止。由此觀之，賢不足以服不肖，而勢位足以屈賢矣。」又云：「故無名而斷者，權重也。弩弱而矰高者，乘於風也。身不肖而令行者，得助於衆也。」此即重勢之説也，人君必須乘勢者，勢成法立，賢智不用，國道以治矣。